本书为国家社科基金青年项目
"蓝靛瑶度戒仪式的人类学研究"
（批准号：15CSH058）最终成果

刘涛 著

蓝靛瑶度戒仪式的人类学研究

中国社会科学出版社

图书在版编目(CIP)数据

蓝靛瑶度戒仪式的人类学研究 / 刘涛著 . —北京：中国社会科学出版社，
2021.7

ISBN 978 - 7 - 5203 - 8748 - 4

Ⅰ. ①蓝⋯ Ⅱ. ①刘⋯ Ⅲ. ①瑶族—宗教仪式—研究—中国
Ⅳ. ①B928.2②K285.1

中国版本图书馆 CIP 数据核字 (2021) 第 138199 号

出 版 人　赵剑英
责任编辑　王莎莎
责任校对　张爱华
责任印制　张雪娇

出　　版　中国社会科学出版社
社　　址　北京鼓楼西大街甲 158 号
邮　　编　100720
网　　址　http://www.csspw.cn
发 行 部　010 - 84083685
门 市 部　010 - 84029450
经　　销　新华书店及其他书店

印刷装订　北京市十月印刷有限公司
版　　次　2021 年 7 月第 1 版
印　　次　2021 年 7 月第 1 次印刷

开　　本　710×1000　1/16
印　　张　17.5
插　　页　2
字　　数　283 千字
定　　价　99.00 元

此书献给蓝靛瑶人
没有你们就没有这本书

目　　录

第一章 导论

本书是关于一个蓝靛瑶村落男子度戒仪式和社会文化的民族志。仪式是人类社会中最为重要的实践行为之一，仪式研究在人类学中占据着举足轻重的地位，也是众多人类学家长期的研究兴趣所在。仪式通过不同的方式影响和塑造着人们的行为，规范社会秩序，强化宗教，贮存和传递文化知识，展示社会结构，确定社会价值观和社会地位。因此，研究仪式为我们深入认识和理解人类社会，提供了一个关键视角。

笔者对蓝靛瑶男子度戒仪式的研究充满了机缘巧合。在硕博阶段笔者一直从事瑶族的社会经济方面的初步研究，对瑶族社会文化有了简单的了解。在参与关于瑶族学术会议时，也认识了一些瑶族的学者和干部，其中有文山州麻栗坡县蓝靛瑶的青年才俊——盘金贵兄，在一次交流中，得知他家乡的蓝靛瑶社会文化大有研究潜力，他家乡的人们生活在崇山峻岭之中，有着自己独特的文化体系，因交通不便，整个社会文化受到外界的影响较小，了解到这些后，我心里暗暗自喜，金贵兄家乡难道就是我的"特洛布里恩岛"（Trobriand Island）？

在选择田野工作地点时，我多次通过电话请教金贵兄，询问其家乡具体的情况，金贵兄表示他的家乡是一个非常好的田野点。在一次与金贵兄聊了两个小时电话后，我放下电话，立即收拾行囊，动身去文山州见他，寻找我的田野工作点。坐了四天的车，我独自一人来到了金贵的家，一座三间一楼一底的"土房"。大伯一家热情招待，并带我去熟知蓝靛瑶传统文化的"师人"家，与他们聊天询问，看他们做日常的仪式，非常有趣。因金贵兄家乡的村落中仅有 20 户左右人家，加上大家居住得较为分散，考虑到长时间的参与式观察进行起来较为困难，又麻烦大伯带我去了他们的亲戚家——金贵的表姐家，更远离"中心"的边缘的村落——田平村。①
田平村地理位置更为偏僻，交通更加不便，但人口较多，人们居住得相对
来说较为集中。全村共 70 多户，有 300 人左右，在蓝靛瑶的寨子里，算
得上是大的村落了，在传统人类学研究中，田平村的家户和人口数量也是
较为理想的。

在金贵兄家待了一周后，其父亲带我来到金贵的表姐夫家。金贵的表
姐和表姐夫非常热情。在得知我来的目的后，为让我更直接地感受当地的
传统文化，当即请他们的父亲做了一场日常的供神仪式。我看到这场仪
式，非常震撼。童年生活在中原农村以及后来学习工作在城市的我，已经
很少见到保持得这么传统的仪式，我便发现了我的"特洛布里恩岛"了。
传统的仪式、较为理想的家户和人口数量，并且有一间小的会议室可以让
我自由支配，还有比这更好的地方吗？我当即决定在此做田野工作。随后
我问了表姐夫一个更为实际的问题：以后吃饭的问题。他说接下来一年他
要在家修建新的房屋，他的房屋在两个月前被大雨冲塌了，现住在救灾帐
篷里，他修建房屋就不出去打工了，所以会天天在家，我可以在他们家搭
伙，听到食宿问题都解决后，我更为欣喜，感谢那么多人对我的帮助。

定下田野点，在田平村待了一周后，我答谢了金贵兄及其父母、表
姐、表姐夫。返城，准备下次过来所需的一切。

我再次启程去了田平村，开始了我的人类学田野调查，但兴奋和不安
却一直伴随着我。

兴奋的是，田平村基本上每天都有仪式，问其为什么？回答说，做
梦不好，身体不适，蛇进屋，狗跑到了楼上等，如有上述情况，定会在
家举行相关仪式。我搭伙的大哥的父亲是当地一位出名的法师，他经常
会给别人举行仪式，也常给他的儿子举行仪式，再加上他周围的邻居是
他的亲戚，他们举行仪式时都会叫我过去看，我看到了各种各样的仪式。

不安的是，首先，刚到村子里，我看不懂这些仪式，并且仪式举行的
时间不定，给我观察仪式也带来了一定的困难。每次我得到信息后，赶到
举办仪式的地点，大部分时候仪式已经在进行中。其次，仪式步骤繁杂。

---

① 为保护报道人的隐私及安全，尊重报道人的利益、权利、感受及意愿，遵守人类学科学
的学术规范，在本书中具体的村落地名和人名都做了相关的技术处理，一概都是化名。

一个简单的仪式往往需1—1.5个小时，步骤较多，最后，语言问题也困扰着我，刚开始的一两个月内，虽然我在拼命地学习蓝靛瑶语，但认识的词汇还是有限。

不知不觉，我来到田平村已经两个月，几乎每天的餐桌上，我都会听到大家讲度戒这个词汇，① 大家会说给某家的小孩"过法"或度戒。关于度戒的话题，大家吃饭时讨论，闲聊时也讨论，讨论何时会举行仪式，是大型的"红楼斋"，还是"日午清灯""土府延生"，谁是大师父，谁是帮忙的，讨论他饲养了多少猪等，话题离不开度戒，田平人认为度戒就是一个男子最为重要的事情。问起为什么举行度戒，为什么这么重视度戒。大家都说：老祖要我们都要过法，所以我们必须举行度戒。村中几乎所有的男子都会度戒，但是也有例外情况，② 现在寨子中的五位上门女婿，他们的岳父都在考虑如何为他们过法。

一头雾水的我参加了田平邻村一个男孩的度戒仪式。作为我人生中参与的第一场度戒仪式，我做好了一切准备，参与了仪式的整个过程，做了详尽的田野笔记并拍摄了大量的影像资料。

在度戒仪式中，我完全被场面所震撼，我作为"他者"被蓝靛瑶古老而又神秘的文化所折服。众多的参与人员，繁杂的仪式程序，巨大的物资消耗，师父们的专注，人们虔诚的态度和对于禁忌的严格遵守，以及对于"他者"的隐形的要求，③ 受度者那种真实的受教育过程和非凡的感受，对于蓝靛瑶男子来说，一生只有一次，是非常难得的经历，充满了神秘、古老和虔诚。从那一场度戒仪式结束后，我突然发现，这与我最后一次去我干娘家所举行的再简单不过的"成年礼"仪式所蕴含之意义差不多，用人类学专业术语来描述就是"过渡仪式"，更具体来说，也就是成年礼。从那一场度戒仪式结束后，我就把研究重点放在作为整个蓝靛瑶文化内核的

---

① 度戒，也称为过法，也有人说是打斋，在学术界表述为度戒。但也有学者考虑对于用度戒来代表是否合适，还有待大家进一步探讨。在本书中为了统一和行文表达的需要，统一使用度戒。

② 在田平村，直至我做田野结束，仍有一个适龄男子没有度戒；原因有很多，具体来说有以下几个方面：第一，家庭本身非常困难，经济条件跟不上；第二，祖父、父亲都还没有烧灵；第三，父亲患有间歇性精神病，在2012年5月上山砍柴时，不知何种原因，死在山上；第四，这一适龄男子在2012年4月从外地打工回来，也患上了间歇性精神病，现在休养在家。

③ 对于在场非蓝靛瑶的他者也要求遵守所有的禁忌。

度戒仪式上，以期更好地了解度戒仪式、蓝靛瑶日常的仪式、蓝靛瑶信仰中的"鬼""神"系统、蓝靛瑶日常生活中的禁忌，试图在总体上了解蓝靛瑶社会文化的全貌。

在第一次参与度戒仪式后，接二连三的度戒仪式也在紧锣密鼓地进行着。村民都热情地邀请我，为了不落下每一场仪式，我制订了详细的计划，两三个月下来，我非常幸运地参与了七场度戒仪式。① 虽然村民热情邀我参加度戒仪式，我也尽我所能去收集具体的度戒仪式日期，但结果并不令人满意，没有我想象得那么顺利，得到的完全是一个不精确的日程，只知道是谁家举行仪式，但不知具体的日期。这其中的原因，我会在第四章中详细解释。

于是这神秘的仪式就不断牵拉出我内心的研究欲望，度戒仪式到底是怎样的程序？蓝靛瑶为什么会花费如此大的人力、物力来举行度戒仪式？在具体的度戒仪式过程中有很多有趣的图像、文字和符号，手抄本的仪式用书象征代表了什么？我被他们在仪式中的表达、感动、虔诚所震撼。我发现揭开蓝靛瑶社会文化神秘面纱的关键是：对仪式的研究，特别是对于度戒仪式的深入研究。这些问题和心中那股强烈的研究欲望带我慢慢走入了度戒仪式研究之中。

本书以蓝靛瑶度戒仪式研究为主线，通过度戒仪式来理解蓝靛瑶的社会文化。从人类学研究成果来看，可分为仪式研究和蓝靛瑶研究。本章从人类学中的仪式研究和蓝靛瑶研究两方面对以往相关研究进行简要的回溯。通过相关研究的回顾，结合田野工作的实际情况，确定本书的研究框架。

第一节　蓝靛瑶研究概述

蓝靛瑶是瑶族的一个支系，自称"门""金门"，意思为山里人。因其

---

① 之所以幸运，村民说在往年举行度戒仪式的适龄孩童并不多，一年之中，一个村落，一般来说，会有两三位孩童举行度戒仪式，而当年，在春节前就已经有 5 位孩子度戒了，对于人口只有 300 人的蓝靛瑶村落来说，已经是非常多了。另外，我所参与的另外 2 场度戒仪式是邻村孩童的。

擅种蓝靛和以蓝靛染布而得名,被称为"蓝靛瑶",主要分布在中国云南和广西、越南以及老挝。

人类学中研究瑶族的著作,可谓是汗牛充栋。但是,关于瑶族支系——蓝靛瑶的研究较少。下面简要介绍有关蓝靛瑶的研究。

赵廷光在《论瑶族传统文化》一书中介绍了富宁蓝靛瑶的丢花包活动,研究了蓝靛瑶的婚姻习俗、度戒与道教的关系。[①] 郭大烈、黄贵权、李清毅等人编的《瑶文化研究》论文集,其中不但有关于蓝靛瑶宗教、婚俗、度戒、丧葬习俗的内容,还有其他瑶族支系的研究。[②] 黄贵权的《本土民族学视野中的靛村瑶族——那洪村蓝靛瑶文化的调查与研究》和《瑶族志:香碗——云南瑶族文化与民族认同》是研究蓝靛瑶的专著。作者基本上涉猎了蓝靛瑶文化的方方面面,是"解剖麻雀"式的定点微型研究,研究点云南省文山州广南县的那洪村。其田野调查工作比较扎实、细致和深入,资料新而翔实、可靠,研究内容具有一定的系统性,在研究方法和学科理论上也勇于实践、探索和创新,是研究蓝靛瑶不可缺少的参考资料。[③]《文山州瑶族民间故事集》是文山州瑶族研究学会编的一本瑶族的民间故事集,也有蓝靛瑶的民族故事。[④]

其余的作品都是公开发表的论文。关于蓝靛瑶宗教方面的有:金少萍对于富宁团堡蓝靛瑶调查了其重大宗教活动、日常宗教祭祀、宗教师父及经书、宗教方面的禁忌和瑶族宗教信仰的几个特点。[⑤] 晏红兴介绍了金平蓝靛瑶的丧葬习俗。[⑥] 纳日碧力戈认为蓝靛瑶举行的仪式充满了道教色彩。各烟屯蓝靛瑶的习俗具有一系列观念基础,也具有用肢体来操演的民间仪式。思维观念和肢体仪式共存互生,成为社会记忆的一部分,通过一次又一次的操演和经济理性对话,使传统在表层蜕变的同时,保持底层的

① 赵廷光:《论瑶族传统文化》,云南民族出版社1990年版。

② 郭大烈、黄贵权、李清毅编:《瑶文化研究》,云南人民出版社1994年版。

③ 黄贵权:《本土民族学视野中的靛村瑶族——那洪村蓝靛瑶文化的调查与研究》,云南民族出版社2005年版;黄贵权:《瑶族志:香碗——云南瑶族文化与民族认同》,云南大学出版社2009年版。

④ 文山州瑶族研究学会编:《文山州瑶族民间故事集》,文山,2003年。

⑤ 金少萍:《富宁团堡蓝靛瑶宗教调查》,载《云南少数民族社会历史调查资料汇编》之五,云南人民出版社1989年版。

⑥ 晏红兴:《金平蓝靛瑶的丧葬习俗》,《云南民族学院学报》1990年第2期。

延续。① 盘金贵研究了蓝靛瑶的"跳挂"仪式，他通过宗教文化去看瑶族社会生活中的"社会结构状态"和"社群状态"，说明了宗教和仪式对于蓝靛瑶的重要性。②

关于蓝靛瑶度戒仪式研究的论文有：吴开婉对度戒中的舞蹈进行了分析，指出舞蹈在度戒中的重要意义，以及起到的传授生活技能的作用，更重要的是肩负了社会规范的重任。③ 黄贵权、李清毅对度戒的研究发现，学者们对于度戒的认识只是注意到了成年礼的作用，而忽略了宗教的意义是不妥的。④ 黄贵权对中国云南、老挝、越南的蓝靛瑶度戒仪式中师公所用的面具进行了研究，探讨了花根父面具和花根父这个神灵，提出了花根父可能是蓝靛瑶氏族时代的图腾等观点。⑤ 黄贵权通过对蓝靛瑶仪式的研究，认为蓝靛瑶通过各种礼仪的过程及所用祭品的展现，反映出在蓝靛瑶的深层观念中，"花"是人的生命的象征，"斗"是生命最重要的滋养物，女子在人的生命的"养"中具有比男子更为重要的地位。⑥ 盘金贵对蓝靛瑶的度戒进行了分析，指出了蓝靛瑶借助这一制度性仪式给即将走上社会的男子灌输传统道德、社会责任、生活礼仪和文化教育。⑦ 张靖琳、杨永福认为度戒在蓝靛瑶民族意识、宗教信仰、传统道德观念及生存技巧的传承方面至今仍有着重要的社会意义。⑧

还有其他论文涉及蓝靛瑶的语言、教育、经济、生态等方面。纳日碧力戈从语言学的结构主义的角度，运用家系类似性和相似之"流"的观

① 纳日碧力戈：《各烟屯蓝靛瑶的信仰仪式、社会记忆和学者反思》，《思想战线》2000 年第 2 期。

② 盘金贵：《文化变迁视野下的仪式过程及功能——以云南边境老山地区蓝靛瑶跳挂仪式为例》，《文山高等师范专科学校学报》2009 年第 3 期。

③ 吴开婉：《云南文山瑶族度戒舞刍议》，《民族艺术研究》1993 年第 1 期。

④ 黄贵权、李清毅：《瑶族度戒是瑶族男性成年礼说异议》，《新亚学术集刊》1994 年第 12 期。

⑤ 黄贵权：《蓝靛瑶度戒面具漫谈》，《广西民族研究》1998 年第 3 期。

⑥ 黄贵权：《蓝靛瑶的"花""斗"人观——那洪村蓝靛瑶诞生、翁花、要斗和度师礼仪的调查与研究》，《文山师范专科学校学报》2003 年第 3、4 期。

⑦ 盘金贵：《度戒仪式过程及功能——文化人类学视野下的猛硐蓝靛瑶度戒仪式》，《红河学院学报》2009 年第 3 期；盘金贵：《瑶族度戒宗教文化阐释——以麻栗坡县猛硐瑶族度戒仪式为例》，《文山高等师范专科学校学报》2009 年第 2 期。

⑧ 张靖琳、杨永福：《蓝靛瑶的"度戒"及其社会意义》，《文山师范高等专科学校学报》2005 年第 4 期。

点，分析了蓝靛瑶亲属称谓的一些特点。① 王荔、黄贵权通过对云南省广南县那洪村这个蓝靛瑶村社的定点调查，考察了瑶族的"汉化"心理与教育的互动关系，以及教育所存在的问题，并提出一些对策性的建议。② 金少萍介绍了富宁县团堡蓝靛瑶经济、生活、家庭婚姻、文教、卫生等方面的情况。③ 黄贵权对广南县那洪村蓝靛瑶山地农林生态系统也进行研究，④并通过研究云南蓝靛瑶的婚姻制度，指出了其演变的规律。⑤

总体来看，关于蓝靛瑶的研究成果并不丰富，还有待人类学学者进一步深入细致地研究和探讨。

第二节　本书的研究框架

通过前面的文献回顾，笔者发现了几个主要问题。人类学界的社会学派认为仪式是社会的产物，具有社会目的，功能学派则认为仪式是条件和稳定系统生活的工具，具有调节内部配合、保持社会组织等功能。文化生态学者从生态学与文化学的关系来关注仪式如何联系社会生活。结构主义学派超越了功能学派所关注的社会组织等问题，认为仪式是表达文化的媒介，仪式是社会组织直间或间接的投影。

近来的学者通过仪式研究来看仪式的象征，并对仪式进行阐释，通过仪式实践来看其社会文化的真面貌，更直接地关注人们在做什么和他们如何去做。而关于蓝靛瑶度戒仪式的研究，学者关注较少，缺乏系统性和全貌观，学者往往只是简单研究度戒仪式，没有关注蓝靛瑶为什么举行度戒仪式和他们如何举行度戒仪式，对于度戒仪式的象征与解释的研究较少受到关注，没有把度戒仪式与蓝靛瑶整个社会联系起来。

本书关注度戒仪式和蓝靛瑶社会的研究，试图把蓝靛人为何举行度

---

① 纳日碧力戈：《从结构主义看蓝靛瑶亲属称谓的特点》，《民族语文》2000 年第 5 期。

② 王荔、黄贵权：《论瑶族文化的"汉化"特质与教育特征——以云南省广南县那洪村的蓝靛瑶为例》，《文山师范高等专科学校学报》2001 年第 2 期。

③ 金少萍：《富宁团堡蓝靛瑶经济、文化综合调查》，载《云南少数民族社会历史调查资料汇编》之五，云南人民出版社 1989 年版。

④ 黄贵权：《谁是森林的破坏者———广南县那洪村蓝靛瑶山地农林生态系统研究》，载许建初等编《中国西南生物资源管理的社会文化研究》，云南科技出版社 2001 年版。

⑤ 黄贵权：《云南蓝靛瑶婚姻制度的演变》，《瑶学研究》第 4 辑，广西民族出版社 1997 年版。

戒仪式和如何举行度戒仪式详细展现在大家面前。通过对度戒仪式的详细研究，将度戒仪式中的象征一一指出，来看蓝靛瑶想象的世界；通过与仪式理论的比较，来看度戒仪式是否是蓝靛瑶男子的成年礼。度戒仪式作为蓝靛瑶生命中最为重要的仪式，是如何传承规范的？从度戒仪式中寻找蓝靛瑶的宗教，度戒仪式如何影响蓝靛瑶社会？本书对以上问题进行了详细的阐释，并试图通过度戒仪式与人类学研究中仪式理论进行对话。

第一章对仪式研究进行了文献回顾，为本书的度戒仪式研究与仪式研究理论进行对话提供了可能性。第二章和第三章笔者对田野工作点云南省文山州麻栗坡县猛硐民族乡田平村进行了全方位的概述，在这个村落中，笔者完成了自己的田野工作，并进一步分析田平村的仪式。

第四章和第五章聚焦度戒仪式，详细地描述了度戒仪式的过程。在同质化速度越来越快的时代，本书为后人留下珍贵的蓝靛瑶文化遗产的文本记忆。从度戒仪式的开始，主要的准备工作包括：举行度戒仪式的家人的准备工作和师父们的准备工作两个方面。举行度戒仪式的家人从物质方面和场地方面都需做大量的准备，特别是在物质方面。师父们的准备工作主要包括选定举行度戒仪式的日期，准备度戒仪式中的文本——《阴阳牒》和《意者书》，另外还要准备选择自己的宗师和从士，以及度戒仪式所需的书籍和法器等。师父们来到举行度戒仪式的地点后，要对仪式现场进行布置。度戒仪式需要道方和师方两方举行，有时需两方通力合作，但大部分时间两方是分开进行各自的仪式。度戒仪式中道边师父们举行仪式——土府延生，师边师父举行仪式——日午青灯，在第五章进行详细的叙述。

第六章和第七章分析度戒仪式的信仰，并对其象征体系进行阐释。从度戒仪式来分析了蓝靛瑶的宗教，进一步来研究蓝靛瑶宗教与道教的关系，与前人的研究进行学术对话。从度戒仪式的特征来看，度戒仪式是蓝靛瑶男子的成年礼，其象征体系如何表达？规范的度戒仪式作为蓝靛瑶生命中最重要的仪式是如何传承的？其中度戒仪式的执行者和传承者——师父们，他们起着非常重要的作用，另外师父们通过手抄本的经书、科书和秘书来把度戒仪式记录在文本中，为后来的初学者提供了教科书，并且还通过口口相传来传承一些最为秘密的仪式内容。

笔者在结论部分用三个主题来总结本书：一是研究蓝靛瑶的度戒仪式的意义；二是在蓝靛瑶社会背景下，对度戒仪式进行定位，思考度戒仪式与蓝靛瑶宗教、社会文化的关系；三是在历史过程中探讨度戒仪式的变迁。

第二章　田平村的自然环境与社会背景

　　笔者的田野工作是在一个"他者"的社会——田平村进行的。怀揣着学习蓝靛瑶社会文化的心，笔者在田平村生活了十二个月，经历了当地一个完整的生产周期，由完全不知蓝靛瑶文化的"他者"逐渐走进蓝靛瑶并成为他们中的一员，与他们一起吃饭，喝酒，聊天，赶集，唱歌，一起下水田插秧、收割，一起上山野炊、放牛，一起参加他们的各种宗教仪式，并用瑶语相互问候、开玩笑，一起讨论如何发家致富，一起过新年。

　　第一次到达田平村的季节是稻谷收割时节，到笔者离开时，金黄的稻谷又即将收割。笔者第一次到田平村，在此做了最初 15 天的短期调查，从那时起就一直与田平村的朋友们保持联系，或通过电话或通过网络沟通。笔者第二次来到田平村进行了为期 12 个月的田野工作。完整的田野调查之后，笔者又抽出假期到田平村进行短期的回访。

　　田平村作为蓝靛瑶村落具有一定的代表性。文山壮族苗族自治州下辖的八个县均有瑶族同胞分布，并且大部分为蓝靛瑶支系，其中麻栗坡、富宁和广南等地的蓝靛瑶人口最多，麻栗坡县的猛硐瑶族乡和富宁县的洞波瑶族乡为蓝靛瑶最为集中的地区，连片居住，都生活在深山林菁之间，海拔在 1000 米上下，正如古人云："入山唯恐不深，入林唯恐不密。"田平村是整个猛硐瑶族乡家户最多和人口最多的村落，相对来说，居住较为集中。田平村南边毗邻越南，越南境内的居民也是蓝靛瑶，个别村民与田平村民有血缘关系，田平周围的村落都为蓝靛瑶。作为瑶族片区的田平村具有普遍性，加上田平是整个瑶乡人口最多并居住较为集中的村落，具有代表性。

　　田平村是云南省文山壮族苗族自治州麻栗坡县猛硐瑶族民族乡的一个

自然村。麻栗坡县平面地图像一个不规则的哑铃，北部和南部分别为哑铃的两个大头，中间部分相对狭窄，田平村位于麻栗坡哑铃版图南部边缘。田平村是在山涧中建起来的村落，几乎没有一片面积较大的平地，夸张一点来说是"地无三尺平"，全村的房屋基本上都是村民在自己的田地中找一小片平地修建出来的。一条通往老山主峰的弹石路为主公路，贯穿整个村落，是田平与外界联系的唯一道路，其余的道路都是不超过一米宽的山路。

田平村平均海拔在700米上下，基本建在山谷之间，周围的山属于土质山。每年到了夏季雨季，降雨量特别大并且时间较长，整个田平村都处于紧张状态，家周围的土山和田地中的山都有垮下来的危险。田平村属于亚热带季风气候，年平均气温为20℃，年均降雨量为1615.9毫米。气候条件优越，水源充足，主要农作物为水稻、玉米、蔬菜。田平村是一个农业社区，没有工业，经济来源主要靠种植业和养殖业，在最近几年也有少量年轻人外出务工。

田平村共有77户，292人，其中男性为157人，女性为135人，残疾人为13人。[①] 除了4人为汉人上门女婿外，全村均为蓝靛瑶。田平一直是一个村落，1980年后，因人多意见不容易统一而分为两个村民小组，一直沿袭至今，但对于其他村落来说，田平仍是一个整体。

因地基的限制，田平村的房屋建设没有什么整体规划，如图2-1所示。最近几年修建的砖房一般会选择在靠近主公路自己的田地里，较早之前的房屋，一般都修建在较高的山上，自己的地里或自己的森林中，靠近有较好水源的地方。田平人居住得非常散，距进村主公路150米范围内只有15户，有48户居住在远离主公路的森林内，还有12户居住在更高、离主公路更远的半山腰上。相距最远两户之间的距离为6千米，最远的一户距主公路2.2千米。

由于本书主要围绕田平男子的度戒仪式这一主题，在田野工作地点概述这一章节中主要通过介绍与度戒仪式联系紧密的方面。这一章节主要介绍田平村落的历史、地理状况，来梳理田平的发展状况。此外介绍田平村家庭、人口以及人际关系，田平男子的度戒仪式与这些有着千丝万缕的联

---

① 数据来源于2011—2012年的田野调查。

系。最后简要地介绍田平村的日常生活以及各种仪式。

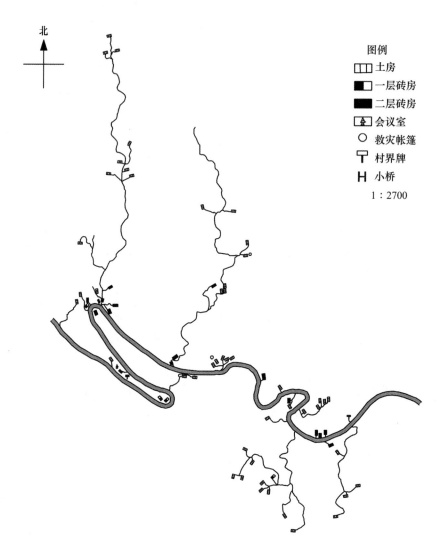

图 2 - 1　田平村落图[①]

---

① 资料来源：笔者绘制而成，由厦门大学建筑学系林浈禛进行美化，谨致谢忱。

第一节　自然环境

田平村位于麻栗坡县东南部，距老山主峰 8 千米，距中越边境线 4 千米，并且有部分荒山森林、草果地与越南直接相接，是中国一线边境村落。全村平均海拔 700 米，有 10 座山堡，6 片森林，12 条山梁，田平村也是居住在森林中的村落。全村共有耕地 199 亩，其中田 158 亩，地 41 亩，① 人均耕地 0.68 亩，不及麻栗坡县的人均耕地面积。全村有经济林 350 亩，还有荒山 500 亩。②

田平村分布在六条山涧中间，在国家的行政体系中为一个自然村，后分为第一村民小组和第二村民小组，第一村民小组分布在南部的三个山涧，第二村民小组分布在北部的三个山涧。在这六条山涧中间，都有小河常年流水，其中有两条河较大，每每到了雨季，河水能把整个河沟淹没，但不是雨季之时，河水较小。这些河水通过水渠都被田平人利用来灌溉水田。田平村四周的山梁较高，南部的山为老山，海拔最高；位于田平北部的山梁为哨卡梁、三七梁和云山，哨卡梁是因对越自卫反击战时有中国哨兵站岗把守而得名；东部的山梁为牛滚田、清塘；位于田平西部的山梁为平梁和火箭梁，火箭梁是因对越自卫反击战时中国军队在此山梁上发射火箭炮而得名。田平的地势为东北高，西南低。

田平村处于中越边境老山脚的深山之中，宽 3 米的弹石公路从老山西边位置的乡政府猛硐可一直通往老山主峰，途中经过田平村，在田平村头的老山岔路口，一条弹石路通向老山主峰，另一条通向老山脚下的船头天保口岸。这是唯一的通过田平村的公路，田平人通过这条路联系着外界，去猛硐街和船头办理事情和赶集。这条路虽然是公路，但是崎岖不平，每每坐车出行，都让人有一种心肺被颠簸出来的感觉。

田平村位于猛硐街和船头天保口岸的中间。田平村距猛硐街有 15 千米，路途较为平坦，没有太陡的山坡。而距船头口岸 17 千米，并且路途

---

① 田平人认为能够浇灌的土地为田，不能浇灌的土地为地。

② 田平的荒山因无法精确丈量，所以没有确切的统计数字，只是村里人大概的估算数字。也有些田平人认为荒山的面积更大些。

非常之险峻陡峭，有很多弯道，田平村几乎所有开摩托车的人都在这段路上有翻车的经历，皮肉之伤常见，严重时小腿被砸断。从田平到船头的山路是在1984年对越自卫反击战时开的路，一直是土路，没有硬化，直到2009年才修成水泥砖路，山路陡峭，遇到雨季，山路都有坍塌的现象，在笔者田野工作的一年期间，这条山路有两次大坍塌，小型的坍塌就更多了。老山脚下的船头，海拔只有107米，天气炎热。

田平人实际上就在山上居住。田平村的山大部分都是土质山，土山中间石头较少，所以，每每下暴雨和长时间的雨季，田平很多山都有垮下来的危险，甚至房屋周围的土山都有垮下来的现象。田平人在土质较适合灌溉的田里种植水稻，在不易灌溉的土地上种植玉米。他们会在房屋附近的田地种植蔬菜、红薯等，方便日常生活。

笔者记录了田平村整整一年的天气情况。大致的情况如下：田平属于亚热带季风气候，全年平均气温18℃，年总降雨量1615毫米。① 根据田平天气的具体情况，我把田平的天气分为几种情况：雾天、雨天、晴天、阴天和多云。

雾天季节，是从农历十一月份（大概小雪前后）开始到来年农历四月份（大概清明前后），基本上都为大雾天气，能见度在10米左右，给人们的出行带来不便。因湿度较大，大雾天气经常会带有毛毛雨，虽然不是真正的下雨，但是，一天下来，地面都是湿漉漉，加上主公路路面由弹石修建，人们骑摩托车出行，经常会有翻车的现象；住在山上的家户的水泥路，此时走起来非常滑，经常会滑倒摔跤，笔者在一年的田野中滑倒数十次，手掌、胳膊和膝盖都被划伤了。在笔者田野工作期间，有一外村的小伙子，即将成为新郎，来村里送喜帖，喝酒多了些，下坡路滑，骑摩托车翻车在路旁的沟里，头碰到石头，当场就死亡了。

雨季，是从农历四月初（立夏前后）到九月上旬（寒露前后），基本上雨天居多。五六月份，阵雨居多；七月份，暴雨居多；八月份至九月上旬，小雨居多。这里雨水特别多，田平人说有几个原因。首要的原因是本身地处亚热带。其次田平村周围的原始森林保护完好，生态系统平衡。田

---

① 这组数据来源于《田平村温饱示范村项目规划书》。麻栗坡县全年的平均温度为18.7℃，年总降雨量为795.1毫米。

平村落海拔 700 米，基本在半山腰上，其山头的海拔较高，还有在田平南方不远的老山主峰，在这些山顶，都是原始森林，有各种各样的古树，生态保持完好，现在都为国家公益林，国家按照相关规定，每年都会补贴田平村民，村民更增强了保护森林的意识。最后，受附近的大型水电站影响。在 2002 年，国家在田平附近马鹿塘盘龙河干流上修建了文山州境内装机容量最大的水电站，正常蓄水水位 627 米，水域面积较大，马鹿塘水电站在田平东北边，从田平翻过几座山，就到了马鹿塘水电站。田平人说，在没有修马鹿塘水电站前，田平的雨季没有现在这么长，雨量也没有现在这么大。

晴天，主要分布在农历九月中旬（寒露节气后）到十一月初（小雪节气后），以及从三月中旬（清明过后一个礼拜）到五月初（小满节气前后），七月份，晴天和雷阵雨天气交替，例如，天气正艳阳高照，突然就变为雷阵雨，过后，又是晴空万里。

雨季较长，长达四个月，并且雾天的时间较长，长达三个月，阴天一个多月，如果天晴，气温较高。这样的气候状况，非常适合多种农作物和树木的生长。因为冬季的雾天较多加上雨水较多，田平人在田里只种植夏季一季水稻。三月初（清明前后）开始在田间播种水稻种子；经过一个半月的生长，小秧苗长到 20 厘米高时，四月中旬开始插秧，因田间地势非常陡峭，机器很难进入田间，因此无论耕田、播种或收割都需人工，所以田平人喜欢关系较近的四五家一起做工，在插秧之时，四五家会商定先插谁家的秧苗，后插谁家的秧苗，这样差开插秧的时间，解决了插秧同时进行的问题，到水稻成熟时收割的日子又可以分开，这解决了到时水稻成熟同时收割的麻烦；到八月中旬（中秋前后）开始收割水稻，八月份也经常有雷阵雨，所以，原来一起插秧的四五家会根据水稻成熟的先后，趁晴天抓紧时间收割水稻。这也是田平人根据天气、地理环境、人力缺少的情况，摸索出来的一种充满智慧的地方性知识，同时也增进了人与人之间的感情。大米是田平人的主食，剩余的稻谷拿来喂养鸡鸭等家禽，从不拿到集市上卖，如果剩余的稻谷较多，可多饲养些家禽。

中秋收割水稻后，因为雾气天气太多，这些田就用来种植各种蔬菜，主要是萝卜、白菜等，剩余很多土地，都荒废着。笔者问村民为什么不种植其他蔬菜，或种植其他农作物。大家都说种些蔬菜，一般都吃不完，大部分都是拿回来喂猪的，一家一般养殖2—3头猪，如种多了，猪吃不完，这些菜都会坏在地里，很是可惜。雾天太多了，只有萝卜、白菜长得最好，其他品种的蔬菜都长不好。问其为什么不去集市上卖菜，田平人说，田平的萝卜在猛硐街和船头街非常出名，但价格不高，去地里挖萝卜，然后带到集市上，路不好，骑摩托车能带80公斤萝卜，但卖不了多少钱，仅够油费，连一天的人工费用都没有，这样算下来还不如不去。他们说以前大家都去卖过，不合算，干脆不去了，笔者在田野工作的一年中，没有见到一个田平人出去卖菜。

表2-1　　　　　　　　　田平年度天气情况　　　　　　单位：天

月份（农历）	晴天	雾天加毛毛雨	阴天	雨天	多云	总天数	天气情况
十一	0	10	4	12	5	31	
十二	5	23	1	2	0	31	雾天季节
一	5	21	1	2	0	29	
二	7	15	0	1	8	31	
三	13	5	2	3	7	30	晴天为主
四	11	2	2	16	0	31	
五	2	5	5	18	0	30	
六	5	0	1	25	0	31	雨水季节
七	15	1	0	15	0	31	
八	7	0	9	12	2	30	
九	10	8	5	7	1	31	晴天为主
十	18	0	5	4	3	30	
总计	98	90	35	117	26	366	

资料来源：笔者在田平村一年田野工作的记录整理而成。

旱地种玉米可以种两季，一季从农历二月到五月，第二季从农历五月到八月。田平人称不用水灌溉的旱地为地，这些地一般位于海拔较高之处，或者远离水源的地方。可以种植玉米，如果没有什么灾害，收成都是不错的。玉米，一般用作饲养猪、鸡等家禽，也没有人拿出去卖。

田平一年中有七个月的雨天和雾天，雨水非常充沛，非常适合杉树和
草果的种植。2011 年，云南大旱，但田平仍雨水充沛。村人在自己的经济
林和荒山都种植杉树和草果，这两种植物都喜阴和需要较多的水分，特别
适合在这里种植。田平每一个人都分有 10 亩左右的荒山种植杉树，草果
一般种植在不适合种植杉树的陡峭的山坡和山涧之中，田平人种植草果的
面积较小。也有田平人在荒山和战争时留下的雷区种植杉树和草果，增加
自己的经济收入但同时也引起了一些纠纷和踩雷隐患，因为这些雷区一般
都位于中越边境，虽然政府已经在此排雷数次，但是仍有漏网之鱼，部分
村民在雷区种植草果时，被地雷炸断腿，造成严重的伤残。[①] 杉树的收入
是田平人主要收入之一，但大概十余年才卖一次，不是每一年都能有杉树
可卖，但是，田平人种植杉树的积极性非常之高，每一年冬季的雾天季
节，全村人都会上山，在自己的山上种植杉树，也有开辟荒山来种植，但
经常会有山界纠纷的问题出现。

　　田平人在一些山上种植很多茶叶树。这里气候非常适合茶叶的种植，
这里的茶叶全部是纯天然绿色食品，既不施肥，也不喷洒农药。每到清明
前后，田平人就会上山采摘茶叶。村中老人在没有农活时，也上山采摘茶
叶，并把采摘的青茶叶卖给茶厂，在收茶季节，附近的茶厂都会有人来收
购茶叶，在 2012 年清明后，茶叶每斤 2—3 元，一个老人一天采摘茶叶可
收入 50 元左右。田平人喜欢在火塘边烤茶叶喝，无论是冬季还是夏季。
在田平，每家每户都有自己的茶叶地，并且自己采摘回来，自己加工，供
自己一年喝茶用，从没有人买茶叶喝。

　　田平在船头附近的曼文也有一片地，每一户都分 2 亩左右。因为曼文
海拔只有 100 多米，冬季也较热，村民可在冬季种植些蔬菜和红薯藤，可
以喂猪，在冬季非常冷且红薯藤较少的情况，可以弥补猪饲料不够的问
题。现在，大部分田平人在曼文的土地种植香蕉，冬季在香蕉下种植一些
红薯藤。现在，有外地的商人在曼文开办了香蕉基地，部分村民把自己在
曼文的土地出租给香蕉基地，赚取租金。

---

　　① 笔者在田平调查的一年中，就有一位村民去雷区分移种植草果时，被地雷炸断右腿，伤
情非常严重。

第二节　社会背景

一　人口

1949 年，田平村只有 21 户，160 人。[①] 从 1949 年到 1984 年，田平村的人口数量基本上翻了一倍，但是从 1984 年至今[②]，田平人口才增加 30 人左右，现在田平村共有 77 户，291 人，除了 4 位上门汉人女婿外，全部为蓝靛瑶，残疾人 13 人，越南新娘 2 人。[③] 具体的数据请见下表。

表 2 - 2　　　　　　　　田平村的人口（1949—2011）

年份	户数（户）	合计（人）
1949	21	160
1984	49	272
2004	74	288
2011	77	291

资料来源：根据村公所和田野工作整理而成。

表 2 - 3　　　　　　　　田平村男女性比例

年份	男性		女性		男性对女性百人之比例
	人数	百分比	人数	百分比	
2004	150	52.08%	138	47.92%	108.7
2011	153	52.58%	138	47.42%	110.9

资料来源：根据村公所提供的 2004 年度人口资料和田野工作资料整理而成。

从现有的资料来看，村里男性比女性多，田平村男女比例有些失调，

[①] 在此特别感谢田平的关键报道人，老人回忆相关历史，才有此数据。

[②] 计划生育起到很大作用，蓝靛瑶可生育两胎，但鼓励独生。

[③] 这里越南新娘指的是最近几年来的越南女子，她们一般都不领取结婚证，大部分是因为害怕费用较高，并且要去省城昆明才能办理。越南新娘不能上户口，不能享受中国的医疗保险和其他各类保险，但生育的孩子有户口。田平村还有几位 70 岁左右的老人，是越南人，她们都是较早年代来到中国的，都有户口。

到 2011 年男女比例更为加大。田平村达到结婚年龄而没有结婚的适龄男子的数量增多，这已经成为田平村一个较为严峻的新问题。由于没有找到较早年份详细的人口统计资料，基于最近几年的材料，田平男女性比例详情请见下表。

表 2－4　　　　　　　　　　田平村人口年龄组

年份	2011 年			
性别	男		女	
	人数	百分比	人数	百分比
0—4 岁	8	5.23%	7	5.07%
5—9 岁	4	2.61%	9	6.52%
10—14 岁	12	7.84%	11	7.97%
15—19 岁	9	5.88%	14	10.14%
20—24 岁	13	8.50%	12	8.70%
25—29 岁	13	8.50%	5	3.62%
30—34 岁	19	12.42%	16	11.59%
35—39 岁	21	13.73%	15	10.87%
40—44 岁	15	9.80%	9	6.52%
45—49 岁	11	7.19%	8	5.80%
50—54 岁	4	2.61%	7	5.07%
55—59 岁	6	3.92%	6	4.35%
60—64 岁	4	2.61%	4	2.90%
65—69 岁	8	5.23%	6	4.35%
70—74 岁	3	1.96%	5	3.62%
75—79 岁	1	0.65%	1	0.72%
80 岁以上	2	1.31%	3	2.17%
总计	153	100.00%	138	100.00%

资料来源：田平村人口调查和田野资料。

我们也可以通过人口的静态情况来反映人口的动态变化，如我们从田平人的年龄组可以推知田平人口是属于增进型或稳定型或退减型人口结构。① 从表 2 - 4 的资料中我们可以知道，田平村的人口结构属于中间宽而底和顶窄的金字塔形状，属于典型的稳定型人口结构。

我们从教育方面更近一步来看田平村的人口品质。一般来说，受教育的人口越多，教育程度越高，人口的品质就越高，反之亦然。② 1949 年之前，基本上没有私塾，没有什么正规的教育机构。在 1949 年以后最初几年到 1968 年，在离田平较远的村落铜塔自然村有一所小学，从田平村走路过去需要两个小时，基本上没有人上中学。到了 1968 年，政府在田平村附近的响水兴建了一所完小——"响水兴边小学"，田平小学生从此在自己村落附近开始上学，走路需半个小时。田平村全部适龄孩子都去学校接受教育，到了该上初级中学时就到乡政府所在地猛硐街上的猛硐民族中学上学，有部分学生去读县城的中学，有部分学生去天保口岸附近的天保中学，也有少数学生去更远的教育质量更高的铁厂中学。初中毕业后，成绩好的学生升入高级中学就读，成绩一般的就进入麻栗坡技术职业中学学习一门技术，但是能读高中的田平人较少，上大学的就更少了，直到现在，田平只有两人上大专，现在这两人都在外地工作，一人在铁厂中学教书，一人在蒙自昆钢工作。

近年来，由于师范大学毕业生分配到响水兴边小学任教③，全部小学生④

---

① 根据人口学家 G. Sundbarg 在 1900 年所订的标准，从一个族群人口中各组年龄人口所占百分比的多寡，可以判断该人口发展的趋势。他所指出的三种人口发展形态的年龄组合特征如下：

年龄组合	增进型人口	稳定型人口	退减型人口
14 岁及以下	40%	26.50%	20%
15—49 岁	50%	50.50%	50%
50 岁及以上	10%	23%	30%
总计	100%	100%	100%

引自庄英章《林圮埔：一个台湾市镇的社会经济发展史》，上海人民出版社 2000 年版，第 26 页。

② 参见庄英章《林圮埔：一个台湾市镇的社会经济发展史》，上海人民出版社 2000 年版，第 24 页。

③ 在校老师，大部分为汉人，其中有三位年龄较大者为老山五村之蓝靛瑶人。

④ 这里除去"跟班生"。"跟班生"是这个小学的特色办学之一，因田平附近没有幼稚园，大多小朋友在没有上小学之前都不会讲普通话和没有任何的学习基础，到了小学阶段，与老师和同学有沟通障碍，并且学习也会吃力些。针对这种情况，学校老师决定让 6 岁的小朋友（政府规定 7 岁才可以上小学）都来小学跟着一年级上课，但是，在官方的记录中不会显示，到了明年，这些跟班的小朋友继续读一年级。这种现象，田平人称之为"跟班"。

都住校学习，周末回家休息，小学教学质量大幅提高，全校一年级到六年级的期末成绩是全乡第一，在全县名列前茅。政府对于小学进行三免一补政策，小学生们不用交学费和住宿费，学生自己从家带了大米，政府提供资金，学校免费把学生带来的大米蒸熟并且免费提供菜肴，为学生提供良好的教育和生活环境。从响水兴边小学毕业的田平人，升入中学后在中学阶段也有学习成绩较为优秀的，赢得广大老师的好评。在老山边境上，响水兴边小学凭借其教学质量在全县成了明星学校，引起社会各界的关注，社会各界人士贡献自己爱心，为响水兴边小学捐钱捐物，贡献自己的力量。响水兴边小学在社会各界的关注下，在老山边境谱写着动人的故事。

在职业方面，除了大学毕业后在外工作的两位田平人，其余大部分田平人在家从事农业，也有一位上门的汉人女婿从事生猪养殖业，不过在2011年才刚刚开始。一般来说，30岁以上成家的男子一般都不外出打工，20岁左右的年轻男女有外出打工的，但数量不是很多，问其原因，大部分人认为外出打工被约束得厉害。也有人去越南打工，田平人作为边民，从天保口岸出入，只需边民证即可，不需办理护照，但是，在越南最多待15天，就需回国再注册一次，才能再进入越南，中国老板去越南修建水电站，知道田平人有边民证，就联系田平人，一般有七八位去越南打工，最多时也有15位左右，到2011年时，水电站基本建好，在越南打工的田平人逐渐减少。有个别的田平人从事木材生意，还有部分在天保口岸作为搬运工打一些零工，但是也不是很多。

二　家庭情况

田平现住的实际人口共有291人，77户，每户平均3.8人，一户最多有9人。每户人数及户数详见表2-5。

家是人类社会最基本的生活单位，也是社会结构最基础的单位。田平的蓝靛瑶的家庭制度是父系制，妻从夫居，子女从父居，儿子结婚后建造新屋而与父母分家，形成一个新的核心家庭。

在人类学的概念中，家庭（family）与家户（household）是两个完全不同的概念。著名人类学家乔治·皮特·默多克（George Peter Murdock）认为："家庭是一个社会团体。它包含男女两性的成年人，其中至少有两人维持社会所认可的性关系，以及他们所生育或收养的孩子。"[1] 而家户则是因亲属关系或其他联系而结合的一群人，同居一屋并且在他们之间安排生产、消费及分配。[2] 从二者的定义来看，家庭是以婚姻为主要特征，以血缘为纽带的社会单位，而家户是以地缘为主要特征，超血缘的社会单位。[3]

根据人类学的定义和田平村的实际情况，笔者把田平村的家户分为三种类型：核心家庭（nuclear family）、主干家庭（stem family）和单身（single）。根据实际情况，核心家庭再细分为：完整型的核心家庭和不完整型的核心家庭。单身分为单身男子和单身女子。

核心家庭是建立于婚姻联系（夫与妻间的关系）上的家庭，包括一夫一妻和他们的子女。[4] 完整型是由一对夫妇和（或）其未婚子女组成，不完整型是仅有夫妻而无子女、夫妇缺少一人但有未婚子女或同胞关系而无配偶关系之家庭。主干家庭由一对夫妻及其子女和夫的父母或妻的父母所组成的家庭。人类学上称之为小型的扩大家庭。[5]

从表2-5、表2-6可以看出，核心家庭和主干家庭是田平家户的主要形式。但是，单身也占到了整个家户的9.09%，在田平村，人们认为单身问题是一个较大的问题。

表2-5 田平村各户人口之分配表

每户人数	1	2	3	4	5	6	7	8	9	合计
户数	5	8	17	25	17	3	1	0	1	77
人口数	5	16	51	100	85	18	7	0	9	291

资料来源：数据四舍五入不为100%。根据田野调查的数据整理而来。

---

① George Peter Murdock, *Social Structure*, New York：The Free Press, 1965, p. 1.

② Carol R. Ember, Melvin Ember, *Cultural Anthropology*（Thirteenth edition）, Boston：Prentice Hall, 2011, p. 206.

③ 麻国庆：《家与中国社会结构》，文物出版社1999年版，第18页。

④ Carol R. Ember, Melvin Ember, *Cultural Anthropology*（Thirteenth edition）, Boston：Prentice Hall, 2011, pp. 208 – 210.

⑤ 陈国强主编：《简明文化人类学词典》，浙江人民出版社1990年版，第147页。

表 2 - 6　　　　　　　　　　　　田平村家户类型

家户类型	核心家庭		主干家庭	单身		总计
	完整型	不完整型		单身男子	单身女子	
户数	29	13	28	5	2	77
户数百分比	37.66%	16.88%	36.36%	6.49%	2.60%	100%

资料来源：根据田野调查的数据整理而来。

　　家族，王崧兴认为，最主要的基准是共食。同胞兄弟在结婚后，若继续共食生活，则一直被认为属同一家族；但是，完婚后的兄弟要另起炉灶，即被视为不属于同一家族了。[①] 家族是家庭的扩展，宗族是家族的扩展。[②] 按照中国历时二三千年的观念，同一高祖的血缘群体称为家族，也叫"五服之亲"或"五属之亲"。高祖以上某代祖之下的血缘群体称为宗族。[③] 在田平村，相对于汉人社会来讲，家族的观念较为淡薄，宗族的观念更为淡薄。在田平村，兄弟中有人一旦结婚，结婚的兄弟就会重新建造房屋，成立一个新的家庭。

　　田平村由两个大的宗族和一个小的宗族（有 10 户左右）组成，但是与中国东南汉人社会的宗族作为"政治与地方组织"则不同[④]，田平人宗族没有祠堂，没有家先牌位，没有族田，也没有族谱。[⑤] 但有集体活动，如每年的农历二月初二，全村会集中在一起祭龙，修整村庙。

　　田平村内婚较多，使宗族之间增添了复杂的亲戚关系，同时也更加淡化了宗族之间的关系。另外，打亲家和认干亲、找媒爹和度戒之后的师徒

---

　　① 王崧兴：《龟山岛——汉人渔村社会之研究》，台北"中央研究院"民族学研究所专刊之十三 1967 年。
　　② 郑杭生：《社会学概论新编》，中国人民大学出版社 1989 年版，第 73 页。
　　③ 杜正胜：《传统家族试论》，见黄宽重、刘增贵主编《家族与社会》，中国大百科全书出版社 2005 年版，第 2 页；李卿：《秦汉魏晋南北朝时期家族、宗族关系研究》，上海人民出版社 2005 年版，第 26—27 页；［美］许烺光：《宗族、种姓、俱乐部》，薛刚译，尚会鹏校，华夏出版社 1990 年版，第 64—71 页。
　　④ 关于中国东南汉人社会的宗族详见［英］莫里斯·弗里德曼《中国东南的宗教组织》，刘晓春译、王铭铭校，上海人民出版社 2000 年版；郭志超、林瑶棋主编：《闽南宗族社会》，福建人民出版社 2008 年版，第 1 页。
　　⑤ 田平蓝靛瑶虽没有族谱，但是有自己的"本命书"，记载着家族的先人具体的出生年月。

关系，给本已错综复杂的村中的关系添加了更复杂的关系，在村中，每一户都会有这样或那样的关系，宗族的观念在一步步淡化。

三　战争与村庄

处于边境上的田平村，经历了多次战争。从抗击法国入侵者，到苗瑶械斗，再到近来对越自卫反击战，田平人都参与其中，饱受战争之苦。

在光绪九年（1883年），田平人在头人盘圣怀率领下，联合附近村落的同胞们，共同抗击法国入侵者，并赶出法人。田平人在此战斗中，运用自己制造的土炮，炮轰法人，取得胜利，但是田平人也有伤亡。

到了1938年，猛硐地区苗瑶械斗，田平蓝靛瑶也参与其中。天保对汛区区长项国仁利用职权，挑起猛硐地区苗族和瑶族的械斗，械斗持续数年，造成苗族和瑶族同胞家破人亡，无家可归，流浪他乡。在械斗数年中，深夜里，会有坏人来田平村烧杀抢掠，其中有一户人家在一天夜晚全部被人杀死，并被抢走家中的财物。田平人回忆起这场械斗，感受颇多，感慨地说道："永远也不要有战争！"

中国政府为了收复老山、者阴山等领土，进行了对越自卫反击战。田平村成了战场，田平人成了战士，与人民子弟兵并肩作战，贡献自己的力量。

老山的地理位置特殊，战略位置重要。老山位于麻栗坡县西南部中越边境第二段12号与13号国界碑之间中方一侧。与越南河江省渭川县清水乡相接。老山脚下是中越水路陆路交通命脉和中国通往东盟各国的主要关口。这里有国家一级天保口岸（船头），越南抗法抗美时期，中国的援越物资就是从这里源源不断地出境；此处距离越南的河江省只有23千米，距离越南首都河内约300千米。老山主峰海拔1422.2米，此处往北，没有更高或高程相近的山峰，往西直距约30千米处有海拔2579米的老君山。占据老山，向北可通视我国境内纵深25千米的广大地区；向南可俯瞰越南老寨、清水以南至河江省会27千米地区；向东可封锁我国麻栗坡县至越南河江省的主要通道、口岸；向西可监视12号界桩以西至扣林山边境诸要点。可见老山战略位置十分重要。

1979年春，越南抢占了老山主峰及附近有利地形，建立了4个军事据点群，频繁袭扰中国边境。至1984年3月，侵占老山地区的越军向麻栗坡县境内发射炮弹 2.8 万余发，打死打伤中国边民 300 余人，炸毁民房上百幢。

1984 年 4 月 2 日凌晨，老山、者阴山地区万籁俱寂，随着 3 颗红色信号弹的腾空而起，我边防部队集结的几千门炮同时开火，几十万发炮弹飞向越军的阵地、指挥所、仓库等目标。我边防部队集中炮火先后对越军 1600 个重要目标进行了猛烈的火力突击，尔后转入持续而有重点的炮击和反炮击作战。炮火准备整整持续了 26 天，老山、者阴山的山头被炮火削平了几米，地表阵地一片焦土。1984 年 4 月 28 日，经 5 小时 20 分我军攻上老山主峰，下午，两个主力营向船头、八河里东山方向推进，占领敌 10 余个高地。4 月 30 日凌晨，我军收复者阴山。

相对于者阴山，老山可没有这么幸运，老山地势险要，易守难攻，盘踞在我境内高达 1422.2 米的老山主峰的越军，可以通观我方二三十千米的纵深，其观察台昼夜不停地监视着我方的情况，有些地方炮火也难以上去，因此进攻时我军下了死命令：不惜一切代价攻陷老山，战斗打得很惨烈，有些团打得仅仅剩下几个人，时任班长的战斗英雄史光柱就是在老山攻坚战中双眼负伤失明的。我方士兵用热血尽了自己的职责。连场的激战，我军终于踏上血流成河、白骨累累的老山主峰。5 月 15 日，我边防部队又收复了八里河东山。至此，经 18 天激战，我边防部队收复老山、者阴山。

在对越自卫反击战中，很多田平村的年轻人参加了"老山支前参战民兵六连"，老山支前参战民兵六连主要成员是老山五村的蓝靛瑶同胞们。实际上，老山五村就是当年的老山战场，老山五村的小坪寨只离老山主峰 2 千米左右，田平村也只有 8 千米。战争一开始，家就是战场的田平人自发参加支前民兵作战，妇女和老人也默默做出自己的贡献，为战士烧火做饭等。田平人回忆说，在对越自卫反击战中，越南的军队经常会发射炮弹到田平村，当时有很多地方都被炮弹炸出很多很大的坑来，也有房屋被炸平，也有牲畜被炸死，庄稼被毁，战争一开始，田平人就参与其中了，并且部队官兵也住在田平村民家中。在对越自卫反击战中，也有田平人，作为部队的侦察兵，在带领中国人民军队勘测老山地形时，被敌方埋下的炸弹炸死，献出了自己的生命。

对越自卫反击战结束后，田平人有了唯一的公路。在对越自卫反击战之前，田平村是没有公路通过的，全部是田埂地头的小路。在 1984 年对越自卫反击战结束后，部队驻扎老山主峰，为了方便大型车辆进入老山主峰，同年政府修建了从猛硐街附近的坝子村到老山主峰的弹石公路（宽 3 米），途经田平村，并修建了从老山到老山脚下的船头天保口岸的弹石路。从此，田平村有了公路，并有机动车可以出入田平村，这条公路成为田平人来往猛硐街和船头的主要干道。在没有公路前，田平人来往猛硐街（或船头）需要 1 天，现在，骑摩托车只需 1 个小时左右，但从田平村去船头的路有些险陡，需走 1.5 个小时，这条公路大大解决了人们出行困难的问题。

田平村作为一个自然村，隶属于铜塔村委会。铜塔村委会下辖 10 个自然村，共有 2740 人，其中越南新娘有 25 人。铜塔村委会村公所建在老山通往船头的路上，离田平村有 3 千米。铜塔村委会有支书一名，副支书一名，一名文书，一名兽医兼任司法调解员，一名医生，一名民兵队长。铜塔村委会负责传达上级的各种行政命令、发放各种补贴、统计人口、宗教信仰、民事调解和医疗，并通知到各个自然村的村小组组长，然后，村小组组长通知本村村民。医生负责村中各种疫苗的注射，田平村中有人患有其他的疾病，一般不在这里就医，都在坝子村的私人诊所或到猛硐、船头的乡镇医院就医。

铜塔村委会有完小一所，位于响水村，名为响水兴边小学，为国门学校。[①] 政府针对山区小学的特点，也实施了一系列的惠民政策，除三免一补外，还有补贴营养早餐，给午餐和晚餐提供免费的菜等。学校因在去老山途中，在社会各界人士关心帮助下，学校已经成为麻栗坡县的明星小学，教学质量大幅度提升，现小学已经在原址上建设新的教学楼，进一步提升学校基础建设。田平村的小学生全部在响水兴边小学就读，虽然学校距离村落不远，但是为了照顾远处的自然村的孩子们，全校的孩子都是寄宿在学校，只有周末才回家。

为了提高边境人们的物质生活水平，促进边境经济社会全面的发展。2007 年，麻栗坡县政府针对边境村落推行了整村推进温饱示范村建设工程，田平村是第一批温饱示范村之一。田平温饱示范村项目主要包括基础

---

① 麻栗坡县政府认定距中越边境 2 千米内的学校为国门学校。

建设、村容村貌美化建设、经济发展建设项目和基层组织建设。

基础建设主要有道路建设、风雨桥及其风雨亭建设，电网改造，人畜饮水工程建设，厨房、厩舍以及厕所改造，沼气池的修建，村小组科技文化活动室、会议室及其配套工程的修建。2007年前，田平村的道路都是土路，不下雨还好，一旦下雨，脚上全部是泥巴，加上坡陡路滑，村民经常摔跤。在温饱示范村建设时，村里修建了进村宽1.2米沙石路长达3千米，修建1米宽的入户水泥路长达4.5千米[①]，并修建4米宽的风雨桥2座，在桥上修建2个风雨亭。之前，村民用的电网基本上没有什么规划，并且所用的电线杆全部为木材，长年累月，木材老化，每到刮风下雨，都非常危险。温饱示范村建设时，架设了50千伏输电线6千米，全村77户全部实施了电网改造。田平村喜欢每一户一个水源，并且用竹子或塑胶管把水引到家中，温饱示范村建设时，村中修建了大型的水窖，实现多户共用一个水窖饮水，提供了干净卫生的饮用水。同时，村中修建了科技文化活动室一间并配有电视、扩音设备和桌椅设备，小型会议室两间，这样就解决了大家开会无处去的困境，同时大家也有了学习科技文化的地点。在科技文化活动室和会议室前面修建活动场地和厕所。并针对灌溉难的问题，为田平村的水渠修建了三面水泥沟，便利田平人浇灌水稻。

村容村貌美化建设针对每一户土房进行靓化。在2007年，村中的砖房非常少，基本上全部为一楼一底的土房，土房没有一块砖头。靓化主要是房屋的修整，墙体的刷白，院子的水泥硬化，还有修建厨房、节能灶、厕所、猪舍和洗澡间等。在这之前，村里基本上没有节能灶，一年四季都用火塘做饭。此后，村中开始有人修建砖房，现有砖房16栋。[②]

经济发展建设项目主要支持村民种植杉树、草果和香蕉等经济作物，鼓励大家利用好的自然条件饲养生猪，并且开展科技培训。

基层组织建设主要是成立党支部和团支部，并且成立了茶叶协会、妇女之家等组织。成立党支部和团支部，并且发展新党员2名，培养入党积

---

① 这些入户水泥路，修建在田埂地头，受到地形地貌的影响，也有部分路段很窄，不到1米宽。

② 时间截至2012年7月。

极分子 3 名，发展团员 12 名。田平村成立了茶叶协会，但是实质性的作用还有待提高。

田平村温饱示范村建设从 2007 年 12 月开始，工作队和田平人一起辛勤工作，共同克服困难，于 2008 年 3 月，田平温饱示范村建设终于完成，田平人在中国共产党的引领下，大步跨入了新纪元。

第三章　村民的生活与仪式

田平社会是仪式社会。本章通过对田平村民生活全方位的概述，展现了其生动的日常生活。在日常生活中，村民经常举行各种仪式，蓝靛瑶的仪式繁杂，为了进一步理解蓝靛瑶仪式，在前人的研究成果参照下，根据田平村民的仪式的实际情况，仪式主要分为：过渡仪式、历法仪式、消灾祈福仪式、跳挂仪式和黑巫术。田平日常生活中的仪式基本的步骤都较为相似，不同的仪式根据不同情况有所变动。在本章的最后，笔者简要描述日常生活中的供神仪式，这样更容易理解日常生活中的仪式，并为度戒仪式部分作铺垫。

第一节　村民的日常生活

一　家屋地点的选择

田平人居住得非常之散。田平村没有什么平地，基本上都是山坡，平地和田地都是田平人辛勤开垦出来的。在 1980 年前，田平人选择修建房屋的主要原则有：一是地基要大些，即平地的面积稍微大些，这些地是自己的山林或者是自己的田地，二是房屋附近要有干净并且可持续供一家人吃水的水源，三是要避风，这样可以减少房屋的茅草和竹片的损毁概率。田平人根据自己的实际情况来选择在何处修建房屋，一般选择山林中间，并且两户相距较远，这样的话，各家饲养的鸡、鸭、猪等牲畜就不会跑到别人家中或田地中，引起不必要的麻烦。

1984 年，对越自卫反击战结束后，田平有了第一条弹石公路，大家为了方便外出，修建房屋首先考虑靠近公路。现在，田平村有 20 户已经在公路旁修建房屋，与公路相距最近距离只有 2 米左右，因地基很少并且面积很小，公路旁基本上没有什么合适的地基可供村人修建房屋，这样一来，公路旁的土地成了田平村稀缺的资源，也有个人购买公路旁的田地用来修建房屋。为了能在公路旁安家，水源的选择和饲养家禽就需要用其他办法来解决。大家用修建较为大型的水窖的方法来解决水源，一般4—5户人家会在附近修建一个水窖，用塑胶管将较远的水源的水引到水窖中来，大家再从水窖接水管，这样的话，就解决了水源问题。饲养家禽时需要把家禽圈养起来。

二 住屋

田平村的住房可以分为三个主要的阶段：木屋——土房——现代砖瓦房屋。在1949年以前，田平人基本上住在简单木屋中。木屋主要以竹子或木头作为墙体，竹瓦用做屋顶。后来大家修建土房，土房一般是一楼一底两层，但总体上不高，有4米左右。土房的墙体是用土夯实而成，墙体大约有0.5米厚，非常结实，据说，子弹都不会把墙体穿破。土房的屋顶最初是用竹子做成竹瓦，即把竹子从中间分为两半，把竹子中间部分向上，起到瓦片流水的功能，两片竹子中间盖上一片竹子加固并起到遮盖两片竹子间空隙的作用。用竹子作为屋顶，防雨效果还可以，但是，经过两三年的风吹雨打，竹子就会裂口或断掉，就需更换新的竹子。对越自卫反击战结束后，已经有了公路，出入较为方便，1990年前后，道路交通稍微便利些，大家开始用瓦来代替竹子，现在村子里基本上都是土墙瓦顶的房屋。

田平的土墙瓦顶房屋的结构、功能与当地潮湿的气候和蓝靛瑶的传统文化息息相关。下面简单介绍田平村最为普遍的土房。土房为一楼一底，4米左右高，一层有2米左右。土墙全部是用土一层接一层地夯制而成，中间不添加其他材料，这样的土墙需大量的土来夯制，所以土房一般建筑在自己的田地中间，这样方便挖土、运输土来夯制土墙。现在田平人修建房屋仍有土房，用田地的泥土夯制土墙，但田平只有少数的人会这种传统的夯制土墙的方法，年轻的田平人都没有兴趣学习这种技艺。土墙修建好后，再用一根较平的木板敲打土墙平面，这样土墙就会变得较为平坦光滑。屋顶与汉人传统的屋顶相似，先将木制的梁修建好放于土墙上，然后在梁上钉上木头作为椽子，最后在椽子上放置瓦片。田平人会修建长长的屋檐，长屋檐一是可以防止雨水淋湿土墙，若土墙被水淋湿并被水浸泡很久，很容易倒塌；二是可以在长屋檐下放置干柴，主要是长长的枯树或竹子，以供日常烧火做饭用。二楼的地板都是木板，先在屋内土墙四周立好木柱子用来支撑二楼地板，而后放置二楼木板。通向二楼的楼梯也是木制的。现在，田平村基本没有较为出色的木工，一般会请外村人来做木工。

田平传统土房的空间结构分布如下：房屋一层有三间，但三间空间实际上为一大间房，中间没有墙把房屋隔开，中间只有一个大门，门都是木制的，并且土房都没有窗户，只是在屋顶靠近门的地方会放上几片玻璃瓦，这样阳光可以照进来，但即使是这样，光线还不是很好。田平人把房屋中间部分作为正堂，后墙中部放一神龛，没有牌位，但神龛上放有两个香炉，一个香炉代表家先，放在神龛的桌面上，一个香炉代表土地神，放在神龛下部，距离地面有 20 厘米左右，日常供神主要是家先和土地神，与汉人社会不同的是，蓝靛瑶不写牌位，只用香炉代表。

正堂的左边为厨房，主要有一个火塘和一些日常所用的锅、碗筷等餐饮用具。火塘非常之简单，在地面上挖一个 50 厘米×50 厘米大小的正方形的坑，深 20—30 厘米，在坑中放一个三角火架，日常做饭就在三角火架上进行。三角火架较为简单，在一圆形钢圈上均匀焊接上三个铁脚即可，有的更为简单的是在火塘坑中直接插放三根较粗的钢筋，均匀分布即可。在火塘上方高处，田平人会把春节前宰杀的猪肉腌制好挂在火塘上，这样每日烟熏，腊肉会越来越脱水，就能保持腊肉不会很快腐烂。从天气情况一节中，我们可以看出田平的天气特别的潮湿并且阴雨天较多，田平人会在火塘上高处放一些需要晾晒的食物（如辣椒、草果等）放在火塘上方高处，这样，每日的烟熏会保持食物不会变质。

为什么把厨房放在人居住的房屋内，这是由于天气与独特的蓝靛瑶文化。这里天气，以潮湿、多雨为多，如没有每日的烟熏，腊肉、辣椒、草果、玉米等都会发霉，没有日常的烟熏，屋内作为支柱的木材会被虫蛀，墙体的土会被潮湿的雾气和雨水浸透，墙体会有倒塌的危险。田平有一人家在船头开牛肉馆，经常不回田平的家住，短短两年，家中的木材全部都被虫蛀，都是虫眼。火塘是田平人主要活动场所之一，并形成了独特的火塘文化。田平的冬季以浓雾加小雨著称，冬季浓雾天气湿度大、温度低，田平人可在火塘取暖，烤茶，喝茶，谈天论地，大到国家大事，小到家庭琐事，晚上，一火塘的火炭可供一家人度过寒冷多雾的冬季。

正堂的右边是家中老人（年老父母）居住的地方，一般会用木板简单地围成一个小房间模样。在老人居住的地方会修建一个木制的楼梯通向二楼。

二楼为老人的儿子夫妇以及孙子、孙女居住和放置稻谷以及其他杂物的地方，为田平人最为隐秘的地方之一，一般外人不进入二楼。二楼同样为一间大的空间，不用墙体隔开。在火塘上的一格，日常的烟熏会熏到的地方，一般会放置稻谷、玉米等粮食作物。在其他的两格空间会住人。在靠近一楼门的上方，会空出2米×3米大小的空间不放木板，这样一来，阳光通过玻璃瓦就会照进一楼，否则，楼板会将所有的阳光都给遮挡，一楼就会非常暗。

在三间主房前面，田平人在修建房屋时留有出厦，其作用：一是下雨时可以遮挡土墙，二是下雨可以避雨放置些家具等。如果院子中的空间较大，田平人会在出厦外接再盖出一段出厦来，这样遮挡雾气效果更好，空间会更大，便于在出厦下放置各种家具等。

除这三间主房外，田平人还会修建一间小小的备用厨房和猪圈。小厨房一般用木板围起来，屋顶简单地用竹子、塑料薄膜或石棉瓦遮盖即可。厨房中有一地锅，都是用土夯制而成。地锅一般在节日、仪式举办人多时用，有时也会给猪等牲畜加热食物。猪圈一般修建在三间主房边，猪圈就更为简单了，只是用木材围成一个猪圈，在一角上放些茅草之类供猪崽下雨时避雨。

在田平建设温饱示范村之后，经济条件较好的家户开始在公路旁修建砖瓦房，现在村中砖房有13户。砖瓦结构的房屋，与土房基本一样，一楼一底，一层三间房屋。房屋的角用钢筋水泥浇灌，这样不但防震，并且政府会补贴1万元左右，如果没有按照政府要求的钢筋水泥数量来浇灌，政府是不会发放补贴的。两层的中间都是钢筋水泥预制上去，彩色的瓦作为屋顶。田平村现在只有一户人家修建的房屋是钢筋水泥浇灌的平屋顶。修建砖瓦房的田平人会在旁修建一个砖瓦厨房，安装节能灶，有的会在厨房一角修建火塘，可以烟熏腊肉等食物。

因地势和面积的关系，田平人都不修建院子。现在只有公路旁的个别家户才修建院墙，大部分都是用木材修建简单的篱笆作为院墙，防止鸡鸭等牲畜乱跑。

三　衣食

田平人在衣食方面基本上没有什么差别，大部分都非常节俭。30 岁以上的田平人基本不怎么讲究衣食问题，不过在外来流行文化的影响下，年轻一代在衣食上也开始攀比。

50 岁以上的女子基本上穿着传统的服饰，外面穿一件黑色的长褂，裙摆到小腿肚处，腰间有银质腰带和银质链条，头戴黑色红边头帕，并且头帕有银质小三角装饰，银质的小三角相距很密，一个角朝上，成为一排。头帕上两边分别缝有五色彩线作为装饰。这些衣物都是黑色，并且这些布料都是自己织的，并找人缝制而成。她们戴有四个银质扁平项圈，四个按大小排开，在银项圈背后系有五色彩带作为装饰，手上戴有银质手镯。田平女子喜欢穿黑色裤子，冬季脚穿绿色军用鞋，其他季节穿拖鞋，老人在家都喜欢光脚。50 岁以上的女子基本上一年四季都如此装扮，但是如果夏季天气太热的话，她们会把长褂脱掉，但是头帕一年四季都会戴在头上。40—50 岁的田平女子基本上会戴头帕，外面的长褂一般不穿，也不戴银质项圈，但在仪式中必须穿戴得与传统女子一模一样。三四十岁以下的女子，只有个别的女子会戴头帕，其他基本上不怎么戴头帕和项圈，但是都会有一套必备，到了春节等重大节日会穿。30 岁以下的田平女子与汉人女子一样，基本没有什么区别，但较喜欢黑色裤子，都会有一套传统的女子服装，到重大节日会穿。这一套女子服装是在女子婚嫁前，由父母给准备，并且结婚时必须穿传统服饰，按照 2011 年的物价水平，一套蓝靛瑶女子服装价值 1.5 万元人民币左右，主要是银质项圈和腰带较为贵重，经济条件稍好的还会有其他的装饰。另外，田平女子都有耳洞并喜戴银质耳环或耳坠作为装饰。

田平男子穿衣较为随意。50 岁以上的田平男子穿传统的黑色对襟上衣，裤子则是现代较为结实的深色裤子，很少有人穿传统的黑色宽大裤子，黑色头帕在日常生活中只有一两个老人戴，其他人在节日仪式中才会戴头帕。40 岁以下的田平男子喜欢穿坚固耐磨的军用衣服，大都在街上的军用商店购买。30 岁以下的田平男子的装扮与汉人基本上一样，T 恤加上简单的牛仔裤。冬季，田平的男子基本上穿绿色军用鞋，其他季节喜穿拖鞋。

田平人主食大米，全部是自己种植的稻谷。副食品根据季节特点而变化，冬季、春节主要是腊肉、萝卜、白菜以及山上的野菜，夏季、秋季主要是南瓜、南瓜叶、豆角、洋瓜（佛手瓜）、黄瓜等时令蔬菜，这些蔬菜全部为自己种植，很少有人去街上购买蔬菜。相比较下，冬季和春节的蔬菜较少，肉类多些，肉类主要为腊猪肉。猪也是自己饲养，每家每户都会饲养2—3头猪，一般春节前夕会杀掉1—2头，基本上全部做成腊肉，把一些肥肉在锅里炼炸成动物油，会一直吃到来年农历的八九月份。而剩余的1—2头猪会被卖掉。现在，田平人也有饲养黄牛的，但是相比之前，养牛的家户少了很多。在田平，牛的主要作用是耕田，而现在田平购买小型的手扶拖拉机耕田，非常轻便，但在上下梯田时需两人来抬。2010年，田平村中最先购买这种小型机器的是上门的汉人女婿，大家都会请他帮忙耕田，结束后给他一些辛苦费。大家看到这种机器较为方便，都开始自己购买。田平人饲养山羊的人家只有5—6户，并且数量又少。鸡是田平人少不了的祭品，每一次的仪式中，都会用鸡，所以，田平所有的家户都会饲养20—30只，仪式中需要时，就会杀一只鸡供神用，然后，把鸡做成菜，大家一起吃掉。夏季，田平人也会在稻田中捉些蝗虫，在森林中捉些虫蛹，回到家中油炸来吃，田平人较喜欢吃各种蜂蛹，他们在去森林做活路时若发现蜂窝，大家就会想办法把蜂窝安全带到家，然后请大家来吃，主要做法是油炸或炖汤，非常美味。

现在的年轻人为了省事方便，早上一般吃面条，中午和晚上吃大米饭。面条是在街上买的干面条，做法非常简单，先把面条在清水中煮好，捞到碗里放些油、盐、葱花和香菜等即可食。中午和晚上一般是干饭，先把米煮好，田平人一般都用铁锣锅煮米，把铁锣锅放在三脚架上用木材来煮。然后，再用炼炸好的猪油炒菜，一般会有一个肉菜，一些青菜，一个淡菜。[①]另外，还有一个必备的辣椒水，其制作过程是，先把晒干的辣椒在火塘边烤焦，然后，把烤焦的辣椒放在石臼中捣碎，取出放在碗中，最

---

① 淡菜是白萝卜、南瓜、佛手瓜等，把这些菜、瓜切成小块，放入铝制的水壶或罗锅中加清水煮开，不添加任何作料，也不放盐巴，田平人称这种菜为淡菜。田平人喜欢饭后喝这些淡菜的汤水。因田平人的菜较咸，较油腻，喝些淡汤来冲淡。

后吃的时候加些菜汤即可，没有这个辣椒水，田平人一般不吃饭菜的，所以，田平人自己会种较多的辣椒，如不够也会买很多辣椒。潮湿多雾、多雨水的天气也是田平人喜欢吃辣椒的主要原因。田平人喜欢喝度数较低的白酒，这些白酒为"三无产品"，大都是在船头和猛硐街上购买的，这些白酒没有厂家，也没有任何证明，田平人说这些白酒都是用酒粉勾兑而成，价格非常低廉，一般是2.5元/斤，田平人也喝啤酒。

田平人吃的猪肉是自己饲养的猪，可谓是原生态的猪。猪饲料、猪所喝的水、所呼吸的空气都是原生态，猪饲料是没有污染的白萝卜、大白菜、红薯叶、玉米等，猪喝的是原生态的矿泉水，所以，这里的猪肉较为美味。田平人在每年过年前一个月左右开始宰杀猪，每一户会宰杀1—2头猪，把猪肉中的脂肪炼制成动物油，供日常生活所用，田平人不吃植物油，他们说吃花生油等植物油非常没有味道，田平人基本上不买油。把猪腿、猪肋骨用盐腌制，腌制好后，把这些肉用竹子条穿起来，挂在火塘上用烟来熏，防止这些腊肉变质，在烟熏的作用下这些腊肉的颜色由血红慢慢变成了蜡黄色，晶莹剔透。在火塘上烟熏过的腊肉，放上一年都没有问题。但是，也有些田平人存储不好，导致腊肉变质。

腊肉非常之美味，但吃腊肉需要较复杂的工序。每一次吃腊肉前，先从大块腊肉上割下所需的腊肉，然后用长长的火钳夹住腊肉放在大火上烧，把腊肉上的熏黑的、已变质的部分烧掉，然后用刀把表层刮干净，用清水冲洗干净，再把腊肉切成更小的小块，用清水在锅里稍微煮下，又不能把肉煮得太狠，把肉中的盐稀释掉，这样炒出来的腊肉才不会太咸。

剩余的猪肉则分割为方肉，面积如碗口大小，这些肉会做成油炸肉。把这些方肉放到油锅中，先轻微油炸过，然后，把这些方肉放到一个盛满猪油的容器中，这样的方肉经过油炸会形成一层保护膜，放入猪油中，猪油会把方肉与空气隔离，方肉不易变质。这样储存的方肉，放上一年都不会坏。

田平人所食用的猪肉基本上都是自己饲养的猪，如没有特殊情况（举行度戒仪式或者其他仪式），谁家没有猪，会被人笑话，并且有非常严重的后果，整个村落或者附近的村落都会知道谁家没有猪来杀，一年都可能没有油吃，可想而知这个家庭的生活是多么糟糕，会被村人看不起，认为人太懒惰。田平人饲养小猪，一般都不去集市上买，大都在本村买小猪崽，也有部分田平家庭饲养母猪，等母猪下了小猪仔，自己饲养 2—3 只，剩余的卖给村民。一般来说，村民饲养一年左右后，就会在春节前把猪杀掉做成腊肉和油炸肉。田平大部分是小型的核心家庭，杀猪需要 5—6 户合作，基本上没有单独的家庭来自己杀猪。5—6 户合作，一般是 5—6 个男人合作来杀猪，洗、切割、腌制、油炸等，女人做一些杂活，所有的工作基本上一天可以做完。5—6 户的选择在关系较近，并且平日合作换工较多的家庭之间，在工作做完的晚上，大家会开心地吃肉喝酒聊天。这样的日子一般在春节前一个月或半个月开始，5—6 户之间相互合作换工，所以说，在春节前一个月，田平人就开始杀猪，吃肉，喝酒，聊天，开始了一年中最轻松快乐的日子。

田平人所食都是原生态的食物，猪油、猪肉、腊肉、辣椒、各种蔬菜，还有很多野菜、大米、玉米等，都是自己种植饲养加工，没有污染。个别的田平人在自己家附近或者田边挖一个小型的鱼塘，也会饲养些草鱼、罗非鱼等，在一些仪式或节日，他们会捞上几条来吃。只有食盐和早餐所需的面条和米饭需要上街购买，除此之外，田平人基本上不用购买其他食品。

田平村没有饭店，田平人喜欢去船头街或者猛硐街吃牛肉火锅。田平有两家小卖部，主要是卖盐巴、鸡蛋、啤酒、白酒等日常用品，也有较少的零食，供小孩子们来买，这两家小卖部都没有冰柜，也没有任何冷饮。

四　交通

过往田平村的公路只有一条，山路非常颠簸，部分山陡路滑，给田平人出行带来极大的不便。在 1984 年前，村中没有一条大路，全部是羊肠小道，出入田平到猛硐或船头全部靠自己双腿走路去。1984 年对越自卫反击战结束后，军队修建了出入田平的第一条道路，村人可以乘坐老山主峰军车去猛硐等地。村中有摩托车的事情，是在 2007 年温饱示范村建设后，修建了村中主要干道和出入每一户的入户路后，大家才先后购买了摩托车，所有的摩托车都是 100 马力以上的男式摩托车，田平人不但用摩托车作为代步工具，并且用摩托车从山上载运稻谷、玉米、猪饲料等回家，山路非常陡峭，所以大马力的摩托车较受田平人的喜爱。

摩托车在田平男子的生活中占有重要的地位。很多田平人都开玩笑说：我最为亲密的朋友是老婆和摩托车，老婆可以没有，摩托车不能没有。在田平没有摩托车，基本上来说是寸步难行，如果走路去赶集，一天就没有了，现在骑摩托车去赶集，两个小时就可以解决问题。有了摩托车，田平人去周围的猛硐、船头等地非常方便，并且，田平男子用摩托车载运各种重物回家，如稻谷、玉米等，还有人修建房屋，家住在离公路很远的半山腰，入户路只有1米左右，大车根本进不去，田平人就用摩托车载运各种建筑材料，如砖头、水泥等。

田平男子爱护自己的摩托车，如同心疼自己的宝贝一样。摩托车在田平男子的生活中起到相当重要的作用，并且，对于田平人来说，摩托车的价格相对昂贵。田平人购买的摩托车都在6000元左右，相对于平均年收入1000元/人的田平人来说，是全家所有人一年的纯收入，或两年的纯收入。田平男子每次用了摩托车后，都会把摩托车用清水擦洗干净，再用干毛巾轻轻地擦拭干，像是在给自己的孩子洗澡，怕擦重了，孩子会疼痛一样。田平男子一般不借用别人的摩托车，一是每天摩托车都不会离开自己的视线范围内，二是摩托车是自己的心爱之物，一般都不轻易外借，三是田平附近的山路都非常颠簸陡峭，田平有摩托车的男子全部都翻过车，轻者皮肉之苦，重者腿都被摩托车压断，所以，在田平借用别人的摩托车必须非常小心谨慎。

近来，田平女子看到男子对于摩托车的痴狂，她们也开始学习驾驶摩托车。在笔者田野工作时，部分大胆的女子也开始在男子的指导下，慢慢学会了驾驶摩托车，现在全村有2—3位女子开始学习驾驶，在这些榜样的带领下，估计在不远的将来，学习驾驶摩托车的田平女子会越来越多。

田平人驾驶摩托车只是去到附近的集市和乡下，去到县城或更远的地方，他们都会选择坐班车。经过田平的班车，是从县城麻栗坡到猛硐街的中巴，较为破旧，如果没有特殊的情况，这趟班车，也是唯一一辆会经过田平的班车。这趟班车早上7点钟从麻栗坡县城出发，途经马鹿塘水电站，一路来到田平，到田平的时间是上午9点左右，终点为猛硐街。中午12点从猛硐街出发返程回麻栗坡县城，12点半左右途经田平，田平人如有事去县城，就会在此时坐车，下午2点半左右到县城。如果田平人去文山州或其他地方，会在县城转车。从田平到县城都是山区，在雨季时，长时间的连续下雨，会造成山体滑坡，山石滑落到道路上，班车不能通行，就会造成田平人出入不便。在笔者田野工作的一年中，就经常发生道路被滑落的山石堵上，或者山路被大雨冲垮的情况，这样的话，班车就不会按时来往田平，有时甚至取消班次。

到 2012 年，没有田平人购买小汽车或者货车等，附近村落有蓝靛瑶同胞购买小型卡车来做运输生意，但是较少。田平成年男子基本上没有人骑自行车，只有 5—6 个青少年在村里骑自行车玩耍，其中有 2—3 个上初级中学的学生骑自行车去猛硐上学。

五　语言

田平人日常通用的语言是瑶语。田平老人说在对越自卫反击战之前，没有解放军来到这里，村中基本上没有人会说其他的语言。但部队来到老山后，大家开始接触云南官话和普通话，现在 60 岁以下的人基本上都会讲云南官话和普通话，但是大部分 60 岁以上的老人不会讲普通话，云南官话会讲的人也比较少。40 岁以下的中青年都是语言天才，母语瑶语是没问题的，云南官话和普通话都非常流利，有部分去越南打工，还学会了不少的越南语，有些上过初中、高中，甚至是大学的还学会了英文和其他国家的语言。

另外，在宗教仪式中诵读科书所用的语言，田平人称为"广语"，与日常的瑶语是完全不同的语言。田平的老人说"广语"是祖先流传下来的语言，不能改变。田平人说，广语就是广东的粤语，祖先从广东迁徙过来。笔者不是语言专家，对于田平人的"广语"与广东的粤语到底有多少相同，多少不同，还有待语言学家来研究，但是笔者自己听起来简单分辨这二者，还是有较大不同，估计是不断地迁徙，语言在较长的时间内也发生了变化。

田平人唱山歌时的语言，与"广语"、瑶语等语言又完全不同。田平称这种语言是"山歌语"。现在，越来越少的人会这种语言，年轻人基本上都不会，只有五六十岁以上的老人才能运用这种语言来对唱山歌，这种语言濒临失传。一般会较多仪式的师人都是语言的天才，他们至少会瑶语、广语、山歌语、云南官话、普通话这几种语言。

近年来，也有几位上门的汉人女婿，他们大都不会讲瑶语，他们用云南官话与田平人沟通，但是他们的后代都是既会讲瑶语，也会讲云南官话。田平的孩童去上学，基本上用普通话与老师们沟通。

六　日常生活及其娱乐

日常生活中的田平村是安静和平淡的，这样安恬的生活悄然无息在田平日复一日进行着。凌晨五点，一部分人开始了一天的忙碌，有老人、外出进行民房修建的村民和赶集的人。老人一般都起床较早，起床后，喂鸡、鸭、猪等家禽家畜，收拾院落，然后去家附近的田地里找些菜，很少部分用来自己家人吃，大部分用来喂猪，田平人称去找猪菜。① 外出去附近或去较远的猛硐、船头等地修建民房的几位村民，其中三位是砌砖师父，不过他们三位也是在 2007 年田平进行温饱示范村时跟汉人师父学会的砌砖等手艺；另外的一些村民，都是跟着这三位师父学习砌砖手艺，但都是小工待遇。这些出外修建民房的村民都是以摩托车作为代步工具，没有摩托车的会选择搭乘同伴的车来回。早起去赶集的村民，大部分需购买一些生活用品等。因村中的两个小卖部里的各种用品不多，加上质量一般，村民大都会选择在猛硐街或船头街购买日常生活用品：酒、食盐等，但是啤酒会在这两个小卖部中购买。村民购买的白酒都是散装的酒，价格非常便宜，价格在 2.5 元/斤，甚至还有更为便宜的，但是这些白酒质量非常低劣。村中有一个汉人上门女婿自己用玉米酿酒②，价格在 10 元/斤，村民觉得太贵，较少人购买。赶集的村民大部分是骑摩托车去街上，但是，每到猛硐街那天，从猛硐街就有中巴班车来往老山和猛硐，部分老人和没有摩托车的村民都会选择坐班车来往集市和村落之间。

村民大部分是早晨六点左右开始一天的忙碌。村民有的去田地里取猪菜，然后开始做早餐，早餐一般是煮面条或煮米粉，还有炒米饭吃。吃罢早餐，因孩子们都住校，不用去接送孩子，也有一两个孩童需要父母早上七点左右和下午五点接送跟班。大家都各自忙自己的活路，但是如有需要

---

① 猪菜实际上就是田地里种植的蔬菜，主要有白萝卜、白菜和小青菜。田平每户都种植相对较大面积的蔬菜，人只是消费其中很少部分，大部分都用来饲养猪，所以，田平人去田地里摘取蔬菜称"找猪菜"。

② 上门女婿 30 岁，老家距田平 50 千米。五年前来田平上门，自己喜欢钻研，自学修理电视机、电焊，并且购买相关的设备。2010 年，他开始发展饲养业，自己饲养了 20—30 头猪，因考虑到饲料的问题，他开始用玉米酿酒，酿成的白酒卖给外面的饭店，酿酒剩下来的酒糟就拿来喂猪，2012 年，他已经扩建了大型的猪舍，饲养更多的猪。

多人合作的农活：插秧、种植杉木、收割稻谷等，大家还是会通力合作"换工"。如自己家人可以单独完成的，村民就会一家人来到田地里，开始一天的劳作。田地里没有农活时，会很少待在家中，田平人会来到自己的山林中看看杉树或者草果等，进行除草和移栽等活路，如去山上少则需半天时间，多则需一天时间。即使山上没有活路，田平人也会上山去看看，他们对大山的那种热爱是我们平地的汉人难以想象的。田平人从山上回来家中，每一个人肩上定会扛着木材回来，晾晒干后作为燃料来做饭用。这些木材都是山上干枯的野树死去后，在山上晾晒干得差不多了才扛回来，也有一些较好的少量木材，可以用作梁或家具。

上午九点半左右是从县城出发的班车来到田平的时间，但因从县城到田平路途中有很多不可预测的事件，一般来说都不会太准时。班车早上七点从县城车站出发，路途中一般需两个半小时左右来到田平，十点左右到猛硐街，中午十二点从猛硐街返回县城，到田平时是中午十二点半。田平人去县城一般会坐这唯一的班车，如需去县城办事，田平人会早早准备好，在路边等车。因去县城经过田平的班车只有这一班，途经很多村落，会有很多人选择乘坐班车去县城，加上班车是中巴，只能乘坐二十人，所以，田平人都会选择在早上九点半班车经过田平时先把票给买了，以免班车回城时，座位已经卖完，没有位置。从田平到县城的车票是 20 元/人。从田平到县城的路途非常危险，这些路都是穿越在崇山峻岭之间的山路，并且山路旁没有任何的护栏，如发生危险，车会掉入旁边的悬崖，所以，班车司机都非常遵守交通规则，绝不多拉一位乘客。

到了中午十二点左右，大家会在小卖部门前聊会儿天，然后回家做饭。田平只有两个小卖部，都在公路边，其中有一小卖部在一个拐弯处，院子较大且平坦，并且在一个主要的岔路口，所以，经常会有人在这小卖部的门口，或院子，或公路上闲聊，这里是村落中重要的信息传播中心，无论是大小事情，在整个村落中信息传播的速度非常之快。到了该回家做饭的时间，大家都回家做饭，中午的主食一般都是米饭，先把米饭做好后，再炒菜，一般会有腊肉、青菜、淡菜，也有上山带回的山上原生态的野菜，非常之美味。吃饭后，如有客人或村民来家中，田平人一定会让你喝上几杯白酒，有时田平村女人也会喝上几杯。

午饭后，田平人基本上没有午觉的习惯，吃罢后，大家都会忙各自的活路。或去田地忙农活，或上山整理杉树或草果，或去山上放牛，或休息。如没有其他农活，田平人会凑在一起喝酒、聊天。田平村基本上没有什么娱乐活动，最为经常的娱乐活动就是喝酒聊天了。

田平基本上没有小贩来叫卖。一是地处中越边境，远离商业；二是这里的交通实在是太糟糕了，非常难走；三是这里人口较少，居住分散，购买力不强。一年中偶尔会有一两个小贩来贩卖米线，其他的都没有。田平人都需要自己去集市上购买所需。

到下午五点左右，一两位家长去小学接送跟班读书的孩童。大部分田平人都还在忙农活或在山上。到了傍晚七点左右，田平人才开始做饭。田平人的晚饭与中午饭基本上一样：白饭，炒腊肉，青菜，淡菜。晚上，大家会在饭后，去朋友家喝些小酒，聊天。一般喝酒聊天到晚上十点左右，也有更晚的。

田平的晚上，是仪式的夜晚。田平人每每遇到做梦不好，或者碰到一些禁忌，或者祈求祖先保佑，通常会选择请师人晚上来家里做供神仪式。在进行供神仪式时，主人家会杀一只鸡，并在供神仪式结束后，把鸡的一半做出菜，留一半给做仪式的师公作为酬谢带回家。在供神仪式结束后，主人家会留师公在家吃饭，并喝些小酒。

第二节　仪式的分类

在人类学的仪式研究中，很多著名人类学家对于仪式的类型做出了精彩分类。迪尔凯姆把仪式分为消极仪式和积极仪式，以及哀悼仪式。而消极仪式则呈现了禁忌的体系，禁忌体系导致了宗教的出现，从而把神圣事物与世俗事物分开。[1] 积极仪式，维持着人们与宗教之间的积极的、双向的关系的仪式体系。[2] 迪尔凯姆进一步把积极仪式分为祭祀、模仿仪式、表现仪式和纪念仪式。这些积极的仪式都是在满怀信心、欢乐，以及狂热的状态下举行的，除了这些欢乐的仪式，还有一些悲伤的仪式，迪尔凯姆

----

[1]　Emile Durkheim, *The Elementary Forms of the Religious Life*, trans. by Joseph Ward Swain, New York：The Free Press, 1961, pp. 299－300.

[2]　Emile Durkheim, *The Elementary Forms of the Religious Life*, trans. by Joseph Ward Swain, New York：The Free Press, 1961, p. 326.

称这些仪式为禳解仪式。这种仪式不但包含赎罪的观念，而且含义更广泛。所有不幸，所有凶兆，所有能够带来悲伤和恐惧感的事物，都使禳解成为必要，因此才称为禳解。因此，禳解仪式是指在不安或悲伤的状况下所举行的仪式。① 迪尔凯姆对于仪式另外一种常见的分类为"工具性仪式（instrumental rituals）与表述性仪式（expressive rituals）"，工具性仪式为实现某些功利性目的，而表述性的仪式则用来表达感情和传递观念，这种分类实际上支持的是当更高级的、虔敬仪式是无功利目的纯粹的仪式时，所谓的巫术仪式操纵超自然力。②

特纳根据在恩登布社会的田野工作，把仪式分为生命转折仪式（life-crisis rituals）和困扰仪式（rituals of affliction）。生命转折仪式是在个人身体发育或社会发展过程中的重要时刻所举行的仪式，这些仪式标志着个人从生命或社会地位的一个阶段过渡到另一个阶段。如出生仪式、成年礼、葬礼等。③ 困扰仪式是用来抚慰和驱赶制造了麻烦的阴魂的仪式。主要是男子的狩猎祭仪、妇女生殖祭仪和治疗祭仪。④

格兰姆斯（Ronald Grimes）提出 16 种描述性的分类：过渡仪式（rites of passage）、婚礼（marriage rites）、葬礼（funerary rites）、节庆（festivals）、朝圣（pilgrimage）、洁净仪式（purification）、公民仪式（civil ceremonies）、交换仪式（rituals of exchange）、献祭（sacrifice）、膜拜（worship）、巫术（magic）、治疗仪式（healing rites）、互动仪式（interaction rites）、修行（meditation rites）、逆转仪式（rites of inversion）和仪式戏剧（ritual drama）。⑤

阿诺德·凡·杰内普是研究过渡仪式的专家，但他也对仪式进行了分

---

① Emile Durkheim, *The Elementary Forms of the Religious Life*, trans. by Joseph Ward Swain, New York: The Free Press, 1961, p. 389.

② Catherine Bell, *Ritual Perspectives and Dimensions*, Oxford: Oxford University Press, 1997, p. 93.

③ Victor Turner, *The Forest of Symbols: Aspects of Ndembu Ritual*, Ithaca, New York: Cornell University Press, 1967, pp. 7 – 9.

④ Victor Turner, *The Forest of Symbols: Aspects of Ndembu Ritual*, Ithaca, New York: Cornell University Press, 1967, pp. 9 – 16.

⑤ Catherine Bell, *Ritual Perspectives and Dimensions*, Oxford: Oxford University Press, 1997, pp. 93 – 94.

类，并把仪式分为六种仪式类型。第一组为感应性仪式（sympathetic rites）与感染性仪式（contagious rites）。感应性仪式基于这样的互惠信仰：同类互惠、异类互惠、包容与被包容互惠、局部与整体互惠、图像与实物或真人互惠，或者言语与行动互惠；而感染性仪式基于这样的信仰：先天或后天获得之特征的为物质性和可传递性（通过物理接触或一段距离）。第二组为直接仪式（direct rites）和间接仪式（indirect rites）。直接仪式直接产生结果，而不受外界的干扰；间接仪式是一种初始的行为，以期带动某种自然或人性化的力量来帮助仪式的表演者。第三组为主动仪式（positive rites）和被动仪式（negative rites）。被动仪式就是禁忌，并与主动仪式相辅相生，共存在一个体系之中。①

而当代研究仪式的著名学者贝尔把仪式分为两大类：一类是典型的仪式，这些仪式具有公共的、传统的特点，并扎根于神圣的信仰，与宗教传统有着千丝万缕的联系。② 另一类是日常生活中类似仪式（ritual-like）或仪式化（ritualized）的行为。③

贝尔把传统典型的仪式进一步分为六种仪式：过渡仪式（rites of passage）、历法仪式（calendrical rites）、交换与共享仪式（rites of exchange and communion）、消灾仪式（rites of affliction）、宴会、禁食和节庆（feasting, fasting and festivals）、政治仪式（political rites）。他把类似仪式行为细分为：正式行为（formalism）、传统行为（traditionalism）、恒定行为（invariance）、规则支配行为（rule-governance）、神圣象征行为（sacral symbolism）、表演行为（performance）。④

参照前人的研究成果，根据田平蓝靛瑶的仪式的实际情况，我把田平蓝靛瑶的主要仪式分为：过渡仪式、历法仪式、消灾祈福仪式、跳挂仪式和黑巫术。

---

① Arnold van Gennep, *The Rites of Passage*, trans. by Monika B. Vizedom and Gabrielle L. Caffee, Chicago: The University of Chicago Press, 1960, pp. 1 – 14.

② Catherine Bell, *Ritual Perspectives and Dimensions*, Oxford: Oxford University Press, 1997, p. 94.

③ Catherine Bell, *Ritual Perspectives and Dimensions*, Oxford: Oxford University Press, 1997, p. 138.

④ Catherine Bell, *Ritual Perspectives and Dimensions*, Oxford: Oxford University Press, 1997, pp. 94 – 169.

一 过渡仪式

在田平，过渡仪式主要有：度戒仪式、结婚仪式、诞生礼和丧葬仪式。

(一) 度戒仪式

度戒仪式是田平人认为所有仪式中最为重要的仪式。度戒仪式是专门为男子举行的仪式，并且每一次度戒仪式只会给一个男子举行，不能多个男子一起进行。主人家在度戒仪式前，会做一些物质上的准备和确定师父的准备。在仪式过程中，仪式分为道边和师边，两边师父各自进行自己的仪式，但在一些步骤中，双方会合作。在仪式中，受戒弟子会得到两个法名，分别是道边和师边给的法名。在整个仪式过程中，受戒弟子会经历人生中最为隆重、印象最为深刻的场面，对男子来说，是非常重要的经历。在下文，将会详细介绍度戒仪式。

(二) 结婚仪式

在田平，一对年轻恋人结婚需要举行两个主要的仪式。一是"送书仪式"或"送茶仪式"，二是"婚礼"。送书仪式是在结婚前一个月，或两三个月，主要看两家时间方便，是男方家去女方家举行的仪式，主要是商定结婚的具体日子和嫁妆事宜，同时，也有一位师人来做供神，供神的具体步骤会在下文中详细介绍。聘金主要是银圆和银质的法币，但现在这些古董都非常少，大部分由银圆和现金组成，总价值在一万元人民币左右，对于一个蓝靛瑶的家庭来说，是1—2年的收入。结婚仪式比送书仪式隆重，时间也长，程序繁杂，还需很多歌手对山歌。

(三) 诞生礼

在田平，一对夫妇可以生育两个孩子，但是也有五六对年轻夫妇去政府办理了独生子女证明。无论一对夫妇生育几个孩子，也无论这个孩子是男孩或女孩，其父母都会为他/她举行诞生礼。

诞生礼是在孩子出生后第三天上午举行的仪式，田平人称诞生礼为"喃三早"或"喃三朝"。仪式由一位师人来做供神。主要供奉的神祇有：家先、天皇婆、花根父母、花林和灶王。供神的目的主要有：一是向家先通报，某人有了小孩了，家中添了人丁，让家先认识自己家中的小孩，并且保佑孩子健康成长。二是向其他神祇表示感谢，感谢他们送孩子来到家中，并希望他们保佑孩子健康成长。

在供神仪式结束后，主人家会请自己的亲戚朋友，以及村中的左邻右舍来家中吃饭，并且在吃饭的同时，为刚刚出生的婴儿取小名。田平人非常重视取名，大家会纷纷说说自己给婴儿取的名字，最后，大家商量定夺哪个名字较合适。然后，大家继续喝酒聊天，尽兴而散。

（四）丧葬仪式

在田平，仅次于度戒仪式的就是丧葬仪式。丧葬仪式包括两个分开的仪式："送亡仪式"和"开亡仪式"。送亡仪式是在人死后就需举行仪式，经过一些仪式过程，把死者埋葬在山上。田平人认为，人死去后，就成了"亡"，即汉人所说的鬼，因活着的时候做了坏事，需要被送到"酆都"内"服刑"，把在阳间所犯的罪恶都一一在酆都内"冲洗掉"，所以在酆都内要待一段时间才行。开亡仪式是在送亡仪式半年后或更长的时间后才举行的仪式，因亡者需在酆都服刑，清洗自己在阳间所犯的罪行，如在送亡仪式后很短的时间内就举行开亡仪式，田平人认为这样做的话，亡者在酆都待的时间太短，身上的罪行还没有完全洗净，这样对家人不好，所以，田平人给亡者所举行的开亡仪式一般都在送亡仪式后一年的时间。但是，在没有给亡者举行开亡仪式期间，亡者的儿子需要遵守较多的禁忌，同时会给生活上带来诸多不便，如，在未举行开亡仪式前，主人家不能杀生，但田平人会经常举行各种仪式，每每举行仪式都需要杀鸡，但主人家又不能杀生，就会带来一些不便。所以，田平人认为开亡仪式在送亡仪式一年后举行较佳。举行开亡仪式后，亡者从酆都中被炼度出来，成了家先，也等于成为神祇，保佑家人平安顺利，造福后代。如果亡者的后代没有给亡者举行开亡仪式，亡者就会被关闭在酆都中，永不得超生，田平人认为这样的话，亡者就会成为孤魂野鬼，祸害家人及其无辜的村民。

在大多数社会中，葬礼仪式的排场取决于死者生前的财产和重要性。[①]田平人非常重视丧葬仪式，但与其生前的财产和重要性都无明显的联系。田平的每一场葬礼无论在人力或者物力上来说，都有很大的消费。并且，开亡仪式的一些仪式步骤与度戒仪式相同，田平人就会把开亡仪式和度戒

---

① Victor Turner, *The Forest of Symbols*: *Aspects of Ndembu Ritual*, Ithaca, New York: Cornell University Press, 1967, p. 8.

仪式合并起来一起做，这样的话，规模更大，消耗很多物质。送亡仪式需要一位大道公和一位大师公，二者都有一个帮手；到了开亡仪式，大师公会充当二道公，也就没有了师公。

二　历法仪式

在年复一年的生活岁月中，时间是重复的轮回。田平人根据季节性的仪式来安排生产，还有一些纪念仪式来纪念神话人物。历法仪式主要有：春节、正月十五、二月二、三月三、六月六、七月十四、新谷节。

（一）春节

春节是田平人较为重视的节日。在春节的期间，田平人会做较多的仪式，这些仪式大都是以祈福保佑为主，供奉的神祇主要有家先、主人家自己的师父，还有其他的政谢神和九庙神。但是这些供神仪式的步骤，与其他日常供神的仪式步骤一样，只是其中的个别内容有所改变，如今天是什么节日，师人会有不同的说法。

在田平，春节拜年不像汉人那么隆重，在大年初一，会邀请亲戚朋友来家喝酒聊天，但做客的田平人不带礼物给主人家。田平人没有拜年的习俗。

在大年初一，田平人也有一些禁忌需要遵守。特别是不能做针线活，不能吵架，不能吹火等。另外，妇女不能去别人家串门。田平人认为女童在大年初一不能作为第一个外人进入别人家中，否则就会给别人带来晦气，但是田平人欢迎男童作为第一个外人进入别人家中，田平人认为男童会带来吉利，能让主人家一年做事顺利，家禽兴旺。

在春节，拜干爹和媒爹等拜干亲仪式非常隆重，是田平村中较为隆重的仪式，人力和物力都有不小的消费。给干爹拜年是非常隆重的[①]，干儿

[①] 干儿子（干女儿）拜年之所以这么隆重，与干爹在蓝靛瑶的文化体系中所起到的重要作用分不开。干儿子（干女儿）认干爹是在干儿子（干女儿）小时候的事情，小婴儿会哭闹不停，或者不吃不喝，或经常生病，田平人认为这孩子需要认干亲了，就会在家举行供神仪式，并在家中的香炉烧香，在供神期间，在香火还没有燃完之前，第一个进入家中的人，那么他/她就是婴儿的干爹或干妈。在婴儿长大后，在家庭经济条件允许的情况下，就会连续三年春节去给干爹干妈拜年。笔者搭伙的一家年轻夫妇盘先生与盘太太就是别人的干爹干妈，其过程就是典型的例子，他们的干儿子是邻村的孩子，在干儿子两岁时，经常生病，有一段时间什么都不吃，他家人就请师父来家供神，在供神期间，盘先生与盘太太本来要去一个朋友家玩，但是觉得朋友家在山上较远的地方，就半途回家，回家路过他们干儿子的家，就想去他们家中坐坐休息下，谁知就碰上了干儿子家供神仪式，这样，他们就成了干爹干妈。他们的干儿子从七岁就开始每年春节去他们家拜年。

子（干女儿）需要连续三年去拜，每年都要带猪肉去干爹家，并且在第三年还要带一只羊过去。干儿子（干女儿）家人需带男女歌者去对山歌，这些歌者需要精通蓝靛瑶山歌的语言和形式，并且还需要随机应变，根据对方所唱的内容进行回应，所以说这些歌者在仪式中的分量非常重要，干儿子（干女儿）家需请三位歌者，两位男性歌者，一位女性歌者，干爹干娘家也需三位歌者。干儿子（干女儿）还需带一位师人，来到干爹家进行供神仪式。

与拜干爹干娘仪式相比，给媒爹拜年就没有那么隆重。媒爹一般是年长者给年轻夫妇做媒人，但是，现在年轻人自由恋爱，没有媒人牵线搭桥，但是媒爹在蓝靛瑶传统文化中是必不可少的，每一对夫妇都需要有媒爹，所以，现代年轻人中的媒爹都是"被"媒爹，也就是年轻人谈恋爱后，准备结婚时，就找其他人作为媒爹，先问问别人是否愿意作为他们的媒爹，如愿意，皆大欢喜，如不愿意，年轻人会再选择其他人。年轻夫妇去给媒爹拜年，不需要花费太多的物资，只需鸡和腊猪肉即可，不需歌者。供神仪式一般由媒爹家找师人来供神。

（二）正月十五

在田平，正月十五只需供神，并没有其他的仪式，但供品要比平日供神的多一倍，供奉的神祇更多。正月十五供神仪式的供品有四只鸡、香、酒和草纸。并且在仪式结束后，师人在15厘米×20厘米的草纸上用剪刀剪出"三元"两个字，并把这些"三元"粘贴在正堂的墙上和正堂两侧门梁的中间位置。主要报道人说正月十五供神仪式的步骤基本与日常供神的步骤一样，复杂的地方主要是供奉的神祇较多，并且在仪式中要说出每一个神祇的名字，还要说出他居住的神庙的名字，一般这些神庙名都非常长，不容易记忆，对于田平的师人来说，他们所受到的学校教育非常短，甚至大部分都没有去学校上过学，所以，记忆神祇及其神庙这些复杂的名词，对于他们来说是较为复杂之事。在田平，现在并不是每一户都做这个仪式，只是有部分家庭来做这个仪式，仪式结束后，主人家会请亲朋好友来吃一餐饭，但是，必须有一桌留在正堂中来吃，田平人说这样的话，在正堂中的各位神祇也可吃到这些美食。

（三）二月二

在田平，二月二是集体的节日，全村每一户都需出物力、人力和财力来举办这场仪式。仪式主要是祭献寨神，但不知为何年轻的田平人称之为"祭龙"，一些老人说"祭龙"这个说法是没有道理的。

二月初一，全村人都开始准备仪式了，一直到二月初二的下午才会结束。先选一户作为"出主"，即二月二仪式就在他家举行。每一户都需贡献一根干柴来烧火用，每一户把这根柴火抬到"出主"家。另外，每一户都需拿出1—2斤腊肉（或鸡蛋，或鸡），如提供活鸡的话，一只鸡有2—3斤，可以算作是2—3户一起提供的。另外，还需每户提供40元钱来买其他的用品，如羊、香火、糯米、草纸等。大家会选一位总管，选择一个人来记账，一个人来保管现金，还有10人来做饭，这10人分别来自10户，下一年再轮流另外10户来做饭。另外，还会请四位老人来供神，做师人，这四位师人在仪式结束后，会有10—20元的辛苦费。

二月二由两部分主要的仪式构成。一部分是二月初一晚上所做的仪式，第二部分是二月初二当天上午去村庙所做的仪式。二月初一所做的仪式：在二月初一晚上19：30左右开始，大概的步骤与日常供神步骤一样，但是这次供神，需要说出全村每一户最年轻的祖先的法名①，如果最年轻的祖先是夫妇，女性祖先没有法名，只是写上姓氏，如"盘氏"或"邓氏"。师人在仪式中需把这些法名一一说出，因名字太多，需提前把村中所有家户祖先的法名写在一张纸上，以便供神时使用。这个仪式一般需2个小时左右。供神仪式结束后，开始吃饭，吃罢晚饭，举行贡筵仪式。这个仪式有很多步骤与度戒仪式一样，这个仪式一直会持续到第二天早上的7点左右。然后，上午在"出主"家再举行一次供神仪式。

二月初二吃罢早餐，大家会一起去村庙处举行祭祀寨神仪式。田平的村庙在村里偏僻的山谷中，非常隐蔽，村庙三面是山，南方开阔，田平人说这里风水非常好，所以把村庙建在这。村庙非常小，从外形来看就是一个微型的庙宇，高1.5米，宽1米左右，村庙内没有神像，也没有牌位，只有三个香炉。田平人认为外神（九庙神）②就居住在村庙之中。田平人在村庙的上方用木棍搭建了架子，在架子上放上石棉瓦，这样可以遮挡些雨水。大伙来到村庙，先把村庙清理干净，把村庙周围所有的杂草等清理

---

① 最为年轻的祖先是距生者最近的死去的长辈。
② 在后面的章节中会对外神（九庙神）有较为详细的介绍。

干净，把村庙也打扫干净。然后，有两位师人开始进行供神仪式，主要还是把全村每一户家先的法名一一念出，让寨神知道都有哪一家来供奉了，记住并保佑这一家。供品有一只鸡，一碗羊肉，一些鸡蛋。仪式结束后，在场的人把这些供品都吃掉，鸡蛋是熟的，鸡肉和羊肉都不太熟，所以大伙生了一堆火，把这些不太熟的肉烤熟。吃罢，回到"出主"家，大家一起吃饭，主要的菜是羊肉，还有鸡肉，鸡蛋等。吃罢饭，每一户会有两个糯米的粽粑带回家。

在仪式结束后，村中的长者和村干部会说一些村规民约，如大家不能乱砍滥伐，要保护好山与林，爱护庄稼，大家齐心协力，创造美满生活。

（四）三月三

三月三节日仪式不一定是在三月三当天举行，一般是在三月三到清明节中间举行，但是，三月三所举行的仪式主要是供奉家先，并去家先的墓地祭拜。

去家先的墓地祭拜是由家中长辈带领儿孙们及其媳妇们，在每一位家先的墓地上插放一"幡"，由白色棉纸系在一个竹棍上。供品主要是"五色饭"、香、草纸。家中有一人会在祖先的墓地前举行简单的仪式，大概意思是后代都来祭拜祖先了，让祖先保佑后代，然后就烧纸、燃放鞭炮。

田平人说"五色饭"本应由黑、黄、绿、紫和白色的糯米做成，但是实际中只有四色，没有黑色。这些颜色都是用不同植物的汁液染成，没有使用任何的化学染料，非常漂亮，其中白色就是原色的糯米，不需染色。先把糯米放在不同的颜色液体中，染好颜色后，再把五种颜色混合在一起，包起来蒸熟即可。

（五）六月六（保苗仪式）

田平人在农历六月六，举行保苗仪式。但是，现在因各种情形都有所变化，种子的培育，技术的提高，肥料等原因，使禾苗的生长较以前有所提前。在2012年5月26日（农历五月初五）举行了当年的保苗仪式，但是报道人说：在仪式的过程中，仍要说日期是六月六这天举行的保苗仪式，而不是其他时间。

举行保苗仪式，也是全村人一起进行的，是一个较为隆重的仪式，主要的目的是祈求神祇（主要是神农）保佑庄稼禾苗能够好好地生长，不受各种害虫的破坏。田平的老人说，田平以前没有什么大路，与外界联系甚少，大家都没有很好治理害虫的方法，也没有农药，所以每年到这个时候，全村会举行隆重的仪式来驱赶害虫，祈求神农保佑禾苗好好生长。

大家仍一起聚在上次举行二月二仪式的"出主"家。有一位总管，和一个记账的，一个保管现金的。每一户仍需提供半斤大米，鸡蛋或鸡1—2斤（或腊猪肉1斤），现金5元。仍需两位师人来进行供神仪式，一个师人在"出主"家，一个师人在田间一个特定的地点。帮忙做饭的仍是上次二月二做饭的10户，大家分好工，各司其职。

仪式由两部分组成，一是在田间举行的仪式；二是在"出主"家举行的供神仪式，这个仪式需时较长一些。先举行在田间的仪式，关于这个仪式地点，田平老人说不知为何选择这个地方，但一直都是在这个地方举行仪式，大家就延续下来。在田地举行仪式需一位师人，供品有一只鸡，鸡蛋20个，香，草纸，还有一包紫色糯米饭。这个仪式与日常供神的仪式步骤一样，但需把全村每一户家先的法名念出来。后来，每一户都会来到田地举行仪式的地方，并拿一根较高甘蔗或其他的植物，在其叶子上系一块草纸，并插放一个小小的"令旗"，令旗是一根小竹子，在一头夹一草纸，并剪成旗帜的模样，旗帜上有一炷香。然后又找来一些害虫，青虫、飞虫、地虎等五六种，用草纸包起来，师人拿一炷香对这草纸包念咒语，其大概的意义是用咒语把这些害虫都给除掉，希望以后田地中没有任何害虫。其以上步骤需重复四遍，这个仪式就结束了。然后把供品吃完就回"出主"家。这个仪式大概需要1.5个小时。

这个仪式结束后，"出主"家的仪式也开始了，是由另外一个师人举行。供品有很多，鸡有一大盆，十几只，鸡蛋有一盆，两桶糯米饭，还有一簸箕上放有一袋子大米，大米中插放一根青草，并把青草的叶子卷成小疙瘩，在疙瘩中间放上草纸，在青草旁插放些剪成小鸟模样的草纸。青草象征大米，疙瘩象征米穗，草纸小鸟代表鸟类。田平人说大型仪式就是需供的神目多，而仪式大概的步骤都是一样的。如供的神目多，供品就需得多，主要是鸡的数量要多。因神目较多，这个仪式的时间就长些，大概需要2.5个小时。最后，五六人一起抬起放有大米的簸箕，要装作没有抬动的模样，要抬好几次，才成功，这象征谷子大丰收，太多了人们都抬不动。最后，大家把这大米抬到二楼的粮仓中，仪式就结束了。然后，大家一起吃饭，把所有的供品都做成菜肴吃掉，给两位师人一些辛苦费，大概

10—20 元，另外也会给"出主"10—20 元作为场地费用。大家边吃边聊，喝酒尽兴后方散去。

（六）七月十四

七月十四，在田平也是一个非常隆重的节日，会举行供奉家先的仪式。主要的供品有鸡、糯米粽粑等，这个仪式是每一户单独举行，仪式结束后，主人家会邀请亲朋好友来家中喝酒聊天。

（七）新谷节

田平人说以前还有新谷节，在新谷收割好后，是第一次吃米的时候举行的仪式，这个仪式的具体日期是农历八月十五。但是，田平的老人说他们只是听说有新谷节，但从未举行过相关的仪式。

三 黑巫术

田平人说还有一些较坏的师人学会了一些黑巫术来害人，也叫"放五海"。田平人说，通过一些咒语，这些坏的师人会把一些玻璃碎片，小石头等杂物放到他想害的人的身体内，然后，这个被害的人就会身体不适，甚至痛苦不堪。这样一些师人通过黑巫术，就达到了害人的目的。但遗憾的是，笔者从来没有看到过这样的仪式，并且每每问其报道人和其他的田平人，大家都不愿多谈这些黑巫术，他们总会说："这些害人的东西，现在大家都不会，没有什么意思的。"

所有的仪式中，都需要知道主家三代人的法名以及主家度戒时师父们的法名，没有法名是不能够举行仪式的，哪怕是最为简单的一般供神仪式。

第三节 供神仪式

在田平，无论是何种仪式，都有一个步骤相同的供神仪式。这个仪式在日常生活中的治病仪式，祈福仪式，或者做梦不好时，都需要做；在其他规模较大的仪式中，仍需这种日常生活中的一般供神仪式，如二月二、六月六等村落集体所进行的仪式，也需要供神仪式作为重要的一部分；另外，在田平人认为最为重要的度戒仪式和丧葬仪式中，供神仪式是不能缺少的步骤。学习作为一名技艺高超的师人或作为师父，最先学习的仪式就是供神仪式，供神仪式是所有仪式中最基础、最根本、最重要的仪式。所以，在此详细介绍一般的供神仪式。

仪式的祭品有一只鸡，大型的仪式会有两只鸡，甚至更多，如杀猪时供神，还有猪肝、猪舌作为祭品。鸡是需活鸡杀掉，把内脏和鸡毛都处理干净，然后，把鸡和内脏在热水中煮上几分钟，三分熟即可。除了鸡，还有三炷香，草纸，放四个酒杯，三杯盛放白酒用，每一次都需盛放三杯，在仪式过程中共需十二杯酒。另外一个酒杯用来盛放"收魂水"。还需一小把米，可放在桌子上。另外，供神仪式中必不可少的法器是筶子。所有的祭品都放在桌子上，一般桌子需放在正堂中，师人需面向正堂的后墙，背对大门。

供神仪式可分为主要的三个步骤：首先，师人恭请自己的阴阳师父、神祇和主家的家先来主家，祈保主家；其次，恭迎师父、神祇和家先享用主家的供品，同时把主家所有的灾难带走，保佑主家一切顺利；最后，恭送师父、神祇和家先等众圣诸神回鸾返驾。

师人恭请自己的阴阳师父、神祇和主家的家先来主家，祈保主家。先说出主家居住在何处（要把详细的地址说出，田平人一般说中国文山州麻栗坡县猛硐乡铜塔村公所田平村小组），再说出主家的法名。然后说出供神的原因：是生病，或做梦不好，或做事不顺，或祈福保佑等。主家虽穷苦，今仍打杀鸡△[①]命，如有其他供品也要说出。然后，说出阴阳师父、政谢神和九庙神等众神祇所居住的神庙的名称，然后，按照顺序一一对应其神庙说出众神祇的神名。

众神祇恭请后，已经来到主家，但空口无凭，需打筶子来印证。[②] 打筶子先要打出"阴筶"，表明已经通知到了阴间的众神祇；然后，要打出"保筶"，象征众神祇同意主家的恭请，愿意为证盟这场仪式和保佑主家；最后，需要打出"阳筶"，象征神祇已经来到阳间主家。这样的顺序不能

---

① △代表几只鸡。如杀一只就说一命，如两只就说两条命。

② 筶子用一根特殊弯曲的竹子做成，把竹子从中间分成两个，再稍作加工，就成了在供神仪式中经常要用到的法器。在田平村，每一家都有多对筶子，至少要有一对，筶子对于田平人来说是必需品。在仪式中，田平人认为竹子心为"阴"面，竹子表面为"阳"面。如两片筶子同时为阴面，就叫"阴筶"；如果两片筶子同时为阳面，就叫"阳筶"；如一个阳面，一个阴面，就叫"保筶"。

乱，必须先打出"阴筶"，接着打出"保筶"，最后打出"阳筶"。如打不出任何一个，都要一直打，打出想要的状况，表明师人的法力较强，如一直打不出想要的状况，仪式就进行不下去。如一直打不出"阴筶"，师人则需一直打，如打不出，表明师人的法力不强，并表示通知不到阴间的众神祇。有一次，笔者亲眼看到一个师人在供神期间打筶子，一直打不出来想要的状况，满脸通红，满头大汗，后来又请另外一师人来帮忙才度过难关。这样的情况出现后，师人的威望会很受打击。

打出"保筶"后，师人会用法力造出一杯"存魂水"。① 具体的过程是在酒杯中倒入少量的清水，然后把大米放到酒杯的清水中，并点燃一小片草纸，把燃烧后的灰放入酒杯的清水中，最后，用草纸盖上酒杯。此时，打筶子，打出"阳筶"即可，然后让主家的每一位都喝一些存魂水。

最后，就是恭送众神祇回阴间。感谢众神祇来到阳间帮助主家，让他们享用所有的供品。把草纸作为纸钱点燃送给众神祇。让众神祇欢天喜地回到阴间。

草纸烧掉，整个供神仪式就结束了。作为供品的鸡一半拿去做菜，大家一起吃掉，另外一半鸡肉作为礼物酬谢师人。

---

① "存魂水"的作用是把主家所有人、牲畜的灵魂都收到酒杯的水中。

第四章　度戒仪式的准备

　　田平蓝靛瑶的每一个男子都必须通过成年礼——度戒仪式，并且在田平蓝靛瑶的文化中，他们把成年礼叫作度戒、过法或打斋。在田平，女子是不举行度戒仪式的。在接下来的三个章节中笔者将呈现一份对度戒仪式进行过程的详细记录，这份记录基于笔者在度戒仪式现场的亲身观察和报道人的解释，另外笔者还反复观看了影像资料，多次阅读田野笔记和田野日志。这么做的目的一是将度戒仪式的详细记录作为民族志的信息存储，为蓝靛瑶文化传承提供文本载体，二是为论文展开分析提供翔实的材料。为了更清晰地看到度戒仪式的整个过程，笔者将度戒仪式中的道方和师方分别叙述，并把这两方的仪式进一步细分，这种细分基于笔者的七次参与观察，并且报道人也对笔者记录的度戒仪式的内容进行了修改，另外还有蓝靛瑶的朋友提出的很多建设性意见。

　　田平蓝靛瑶度戒仪式中，需要"道"和"师"两边师父同时来进行仪式。田平人把"道"和"师"两边分别称为"道边"和"师边"，两边的师父们分别称为"道公"和"师公"（"道公"和"师公"的具体名称和数量详见下文），"道公"和"师公"统称为师父，但是现在基本上没有"道边"或"师边"单独进行的度戒仪式。[①] 但是在度戒仪式整个过程中，"道边"和"师边"所进行的仪式各不相同。在进行度戒仪式过程中，

---

　　① 在田平村，也有老人只是举行了"道边"或"师边"的仪式，主要原因是：之前的生活条件太为艰难，父母没有条件为儿子举行完整的度戒仪式，只能举行请单边的师父来为其举行仪式。等儿子长大后，如果家庭经济条件有所改善，父母可以为儿子补上另外一边的仪式，如果没有钱的，就只有一边的仪式。笔者在进行族谱调查时，找到了印证的证据，发现田平人的一些先人，有的只有道边的法名，或只有师边的法名，问其原因，才有以上的说法。在最近 50 年中，田平人基本上都举行了完整的度戒仪式，即包括"道边"和"师边"。

"道边"和"师边"的师父们大部分时间都是单独做自己一边的仪式，但是有时也需要两边的师父们合作共同完成一些仪式，如刚开始的"动鼓"仪式和"起师授戒"仪式都需"道边"和"师边"双方师父通力合作才能完成。

在田平，"道公"或"师公"在村中的地位非常高并受人尊敬，成为一位合格的"道公"或"师公"是非常了不起和不易的事情。首先"道公"和"师公"需要一定的文化基础来认知各种宗教书籍，并通过相当长的时间学习不同的仪式知识，同时要十分用心和有较强的记忆力，能够十分熟练地记忆大量繁杂的仪式过程和其他相关的知识，并参加和主持过各种仪式，才能成为真正的师父。在田平，"道公"一生中只是做"道边"的师父，而不做"师公"；"师公"一生中只是做"师边"的师父，而不做"道公"。田平人认为无论是"道边"还是"师边"，都有很多宗教及仪式知识要去学习和记忆，单单一边的宗教及仪式知识就够一个人花费大部分时间去学习，更别说完全掌握"道边"和"师边"的全部宗教知识；如蓝靛瑶的宗教书籍都是用繁体汉文来书写的，单单"道边"的宗教书籍就有50本左右，甚至更多，并且其中一部分书籍的内容要求"道公"烂记于心头，随时都可以运用；而"师边"的宗教书籍也有10本左右，并有大量的"舞蹈"动作需要学习；这些书籍加起来的字数超过200万字，除了这些宗教书籍，还需熟练应用两种语言。在度戒仪式中所用到的这些书籍，都是用"广语"来进行诵读，而不是蓝靛瑶本民族的语言，所谓的"广语"与广东官话"粤语"有些相似，但也不完全是相同的语言，村人说是以前祖先是从广东迁徙过来的，当时先人用"广语"来读这些书籍，现在流传下来也必须用"广语"来读。另外一种语言是在度戒仪式中对唱山歌时所用的语言，既不同于蓝靛瑶的语言，也不同于诵读宗教书籍的"广语"，而是另外一种语言。所以要成为一名合格的"道公"或"师公"是一件非常不易的事情。在一场度戒仪式中，师公和道公司职是确定的，不能兼任。村中也有极为少数的老人精通"道边"和"师边"，既可以做"道公"也可以做"师公"，村民仍会根据老人的能力，来选择他们是做"道公"，还是"师公"。

在田平，即将进行度戒仪式的男子叫作受戒弟子，受戒弟子的人数有严格的控制，每一次的度戒仪式只能给一个人举行。无论一家有几个兄弟都不能同时举行度戒仪式，即使是双胞胎兄弟也不能同时举行度戒仪式。[①]
在云南的师宗、绿春等地，一次度戒仪式中可以有数人，十几个人一起进
行度戒仪式是司空见惯的事情。[②]

  在"道公"和"师公"进行度戒仪式之前，受戒弟子的家庭需要完成
一些准备程序和工作。在田平，每一次的度戒仪式对于一个家庭来说都是
一件很重要、很神圣、很辛苦的事情，并且开支花销非常大，村人的度戒
仪式准备工作需要一年甚至更长的时间。如在准备工作中最为重要的是饲
养生猪，饲养生猪就需一年或更长的时间。猪在度戒仪式中起着最为重要
的作用，大部分的猪肉都分给了来帮助做仪式的师父们，还有其他帮忙做
活的人，剩余的猪肉则用来做宴席所需的菜肴。一场度戒仪式一般需要
3—4头生猪，并且每一头生猪都在150公斤左右[③]，这些猪都是主人家自
己饲养的，需要一年甚至更长的时间精心饲养，到了快进行度戒仪式前的
一两个月，主人家更是加倍地精心照顾，有些主人家为了照顾猪，甚至是
夜不能寐。原因是此时请帖都发出去了，师父们都确定了，猪万一染上疾
病死掉，那这一场度戒仪式就有不能举行的可能，这对于受戒弟子家来说
是非常没有面子和极为不吉利的事；可以说没有猪，就不能举行度戒仪
式。除了猪以外，在度戒仪式中，鸡也是少不了的，在供神仪式中需要
鸡。除了猪、鸡外，还需要羊、鱼、蔬菜，这些数量，需要依主人家请的
客人的多寡和度戒仪式的规模而定。

  在田平，一般来说，举行度戒仪式所需的生猪、鸡、羊大都是自己饲
养的，如自己没有饲养，也可以购买，但是自己向外人购买生猪的几乎没
有。田平人也根据气候的特点，种植适合的蔬菜，如在度戒仪式的宴席中

---

  ① 很幸运的是，在笔者田野工作期间，遇到了一个男子进行度戒仪式，更巧的是，这个男
子是双胞胎的弟弟，笔者问田平的师父们，为什么双胞胎不能在一起进行度戒仪式，他们说蓝靛
瑶度戒每一次只能有一个人，一是从来没有见过两个人一起进行度戒仪式；二是"五台山"的地
方有限；三是如果双胞胎兄弟一起进行度戒仪式，经济条件也不允许，最为重要的是其家长一次
提供不了那么多的生猪。举行仪式要给前来帮忙的师父猪肉，一人举行仪式需要3—4头生猪，而
两人一起需要6—8头生猪，在蓝靛瑶的家庭中，一般来说一次饲养3—4头生猪已经是较多的了；
另外，其他具体的原因他们也不是很清楚。

  ② 黄贵权：《本土民族学视野中的靛村瑶族——那洪村蓝靛瑶文化的调查与研究》，云南民
族出版社2005年版，第152页。

  ③ 在传统蓝靛瑶社会中，因生活水平、饲养饲料和饲养技术的问题，生猪的体重没有这么
重，但是在数量方面3头猪是不能减少的。

需要其他的蔬菜和佐料，也会去集市购买；另外，在度戒仪式中所需大量的香火、草纸、五色彩纸、笔墨、烟、酒等，也会去集市购买。按照2011—2012年的物价水平，除了自己饲养的生猪、鸡和羊外，度戒仪式仍需要现金1万—2万元；而生猪、鸡和羊数量折合成现金的话，也有1万元左右；还有，给师父们的报酬共有1000元左右；这样的话，一场度戒仪式下来，受戒弟子家共需支出2万—3万元人民币，这对于一个普通的蓝靛瑶家庭来说，可是全家1—2年的总收入，有些困难的家庭需更长的时间来积累。

度戒仪式的准备过程主要是主人家在物质方面和师父在仪式方面的准备工作。除了物质方面和饲养生猪的准备外，主人家还需要提前做其他方面的准备工作。

在所有的准备工作开始前，受戒弟子父母会确定度戒仪式的规模。田平的蓝靛瑶认为一个宗族的三代人需要举行一次"金楼斋"，这是田平人认为规模最大的仪式，田平人说"金楼斋"在田平已经不再举行，田平80岁左右的老人说他们都没有见过"金楼斋"。仪式规模其次的是"红楼斋"，田平人一个家族的每一个男子都需要举行一次"红楼斋"，这种仪式选择在一个儿子度戒仪式时进行，也可以几个兄弟一起举行"红楼斋"。最为常见普通的度戒仪式，其规模一般的就是"日午青灯"和"土府延生"。金楼斋、红楼斋只是比普通度戒仪式的步骤多一些，供奉的神祇的数量多一些。

在此简要地罗列红楼斋和普通的度戒其中包含的主要仪式：

红楼斋

师边：动鼓，功曹，贺楼，招兵，搭白道桥，香花，召龙，请圣，启师授戒，安坛，倒灯，架地桥，赍度，荤筵，倒罢。

道边：动鼓，符吏，宿启，立幡，发放龙童，启师破狱，早朝，午朝，晚朝，受戒，净坛，逛王，告斗，安龙，设醮，飞章，炼度祖先，运经入库，大升度。

普通的度戒仪式

日午青灯（师边）：动鼓，功曹，搭白道桥，香花，召龙，请圣，启师授戒，安坛，赍度，荤筵，倒罢。

土府延生（道边）：动鼓，符吏，宿启，早朝，午朝，晚朝，受戒，净坛，迍王，告斗，安龙，设醮，飞章，炼度祖先，升度。

受戒弟子父母选定举行何种规模的度戒仪式后，才会开始仪式的准备工作。

本书以普通的度戒仪式（日午青灯和土府延生）为研究对象。

第一节　受戒弟子家庭的准备

一　选定日子

在田平村，一个男子在十岁左右时①，家人就会根据男子的生辰八字找师父选择一个进行度戒仪式的吉日。田平村人认为，度戒仪式的吉日是非常重要的一环，并且是整个仪式最开始的部分，度戒仪式的吉日如选得好，那么在举办仪式的时候会非常顺利，对于受戒弟子来说，未来的生活也非常成功和顺利，如选得不好，主人在举办这次仪式时会非常不顺利；② 有时，主人家会生病、闯祸，受戒弟子会瘫痪，更甚会死亡。所以，举行度戒仪式的日子是整个仪式非常重要的开始环节，主人家对于日子的选择会非常重视，选择度戒仪式日子的师父也非常慎重。

如何选择受戒弟子举行度戒仪式吉日的师父，受戒弟子的父母会进行周密的思考和权衡。"道公"或"师公"都可作为确定度戒仪式日子的师父，一般来说，选定度戒仪式日子的师父是德高望重的长者，并是度戒仪式方面的专家，精通蓝靛瑶文化，自己必须有度戒仪式所需的各种书籍。总而言之，这位师父是蓝靛瑶文化的专家。村人找这位选择日子的师父的

---

① 有的人会选择在年龄较大时候，如24岁时举行度戒仪式。蓝靛瑶举行度戒仪式的年龄从10～24岁时间跨度何以这样大？可以从"仪式成本"的视角进行理解。年龄太小，在成长过程中便有可能夭折，仪式的举行即失去意义；年龄太大，不举行仪式，则不能参与族群内部的社会生活，成为家庭的负担。

② 在田平的田野工作中，笔者参加一场度戒仪式，仪式刚开始，主人家的一位德高望重的亲戚从另外的村庄来到仪式现场，他说：根据"受戒弟子"的生辰八字并看今天的禁忌，总的来说，选择今天的日子不是最好。在仪式进行的过程中，仪式现场发生三次小型的火灾，人们都怪选择和确定度戒仪式日子的师父不敬业，不精通蓝靛瑶宗教书。在笔者参加的其他仪式中，如日子选择得恰当，就没有发生意外的事情。

原则是，受戒弟子家中如有长者精通度戒仪式，就可以不用请别人，只需自家长者去选择和确定日子即可；如受戒弟子家中成员没有人精通仪式，则需要请别人帮忙选择吉日。受戒弟子家人就会选择自己信任的一位师父（"道公"或"师公"）来帮忙选定吉日。

师父根据受戒弟子的生辰八字看《集量书》去选择吉日。首先选择一个可以进行度戒仪式的年份，选择年份的原则如表4-1所示，在田平，村人认为只有"天道""地道"和"人道"所处的年份才可以举行度戒仪式。田平人认为在"天道"年份举行度戒仪式的男子，成年成为师父时，容易被人请作"师公"；在"地道"年份举行度戒仪式的男子，成年成为师父时，容易被人请作"道公"；田平人认为在"人道"年份举行度戒仪式最好，男子受戒后成为师父，容易被人请作师父。田平人的秘书中有这样的说法：天道过天去，地道地府行，人道人来请，佛道佛来迎，畜道畜生身，鬼道鬼来磨。在田平，村民选择在十岁、十一岁和十二岁时举行度戒仪式的较多，十六岁、十七岁和十八岁的较少，年龄更大的就更少了。

确定了举办度戒仪式的年份后，再选择、确定月份。选择、确定月份同样根据受戒弟子的生辰八字来看《集量书》，一个年份中只有两个月可以举办度戒仪式，师父一般会选择在天气较冷并农闲的时节。在田平，一般举办度戒仪式的月份在农历的九月、十月和十一月，在这些天气较冷的月份中，猪肉、其他肉类和蔬菜较容易保存，不易变质；这段日子恰是田平人农闲的季节，没有较多的农忙，人们会有大量的闲暇日子。

确定了举办度戒仪式的月份后，最后才选择、确定具体的日子。田平人一般会在度戒仪式月份的前一个月之内才来确定具体的日子，确定具体的日子同样根据受戒弟子的生辰八字来看《集量书》，但是要避开"上兀"和"下兀"这两个不好的日子，于是剩余下来的好日子也就很少了。这样的话，度戒仪式具体的日子就选择和确定完毕了。

选择、确定度戒仪式的具体日子，是一件技术活，需要师父精通蓝靛瑶宗教、仪式和书籍。选择和确定日子的师父充当了非常重要的角色，并且担当了最为重要的责任，毕竟日子的选择关系着度戒仪式的成功与否，并关系受戒弟子一生的前程，师父的责任较重，在田平村中，由于选择度戒仪式日子的师父本身就是精通蓝靛瑶文化的德高望重的老人，并且他担当了一定的责任，受戒弟子主人家经常会让选择和确定度戒仪式日子的师父做两位大师父的其中之一：道公一（戒度师父）或师公一（正戒师父）。

表4-1			选择举行度戒仪式年份		单位：岁	
道名	天道	地道	人道	佛道	畜道	鬼道
岁数	10	11	12	13	14	15
	16	17	18	19	20	21
	22	23	24	25	26	27
能否度戒	可	可	可	否	否	否

资料来源：根据田野资料汇集而成。

二 选定师父

度戒仪式中，田平人仅称在《阴牒》和《阳牒》上留有法名的师父才能是受戒弟子真正的"师父"。师父可以带一些人来帮其诵读科书、秘书及协助完成其他仪式程序，没有在"阴阳牒"上留有法名的，田平人称其为"宗师"。那些不会诵读科书、经书和不精通仪式过程，但是帮忙办理生活方面事情的帮手，田平人称其为"从士"。

在田平，一场度戒仪式中，"道边"和"师边"两边分别由七位师父组成，但在《阴牒》和《阳牒》上共有八个法名。在具体仪式过程中，有时"道边"和"师边"的师父们会相互帮忙进行组合，有时"道边"的师父帮忙充当"师边"的师父，有时"师边"的师父帮忙充当"道边"的师父，在某些步骤时，"道边"和"师边"分别有七位师父，所以"道边"和"师边"在给付与受戒弟子的"阴阳牒"上都会写有七位师父的法名。"道边"两位重要的师父，村人称第一位道公为"大道公"或"道公一"，在给付与受戒弟子的《阴牒》和《阳牒》上称为"戒度师父"，称另外一位道公为"道公二"，在给付与受戒弟子的"阴阳牒"上称为"监度师父"；"师边"有两位师公，村人称第一位师公为"大师公"或"师公一"，在给付与受戒弟子的《阴牒》和《阳牒》上称为"正戒师父"，称另外一位师公为"师公二"，在给付与受戒弟子的《阴牒》和《阳牒》上称为"引教师父"；主持度戒仪式的师父，村人称其为"老四"，但在给付与受戒弟子的《阴牒》和《阳牒》上称为"同坛师父"，主持仪式的方方面面，就像传统社会中管家或现代社会经理人的角色；一位师父在度戒仪式中充当男扮女装的角色，村人称其为"老五"，但在给付与受戒弟子的《阴牒》和《阳牒》上称为"证见师父"；村人称最后两位师父为"老六"和"老七"，在给付与受戒弟子的《阴牒》和《阳牒》上称为"保见师父"和"画字师父"，他们主要负责生活和后勤各方面的事情，如负责师父们所需要的各种法食和其他的物品，还负责在仪式结束后举办宴会的方方面面，另外在仪式的过程中，"师边"和"道边"都有部分步骤需要这两位师父参加。其中的"保举师父"是相互帮忙客串的角色，在"道边"做仪式的过程中，需要组成七人团队时，"师边"的"引教师父"就会来"道边"客串"保举师父"的角色；在"师边"做仪式过程中，需要组成七人团队时，"道边"的"监度师父"就会来到"师边"客串"保举师父"的角色。

"同坛师父""证见师父""保见师父"和"画字师父"没有分属给"道边"或"师边"，但在度戒仪式中，他们在帮"道边"时属于"道公"的身份，有时在帮"师边"时属于"师公"的身份。

实际上，一场度戒仪式共有八位有名份的师父，有："正戒师父""引教师父""戒度师父""监度师父""同坛师父""证见师父""保见师父"和"画字师父"，但是承担大部分仪式过程的是"正戒师父""引教师父""戒度师父"和"监度师父"及其带来的"宗师"与"从士"。度戒仪式中，师父的具体名分详见表4-2。

表4-2　　　　　　　　　**度戒仪式中师父的名分**　　　　　　单位：个

		师父名称							总计
道边	正式称号	戒度师父	监度师父	保举师父	同坛师父	证见师父	保见师父	画字师父	7
	通俗称号	道公一	道公二	无（需要时，师公二临时充当）	老四	老五	老六	老七	7
师边	正式称号	正戒师父	引教师父	保举师父	同坛师父	证见师父	保见师父	画字师父	7
	通俗称号	师公一	师公二	无（需要时，道公二临时充当）	老四	老五	老六	老七	7

资料来源：根据田野资料汇集而成。

事实上，一场度戒仪式中除了有名分的这八位师父外，还有大师父①带来帮忙的"宗师"和"从士"。"宗师"一般为帮助四位有名分大师父们做仪式的师父，四位大师父选择"宗师"时，首先会选择自己的度戒仪式中的大师父；其次才会选择其他人；但这些"宗师"都应是蓝靛瑶成年男子，已经经过了度戒仪式并拥有其法名，并较为精通度戒仪式的步骤和宗教书籍。在田平，"戒度师父"和"正戒师父"一般要带两三位"宗师"来帮忙；"监度师父"和"引教师父"一般要带一两位"宗师"来帮忙。"从士"来帮有名份的师父做些体力活，如背书和法器等，但是不会诵读宗教书籍，度戒仪式给他们提供一个不错的学习机会和学习环境。四位大师父之外的师父们不用带"宗师"和"从士"来帮忙。总而言之，虽"宗师"和"从士"没有在受戒弟子的"阴阳牒"上留有自己的法名，但他们也会尽自己最大的努力来帮助师父们顺利完成度戒仪式。

　　一场度戒仪式的成败，师父的能力是关键，所以受戒弟子家人在选择师父时会非常之小心和慎重。在传统的田平社会中，选择师父的第一原则是师父精通度戒仪式；其次是师父家中要有度戒仪式所用的宗教书籍；最后才会考虑自己的亲朋好友；在现代社会，受戒弟子的家人选择师父时，首先要考虑自己的亲朋好友，如自己的亲朋好友精通度戒仪式，那就最好了，亲朋好友如不精通度戒仪式，他们也可以找精通度戒仪式的人作为宗师来帮助自己。现在，田平人选择度戒仪式的师父们，大都是自己的亲朋好友，并是在日常生活中与自己经常联系或相互帮忙的亲朋好友。从表4-3可看出，田平人选择师父首选本村的亲朋好友，其次才会选择外村的；而师父们选择宗师时，首选本村自己的师父，其次才会选择外村落精通度戒仪式的人。

　　在确定好具体的日子后，受戒弟子的家人就会开始选定师父了。受戒弟子的家人在去师父家之前，基本上心中有数，让哪位亲朋好友做哪个师父，已经有较为清晰的思路。在度戒仪式前几个月甚至是更早的时间内，受戒弟子家人会去师父家，给师父说某月某日，孩子要进行度戒了，请他

---

　　① 田平人称"正戒师父""引教师父""戒度师父"及"监度师父"四位师父为"大师父"，主要的原因是四位大师父在度戒仪式过程中承担了大部分的工作，而"同坛师父""证见师父""保见师父"和"画字师父"四位师父作用是辅助四位大师父顺利举行仪式并主要负责整个仪式过程中的生活问题。

帮忙做某某师父（如正戒师父、戒度师父等），看他是否方便，一般师父都会推掉其他的事情去做师父，如他真的有其他事情忙不开，受戒弟子家人会另请他人来做师父。受戒弟子家人需要去七位师父家，与师父们沟通清楚，如举行度戒仪式的时间及其他重要事情。明确七位师父后，在举行度戒仪式前二十天左右，请七位师父来家中初步商定仪式事宜。把给受戒弟子写《阴牒》《阳牒》和《意者书》所需的笔、墨、纸等交给师父们，师父们商量一些具体的过程和简单的分工，大家在受戒弟子家吃顿饭即回家准备自己所需要的工作，如写《阴牒》《阳牒》《意者书》和准备宗教用书和法器等。

表 4-3　　　　　　　　　度戒仪式中师父所属的地理空间

师父名称	戒度师父	戒度师父的宗师和从士	监度师父	监度师父的宗师和从士	正戒师父	正戒师父的宗师和从士	引教师父	引教师父的宗师和从士	同坛师父	证见师父	保见师父	画字师父	总计
数量（个）	1	3	1	2	1	3	1	2	1	1	1	1	18
师父所属的村落	本村	本村	本村	一个本村一个外村	本村	两个本村一个外村	本村	一个本村一个外村	本村	本村	本村	本村	

资料来源：根据田野资料汇集而成。

根据家庭经济状况和自己需要，斋主同时会选择确定四位女性歌者，两位女性歌者与道边进行对歌，两位女性歌者与师边进行对歌。道边和师边的师父，一般来说，会找有空闲的师父临时充当歌者，没有专门的歌者。一般来说，女性歌者的年纪偏大①，在五十岁上下，在仪式过程中，

①　在田平，女性歌者年龄偏大，其主要原因是，山歌的语言不是蓝靛瑶语，而是与蓝靛语完全不一样的"山歌语"，学习山歌等于学习了一门新的语言，并且山歌也需要根据对方的内容，进行随机应变"对歌"，这是需要长时间的积累和练习才能达到的境界。而现在的田平社会中，大量的年轻女性在流行文化的影响下，喜欢流行音乐，而对传统的"山歌"没有兴趣，加上"山歌语"的困扰，年轻女性基本上不会蓝靛瑶传统的"山歌"。田平人也非常忧虑蓝靛瑶传统"山歌"的传承问题。

会穿上蓝靛瑶的传统盛装，并且佩戴上所有的银饰：项圈、手镯、耳环、其他相应的银饰。

第二节　受戒弟子师父的准备

师父们收到受戒弟子家人的笔、墨、纸后，他们就开始度戒仪式前的准备工作。主要的准备工作有：一是书写《意者书》《阴牒》和《阳牒》；二是整理度戒仪式所需的宗教用书和各种法器；三是道边的戒度师父、监度师父和师边的正戒师父、引教师父这四位大师父提前找好各自所需的"宗师"。

一　度戒仪式文本的准备

《意者书》《阴牒》和《阳牒》是度戒仪式中最为重要的文本。在度戒仪式过程中，《阴牒》宣读完毕后，师父会将其焚烧，在仪式结束后，《意者书》和《阳牒》将是受戒弟子一生都需要小心保存的文本，并有其独特的用途。《意者书》《阴牒》和《阳牒》三个文本中的名字，无论是师父的或弟子的，都是举行度戒仪式所获得的法名，但是"道边"和"师边"的法名是不同的，"道边"的三个文本是"道边"给予的法名，"师边"的三个文本是师边给予的法名。

道边和师边都需写《意者书》，但是两边的叫法不一，道边叫作《授道书意》，而师边叫作《授戒书意》。道边的《授道书意》由"戒度师父"写一份给弟子保留收照，而师边的《授戒书意》由"正戒师父"写一份给弟子保留收照；虽然道师两边的《意者书》有其不同名字，但内容大体上相同，类似于人物传记中的人物生平之类的内容。大部分是撰写祖孙三代以内之事，先写在某某地方居住着某某人家，祖、父的生平事迹，生活之艰辛，身体的病患，遭遇何种不幸，接下来写受戒弟子（道边称受戒弟子为"初真弟子"，师边称受戒弟子为"新恩弟子"），某年某月某日建生，受戒弟子从小有何病患，有何不幸都一一写在《意者书》上，且患难之时，家人有求于神灵庇佑并许愿改日答谢诸神灵，现在受戒弟子已经长大成人，而今某年某月某日，年逢"天道"（或"地道""人道"），月利金华，也是答谢诸神灵之时，宜当举行度戒仪式，给弟子授道及授戒，接着写如何进行度戒仪式。师父用受戒弟子家人给的毛笔把以上内容写在白色棉纸上，棉纸裁剪成 20 厘米×10 厘米大小，内容写好后，再用白色线绳将这些棉纸装订成中国传统书籍的形式。两边的《意者书》的封面写有祖孙三代的法名及祖母与母亲的姓氏、具体日期。具体为：

> 道边的《受道书意》为：贡王土府延生披簪意者 斋主△①斋眷×氏 斋老△斋婆×氏 初真弟子△ 永远收照 太岁××年××月××日良利受道；师边的《受戒书意》为：贡王日午清灯受戒意者 斋主△斋眷×氏 斋老△斋婆×氏 新恩弟子△ 永远收照 太岁××年××月××日良利受戒。

受戒弟子需一生保存好《意者书》，自己有幸作为别人的师父时，可根据在度戒仪式中保存的《意者书》的形式、内容和弟子的实际情况撰写《意者书》。

道边和师边都需写《阴牒》和《阳牒》，虽然两边的叫法一样并且外形上都一样，但是两边的师父所写的《阴牒》和《阳牒》内容差别很大；道边或师边所写《阴牒》和《阳牒》内容一模一样，只是名称一份为《阴牒》，一份为《阳牒》。道边的"监度师父"需写道边的一份《阴牒》和一份《阳牒》给弟子保留收照。师边的"引教师父"需写师边的一份《阴牒》和一份《阳牒》给弟子保留收照。《阴牒》写在较为粗糙的草纸上，并不装订成书的形式，而《阳牒》则用白色棉纸装订成书的形式。在度戒仪式过程中《阴牒》会被烧掉，而《阳牒》则留在受戒弟子身边作为证鉴，其家人会妥善保护《阳牒》，当受戒弟子去世时，在埋葬之前会把《阳牒》放于胸部，这样《阳牒》随其主人到阴间，与《阴牒》汇合；田平人认为《阴牒》和《阳牒》在阴间的汇合，意味着受戒弟子在阴间找到自己的家先，找到了阴间的家，不会成为害人的孤魂野鬼，并与自己的家先一起受后代的供奉，庇佑自己的后代。

---

① △代表在度戒仪式中得到的法名。

道边的《阴牒》和《阳牒》内容大意如下①：某某地方居住的某某人家，"初真弟子"，某年某月某日建生，而某年某月某日，年逢"天道"（或"地道""人道"），月利金华，宜当举行度戒仪式，需某某神仙、家先和师父的庇佑下给弟子授道，最为重要的内容为"十戒"：一戒者，弟子△②不得呼天骂地；二戒者，弟子△不得呵风骂雨；三戒者，弟子△不得毁骂父母；四戒者，弟子△不得瞒师骂友；五戒者，弟子△不得隐经瞒教；六戒者，弟子△不得乱杀牲灵；七戒者，弟子△不得贪花爱色；八戒者，弟子△不得凶怒凌人；九戒者，弟子△不得乱传密妙；十戒者，弟子△不得贪财害命。

在《阴牒》和《阳牒》的最后几页需要留出七位师父写法名的位置，在仪式过程中，师父们会在现场写上自己的法名，并盖上法印以证明其师父身份。

师边的《阴牒》和《阳牒》内容大意如下③：

某某地方居住的某某人家"新恩弟子"，某年某月某日建生，而某年某月某日，年逢"天道"（或"地道""人道"），月利金华，宜当举行度戒仪式，其中最为重要的内容有"十度""十戒""十愿""十问"和"十授"。

"十度"：一度三元职箓；二度师帅随身；三度三元保佑；四度法箓光辉；五度五星常照；六度禄马明强；七度九禄上达；八度财马归天；九度九郎保护；十度驱邪灭鬼。

"十戒"：一戒者弟子△不得乱杀牲灵畜类；二戒者弟子△不得叫天叫地毁骂日月三光；三戒者弟子△不得辱骂父母、六亲九眷；四戒者弟子△不得想真为假、贪财爱色；五戒者弟子△不得想生意死、处行上下；六戒者弟子△不得欺贫爱富、欺弱怕强；七戒者弟子△不得媾邪，生意得钱，邪心害人；八戒者弟子△不得凶怒凌人；九戒者弟

---

① 根据笔者收集的田野资料整理而成。
② △代表"受戒弟子"的法名，但在道边的文本中，用其道边师父给予的法名，但在师边的文本中，用其师边师父给予的法名。
③ 根据笔者收集的田野资料整理而成。

66

子△不得怕虎蛇、风雨逆行；十戒者弟子△不得毁骂师圣，仗势保身。

"十愿"：一愿一灵不昧；二愿二气交结；三愿三元降格；四愿四圣发兵；五愿五师保卫；六愿六神正请；七愿七魄安泰；八愿八卦卫形；九愿九穷开通；十愿十善完成。

"十问"：一问弟子△洪水发涨人请你去不去？二问弟子△黑风暗雨人请你去不去？三问弟子△大蛇拦路人请你去不去？四问弟子△三更半夜人请你去不去？五问弟子△急救病患人请你去不去？六问弟子△恶虎在路人请你去不去？七问弟子△过山过水人请你去不去？八问弟子△贫贱人家人请你去不去？九问弟子△远路过界人请你去不去？十问弟子△小筵小会人请你去不去？

"十授"：一授三元坛额；二授三元职箓；三授三元笤子；四授三元宝印；五授三元法简；六授三元法衣；七授三元佛像；八授三元法事；九授三元行教；十授三元扶助。

二　度戒仪式所需的宗教文本和法器的准备

度戒仪式之前，师父们的准备工作还有整理度戒仪式所需的宗教用书和各种法器；在平日，有时师父的宗教用书可能会被自己的弟子或其他人借去抄用，在度戒仪式之前，师父会把所需用书都一一找回来，另外因田平天气较为潮湿，加上宗教书籍平日放在屋内较为隐蔽之处，部分书籍会有发霉现象，师父们会经常取出书籍进行晾晒整理。另外还有度戒仪式所用的法器也需提前准备好，如法鼓，在日常不用时，需要把紧鼓的楔子放松或拔掉，但是在用时，需把楔子把鼓给绷紧。

度戒仪式之前，师父们另外的准备工作还有确定自己的帮手——"宗师"和"从士"。"宗师"一般都是比较精通度戒仪式各项事宜的师父，首先会选择自己的师父来帮助自己，但有时师父们也带领自己的弟子来学习宗教仪式知识。道边的"戒度师父""监度师父"和师边的"正戒师父""引教师父"这四位大师父提前找好各自所需的"宗师"和"从士"。在仪式过程中，"戒度师父"和"正戒师父"一般要带两三位"宗师"来帮忙；"监度师父"和"引教师父"一般要带一两位"宗师"来帮忙。师父们要提前几日与"宗师"沟通，确定"宗师"在举行度戒仪式那几天保障好时间，以防这些"宗师"出远门或有其他事情不在家里。一般来说，"宗师"都是这次受戒弟子师父的师父，或者亲朋好友，或是之前的弟子。因"从士"只从事些简单的体力劳动，如背各种仪式用书、法器等，所以"从士"不需精通蓝靛瑶宗教仪式的文化，"从士"的选择也较为简单，一般师父会选择自己的亲朋好友。

三 "合同"仪式

受戒弟子由父亲带着去四位大师父家和"同坛师父"家，带五色彩纸、白色棉纸、香、草纸、酒和鸡，正式来请师父去帮忙举办度戒仪式，这叫作"请师烧香破纸"。在大师父选择举行度戒仪式具体日子的同时，也会根据《集量书》选好了请师烧香破纸的吉日，一般来说，是在度戒仪式前两三天。首先请师烧香破纸的主要目的是确定一定要请师父和主人家一定要举办度戒仪式，举起一个"请师烧香破纸"仪式，并立下"合同"（蓝靛瑶称为"螃蟹"或"螃海"）为据，以此来约束双方都要遵守其约定；其次是师父给受戒弟子及父亲交代在度戒仪式过程中需要注意的事项；最好是请师父的阴界师父、阳界师父、神灵及受戒弟子的家先来庇佑即将来临的度戒仪式。

在田平，请师烧香破纸有其规定的顺序，首先去"同坛师父"家，再去师边的"引教师父"家，接着去道边的"监度师父"家，接着去师边的"正戒师父"家，最后去道边的"戒度师父"家。

首先应去"同坛师父"家请师烧香破纸，田平人通俗地称"同坛师父"为"老四"。一般来说，"同坛师父"是受戒弟子父亲的亲朋好友，并较为精通蓝靛瑶宗教文化，如不精通，至少了解蓝靛瑶宗教文化，必须熟知度戒仪式的方方面面，因为"同坛师父"负责整个度戒仪式的主持工作，也是整个度戒仪式的管家，无论师父这边需要任何物质、帮忙还是与主人家的沟通，都需"同坛师父"负责准备和沟通。受戒弟子父亲带领受戒弟子去"同坛师父"家时，需带五色彩纸、一把香火、一卷草纸、一瓶白酒、一只鸡。去到"同坛师父"家中，先作一个"供神"的仪式，一般由"同坛师父"自己来做供神仪式，也可请别人来做供神仪式，供神仪式内容之大概意思为：某某日，谁家的小孩准备举办度戒仪式，请自己的师父、神仙，还有受戒弟子的家先，念其法名，请他们庇佑这场度戒仪式顺利进行。把受戒弟子带来的鸡、香、纸、酒等作为供品。田平人认为，一场度戒仪式就是一个受戒弟子的重生，一个轮回，这次重生的开始就是在请师烧香破纸之时。此时，就认为受戒弟子已经孕育在师父的体内，在某种意义上，师父也就象征成了"母亲"。所以，在仪式结束后，"同坛师父"会给受戒弟子交代一些注意事项及禁忌：如，不能乱跑出去与其他小朋友玩耍；不能高声谈论；不能与他人吵架；不能杀生；不能砍植物；不能摘叶子；不能玩冷水；不能打破鸡蛋；在举行度戒仪式期间，要待在楼上，不能乱走动；如出门去大小便时定要带帽子并且打一把雨伞进行遮挡，这样的话，外鬼和坏鬼看不到受戒弟子，就不会害受戒弟子。"同坛师父"也会与受戒弟子的父亲商量如何办这场仪式，如何办得更好，把详细的计划一一说明，并提前准备各项所需。供神完毕，交代完毕，受戒弟子及其家人在"同坛师父"家吃饭，将受戒弟子带来的鸡做成菜肴，吃饭期间，大家边吃饭边围绕这场仪式进行商讨。"同坛师父"无须在受戒弟子家举行"破纸"仪式。① 受戒弟子在同坛师父家就开始戴上帽子，并且同坛师父对帽子施过"法"，帽子具有"法力"保护受戒弟子，不受坏鬼等的破坏。如出门，需在帽子外戴一顶比帽子大的草帽。弟子回到自己家后，一个人就开始住在二楼安静的地方，不能随意出入，出去大小便时，需要戴上帽子。

接下来去师边的"引教师父"家"请师烧香破纸"。受戒弟子同样需带五色彩纸、一把香火、一卷草纸、一瓶白酒、一只鸡。去了也是与"同坛师父"家一样，也需做供神仪式，之后给受戒弟子一一交代注意事项。与"同坛师父"交代的大同小异，但是"引教师父"会特别交代去"五台山"环节的各种注意事项，特别是从"五台山"落入"天网"后，双手食指要紧紧相扣，不能松动，更不能松开。"同坛师父"负责受戒弟子去"五台山"的环节，如受戒弟子从"五台山"落入"天网"后，十指松开，表明整个度戒仪式的失败，所以这个环节，十指不能松开是特别要给受戒弟子交代清楚的，要他牢牢地记在心中。"引教师父"不需在受戒弟子家举行"破纸"仪式。

接下来去道边的"监度师父"家烧香请师破纸。受戒弟子同样需带五

---

① "破纸"仪式也就是对应"合同"仪式，田平人也称为"螃蟹"仪式。

色彩纸、一张白色的棉纸、一把香火、一卷草纸、一瓶白酒、一只鸡。去了也是与前面三位师父一样，也需做供神仪式，之后给受戒弟子一一交代注意事项，但不需在受戒弟子家举行"破纸"仪式。

接下来去师边的"正戒师父"家请师烧香破纸。受戒弟子同样需带五色彩纸、一张白色的棉纸、一把香火、一卷草纸、一瓶白酒、一只鸡。去了也是与前面三位师父一样，也需做供神仪式，之后给受戒弟子一一交代注意事项。与前面两位师父不同之处是，"正戒师父"要与受戒弟子家人一起做"请师烧香破纸"仪式，田平村人又称"破纸"为"破镜""合同""螃蟹"或"螃海"，"正戒师父"把受戒弟子拿来的白色棉纸裁剪成长方形，在纸的中间用毛笔写上受戒弟子的具体地址："今据中华云南省文山州麻栗坡县猛硐乡铜塔村委会响水水源田平村新安高岭村居住奉神。"[1] 在中间地址的左边和右边分别写："右师"和"左主"，把这张白纸放在簸箕中，在白棉纸上面中央的地方放一个"法印"，上面放五小块正方形的草纸，其中三块草纸放在中间写有具体地址的棉纸上，另外左右两边各放一块草纸，并且在白棉纸的左右两边各放三个酒杯，"正戒师父"把两边的酒杯互换，然后从写受戒弟子家庭具体住址的白色棉纸中间剪开，把两个长方形的纸折叠成有三头形状的"合同"，并用一个小的竹子条插在"合同"的中心，"正戒师父"并默念"秘语"，也叫"法"。"正戒师父"保留具有"右师"字样的"合同"，并把其放在正在进行的供神仪式的香炉中，受戒弟子保留具有"左主"字样的"合同"，作为举办这场度戒仪式的证据，以免双方毁约，造成不必要的损失。

最后去道边的"戒度师父"家举行请师烧香仪式。受戒弟子同样需带五色彩纸、一张白色的棉纸、一把香火、一卷草纸、一瓶酒、一只鸡。在那里也是与前面三位师父一样，也需做供神仪式，之后给受戒弟子一一交代注意事项，"戒度师父"要与受戒弟子家人一起做"合同"仪式，仪式的内容和"合同"的做法与"正戒师父"的方式一样。

请师烧香破纸仪式一般需要两天甚至更长的时间，但是无论是两天或者是三天，都必须连续进行烧香请师，中间不能停顿。烧香请师后，田平

---

[1] 在田平，也有师父在纸的中间用毛笔写"金星日宫月府"，在左边写"右玉女"，在右边写"左贤花"。村人认为这两种写法都可以。

人认为受戒弟子就已经受孕在师父的体内，需要自己独自住在二楼安静的地方，不能随意乱走动，要时刻戴一顶帽子，如出门上厕所时也要打伞，吃饭也只能吃斋饭，必须没有猪油，不能吃菜，每一顿饭只是大米，可以加些白糖。请师烧香破纸仪式后，对于师父没有什么要求，他无须遵守特殊的禁忌。

第三节 神圣空间的建构

一 师父出发

在举行度戒仪式的当天上午，"正戒师父""引教师父""戒度师父"和"监度师父"四位有名分的大师父会在各自的家中举行一个出发前的仪式。早上，"宗师"和"从士"来到大师父家并在此吃早饭，吃罢早饭后就开始做出发前的仪式，包括"供神仪式"和"献祭师父仪式"。"供神"和往常程序一样，一般是在正堂中进行，大概的内容是说明自己要去做大师父了，让师父、家先、神灵、父母都来帮助自己做成这场仪式。"供神仪式"结束后，大家吃饭，吃饭结束后，接着进行"献祭师父仪式"。

吃完饭一般是上午十一点左右，在离开师父家去受戒弟子家前，师父仍需举行"献祭师父仪式"。"宗师"在一旁敲锣打鼓，有名分的师父先在神龛前磕头三次，磕第一个头是献给自己的八位师父和"三元"（上元，中元，下元）或"三清"（上清，玉清，太清），① 磕头时并说："还望师父们和神灵来保佑我去做这场度戒仪式。"磕第二个头是献给自己的家先，磕头时并说："望家先来保佑我去做这场度戒仪式。"磕第三个头是献给自己的父母，磕头时并说："望父母来保佑我去做这场度戒仪式。"然后，在地上放三根香，每根香中间相隔30厘米左右的距离，师父绕着香转圈，每转圈一次就用手中法器大刀砍断一根香（象征菩提树果），转圈三次砍断三根香，三根香代表各种困难、各种外鬼和各种不利的因素，都用法刀将其砍断，不让各种不利的因素来干扰这场度戒仪式。② 然后，左手拿

---

① 如这位有名分的师父即将做道边的师父，此时祭献"三清"；如即将做师边的师父，此时祭献"三元"。

② 也有田平人认为三根香是：第一炷香献给师父，第二炷香是开通大路，第三炷香是顺利出门。

"斩鬼刀",右手拿米,拎"斩鬼刀"捶桌,左手每向下敲一下"斩鬼刀",右手就向自己前上方撒米,捶一声、撒点米是三千三万兵马;捶二声、撒点米是六千六万兵马;捶三声、撒点米是九千九万兵马。三千三万兵马行前,六千六万兵马在中,九千九万兵马在后,一起拥护师父顺利举行这场度戒仪式。

师父带领"宗师"和"从士"出门后,师父自己关门,并口念秘语,大概内容是:我把门关上了,这门是铁门、钢门,各种恶鬼、外鬼都进不来。

走到受戒弟子村口时,师父找一个小石头,用一片叶子将其包起来,把石头埋在经常有人走的路中间,用左脚踏上去,口中念秘语,大概内容是:把坏鬼埋在土里,睡在这里,迷迷糊糊,不能动弹,不让其进村来捣乱这场度戒仪式;在做完这场仪式后,再把小石头给挖出来。

师父们就陆续来到受戒弟子家,开始度戒仪式的各项准备工作。在仪式没有开始之前,在师父们做准备工作时,师父们所带来的宗教用书、法器和法衣都不能带进受戒弟子家中的正堂中,只能放在屋外门口处。

道边的师父们所带的法器、法服、宗教书籍有明显的分工。"戒度师父"需要带的法器有:大铜锣、钹①、虎令、斩鬼刀、道印、东顶。法服一套、绿白、手巾、面相。仪式道边各种书籍和秘书。"监度师父"只用带法服和斩鬼刀即可。

师边的师父们所带的法器、法服、宗教书籍也有明显的分工。"正戒师父"需要带的法器有:野山羊皮鼓、小铜锣、铜铃、虎令、斩鬼刀、倒罢棒、三元考召印、东顶。法服一套、绿白、手巾、面相。仪式师边各种书籍和秘书。"引教师父"只用带法服斩鬼刀和倒罢棒即可。

二　建构神圣空间

因之前在请师烧香破纸环节中,受戒弟子父亲与四位有名分的大师父都商定了具体时间来受戒弟子家,所以,在基本相同的时间内,一般是下午一点前后,四位有名分的大师父带着其"宗师"和"从士"先后来到受

---

① 两片铜钹中,有"钹公"和"钹母"之分,其击打声音较响的是"公",击打声音较弱的是"母"。

戒弟子家。在四位大师父来之前，剩余的四位师父"同坛师父""证见师父""保见师父""画字师父"以及其他帮手因要负责整个仪式的吃、喝以及各种用品，所以会提前一天都来到受戒弟子家中做生活方面的各项准备，[①] 包括：杀猪、杀羊、杀鸡、杀鱼、洗菜等。同时，"同坛师父"作为负责整个仪式的"管家"，统筹整个仪式，但其最为重要的准备工作之一是把"五台山"的仪式场地准备好，"五台山"是受戒弟子在师边度戒的环节要用的一个场地。

四位有名分的师父们及其"宗师"和"从士"来到受戒弟子家，师边和道边的师父就按照传统的分工，分头进行各项准备工作。田平人的传统是：道边的"戒度师父"和"监度师父"带领"宗师"和"从士"在二楼受戒弟子从请师烧香破纸回来后居住的地方进行"取经书"仪式，因"取经书"仪式需要两三位师父，加上楼上地方有限，所以道边没事的师父就会来帮师边布置仪式场地。

道边在二楼进行"取经书"仪式的同时，师边的"正戒师父"和"引教师父"带领"宗师"和"从士"，加上道边不做仪式的师父，紧锣密鼓地布置仪式的各种场地并准备各种在仪式过程中所用的物品；师边布置仪式场地主要包括布置"坛院""天庭所""出坛门""门外榜""舞碍堂"及准备一些仪式过程所需物品，如："祖公牌""斗牌""楼"等。而布置"坛院"工作主要有："装坛""挂发""挂榜""功曹案"制作"楼"和"政谢旗"。

"正戒师父""引教师父"及其各自"宗师"和"从士"，加上道边不做仪式的师父首先的准备工作是布置"坛院"，即度戒仪式的主要场地之一。"坛院"设在受戒弟子家的正堂之中，如果"坛""院""榜"等都制作完毕后，整个正堂就是"坛院"。

（一）丁踏

在布置坛院之前，师父们先烧些草纸，口中默念"秘语"，另外一个师父在旁边默念"秘书"，师父默念"秘书"会伴随整个"坛院"的准备工作，每一个环节都有其"法"，求"师父""家先"和"神仙"来保佑

---

① 除了这"证见师父""保见师父""画字师父"三位师父来做生活，主人家会另外请3—4位女性亲朋好友来协助其摘菜、洗菜、洗碗、接送桌子、凳子等。

"装坛"等准备工作顺利进行；师边的师父们先制作 8 个"丁踏"，在一个长 15 厘米的小竹棍上叉上 5 厘米 × 5 厘米的草纸；在正堂放神龛的地方放 4 个"丁踏"，四个"丁踏"叉在一根植物茎上，以防"丁踏"倒下；在正堂剩余三面墙根处，各放一个"丁踏"；另外在正堂屋门外不远处放置一个"丁踏"。每放置一个"丁踏"，师父都要放一个已燃的香火插在香炉中，并且师父要默念"秘语"（法）；"丁踏"代表师父们请天兵天将来保护这场度戒仪式，不让鬼怪和坏人来捣乱这场仪式，并且这些天兵天将可受师父们的差遣。

（二）装坛

"坛"是长宽 200 厘米 × 120 厘米①大小的"组合体"。用竹子制作成其"骨架"，"骨架"外有外箱纸皮制作成其"皮肉"，"皮肉"还有用彩纸做出的"装饰"，并且彩纸上写有各种神灵的居所，制作"坛"的过程叫作"装坛"。"坛"放在正堂中放神龛的位置，正对正堂大门。"装坛"的过程中，有一两位精通蓝靛文化并书法较好的师父在正堂外书写彩纸上的内容，一部分师父及宗师和从士在屋内制作"坛"的骨架，二者同时进行。

屋内的师父，首先制作"坛"的"骨架"。骨架是由竹子制作而成的，竹子是由受戒弟子家人和"同坛师父"一起去山上提前准备好的，必须在四位有名分的大师父来到家之前准备好。"坛"的骨架，由 12 根小竹子搭建，每 2 根为一组，共 6 组均匀展开，两头用竹子固定，这样整个骨架就完成了；6 组竹子分隔成的 5 格，最为左边的一格是给"太白天娘"留的位置，"太白天娘"是庇佑小孩子出生、教育、成长的神祇；还剩余四个空格留给四位有名分的大师父，从左到右的顺序为"引教师父""正戒师父""戒度师父"和"监度师父"，这也就把"坛"分为了左右②两部分，同时，也把整个正堂分为了两部分，左边部分为师边，右边部分为道边。在竹子固定前，每一根竹子上都系一条细窄的白色棉纸，意味着这些竹子都是从阴间借来的；在固定竹子前，师父会取一些草纸，在竹子上方点

---

① 在此，笔者用"长"代表上下的长度，用"宽"代表左右的长度。在以后的表述中都以此。
② 在文中，"左右"之分是人进入正堂后，面对"坛"时，自己左手边为"左"，而自己右手边为"右"。

燃，让阴间的师父、家先和神灵保佑这场仪式，不让鬼怪来捣乱。在一旁的师父或宗师一直在默念秘书中的"秘语"（田平人也称为"法"），① 用法力把一切干扰因素除开，效果如把一个非常之大的容器放在整个"坛院"之上，屏蔽所有干扰因素，师父可以在内顺利地举行仪式；然后在"骨架"上完成其"皮肉"，"皮肉"是由一层纸箱外壳组成，把纸箱外壳用细绳固定在竹子上，最好是用规则的纸箱外壳，并较为规则地固定，这样的话，看起来非常平整。最后，粘贴写有神灵居所的彩纸。在彩纸上写有神灵的居所，大部分是"府""院""案"等，意味把神灵的居所修建于此。事实上，"骨架"和"皮肉"的制作都是为了便于把彩纸粘贴在上面，不易脱落和美观罢了。

在纸箱外壳上贴的彩纸上丰富的内容，从上到下大致可分为四部分。第一部分面积大约为 120 厘米×80 厘米大小，第一部分又可分为两部分，左边一半贴有三张 20 厘米×20 厘米大小的红纸，上面用繁体字写"应天府""还愿府"和"九郎府"，右边一半也是贴有三张 20 厘米×20 厘米大小的红纸，上面用繁体字写"应天府""混元府"和"九龙府"；在左右两边最边上贴有 40 厘米×10 厘米大小长方形的红纸，左边纸上写"竭圣飞表"，② 右边纸上写"竭帝飞章"，③ 田平人称这八个字是"瑶文"；在左边写有"应天府"字样的红纸下面贴有五个 20 厘米×10 厘米大小长方形的红纸，按从左到右的顺序，上写有"日午院""清灯院""三元院""授戒院"和"擎粮府"；同样，在右边写有"应天府"字样的红纸下面贴有

---

① "秘语"和"法"在整个度戒仪式中非常重要，从仪式的准备开始，到整个仪式结束，道边和师边都需有师父或宗师在一旁默念"秘语"或"法"，不能出声。如没有默念"秘语"或"法"，师父就没有法力，坏鬼会来到现场捣乱，这场仪式就没有效果。这些"秘语"或"法"虽非常重要，并不轻易示人或传人，田平人视其为最重要的法术和能力，一个师父不会"秘语"或"法"，就会被认为其法力非常一般。

② 一些田平师父认为蓝靛瑶创造了瑶文，一般来说，都是在繁体汉字的基础上，再加上一些别的汉字作为其偏旁部首，组成更为复杂的字。如厺爷代表"爹娘"二字，部分蓝靛瑶学者认为蓝靛瑶有自己的文字，而不是简单认为"瑶族没有文字""借用汉字"之类的观点。《马关县志》载：瑶族"有书，父子自相传习，看其行列笔画似为汉人所著，但流传既久，转抄讹谬，字体文义殊难索解，彼复宝而秘之，不轻示人，愈不可纠正矣"。对于这些问题学界还没有形成统一的观点，也没有较多的学术成果，仍需学界依靠翔实而准确的证据来论证。田平人在"竭圣飞表"上都会有一个"雨"字。

③ 田平人在"竭帝飞章"上也会有一个"雨"字。

五个 20 厘米 × 10 厘米大小长方形的红纸，按从左到右的顺序，上写有"土府院""大赤天""禹余天""清微天"和"披簪院"。

第二部分面积大约为 120 厘米 × 80 厘米大小，这部分从上到下可均匀分为三部分，每部分为 120 厘米 × 20 厘米大小的长方形，每一部分都有三层纸贴上，这些红色的纸或绿色的纸叫作冬老（音），每次纸都剪成一个一个小口镂空的形状，从上面一层可看见下一层的纸，如把最上面一层作为最外一层时，我们可以这样说，第一部分的最外一层为红色，第二层为绿色，第三层为红色；中间部分的最外一层为绿色，第二层为红色，第三层为绿色；第三部分的最外一层为红色，第二层为绿色，第三层为红色。在第三部分红色纸外，贴有四张 30 厘米 × 20 厘米大小的草纸，每一张草纸分属于一个师父，四张草纸从左到右分别粘贴在分属为"引教师父""正戒师父""戒度师父"和"监度师父"的空格上。每一张草纸上半部分画一小人模样的画，中间部分写有："歹窀①宗师"字样，"歹窀宗师"下面写师父的父亲的法名，在其父亲的法名左右两边写为自己举行度戒仪式时的八位师父的法名，如这位师父在这场仪式中作为"师边"的师父时，此时父亲和八位师父的法名就写他们过法时"师边"给取的法名，如这位师父在这场仪式中作为"道边"的师父时，此时父亲和八位师父法名就写他们过法时"道边"给取的法名。在每一张草纸的最左边写有："右万万神兵"，最右边写有："左千千神将。"

第三部分面积大约为 120 厘米 × 30 厘米大小，第三部分是不贴纸箱外壳的，露出竹子，宽 2 厘米的长方形的草纸缠绕在竹子上，一部分露出竹子，一部分是草纸，均匀分布。

第四部分面积大约为 120 厘米 × 20 厘米大小，用纸箱外壳做底，在纸箱外壳上先贴上一层红色镂空的纸，镂空的形状与第二部分一样，面积大约为 120 厘米 × 20 厘米大小，然后在红纸上再贴上十个用草纸写的"案"，中间相隔 3 厘米距离，均匀分布，草纸大约为 20 厘米 × 10 厘米大小，从左到右，分别写"香火案""帝母案""盘皇案""玉皇案""三界案""本龛案""斗府案""家先案""土地案"和"迷惑案"。这十个案留给最为重要的十位内神（政谢神）。

----

① 歹窀：意为坟墓。

最后，以上所有都贴好后，贴上四条 160 厘米 × 10 厘米大小的红纸，六组竹子分隔成五格，最为左边的一格不粘贴，还剩余四个空格，四条红纸分别粘贴在剩余的四个空格上，从左到右的顺序为"引教师父""正戒师父""戒度师父"和"监度师父"，红纸上写有以下字样："引教师父"的为"参受三元法职门下修真弟子为任奉行引教士臣△稽首顿手再拜"，"正戒师父"的为"参受三元法职门下修真弟子为任奉行掌灯士臣△稽首顿手再拜"，"戒度师父"的为"参受天师门下修真弟子为任奉行掌醮士臣△承告宣行"，"监度师父"的为"参受天师门下修真弟子为任奉行监度士臣△承告宣行"。

在红纸粘贴的空格后，在"坛"后放一长条凳子，田平人称为"香炉凳"。其高度正好与"坛"上粘贴"案"的部分高度一致，放在"坛"后的香炉正好与"坛"上第三部分平行，这样的话，人们可以看到的香炉的情况，插放香火时又较方便。长凳上依次分别放有"引教师父""正戒师父""戒度师父"和"监度师父"四位师父的香炉；在最为左边的一格是留给"师边"做的"楼"放的，"楼"是献祭"太白天娘"的。

"香案"是在"坛"前放的一张较长的凳子，不能太高而遮挡"坛"上书写"案"的部分，在仪式期间可以放油灯、酒杯等，与日常的"香案"比较是相对小得多的。

这样"装坛"的工作就结束了，"装坛"在整个准备工作中，工作量最大，也是最为重要的一个环节，一般这些字都要书法很好的"师父"或"宗师"去完成，要写得较为整齐和美观的，不能乱涂乱画。

（三）挂榜

"挂榜"的准备工作，就是把"榜"悬挂在正堂中梁上，所谓的"榜"是用一张 60 厘米 × 40 厘米大小的白色棉纸，上面写有蓝靛瑶宗教信仰的十位内神[1]，从左到右依次顺"香火榜""帝母榜""盘皇榜""玉皇榜""三界榜""本龛榜""斗府榜""家先榜""迷惑榜""土地榜"。

（四）挂发

"挂发"原来是悬挂佛像在"坛院"里，"发"就是"三元"和"三清"的神像（报道人盘金相老人说这神像为佛像），"三元"神像悬挂在

---

① 田平人称"内神"也为"政谢神"。

"坛"的左边，即"师边"，"三清"神像悬挂在"坛"的右边，即"道边"；"挂发"是在"合镜"（"对合同"）的环节时才挂上去。在"装坛"的环节不挂。但是在现在，"三元"和"三清"的神像已经成为古董，很难见到，所以现在都在 30 厘米×20 厘米大小的草纸上画一个小人模样，然后，"师边"在小人下写"上元""中元"和"下元"，"道边"在小人下写"玉清""上清"和"太清"。

（五）左班前与右班前

"左班前"是粘贴在正堂道边一侧墙上或梁上的神目，在红色纸上写上左班前三字；在"左班前"前面贴有"鹤鸣山"；在"左班前"的正对面，即正堂的师边的一侧墙上或梁上粘贴有"右班前"和"武当山"的红纸。这四张红纸的大小一模一样，为 20 厘米×10 厘米。

（六）功曹案

"功曹案"是"坛院"布置工作中的一个部分，其位置在"坛"对面门（即正堂门）的右边①门后，放一张小桌子，桌子上放香炉，一盏油灯，四个酒杯，在紧挨着门的墙上，小桌子的上方，贴有三张 20 厘米×10 厘米红色纸，从左到右，红纸上写有"下八坛"②"功曹案"和"城隍庙"，在红纸下面的部分从上到下可均匀分为三部分，每部分为 60 厘米×20 厘米大小的长方形，每一部分都有二层纸贴上，每次纸都剪成一个个小口镂空的形状，从上面一层可看见下一层的纸，第一部分的最外一层为红色，第二层为绿色；中间部分的最外一层为绿色，第二层为红色；第三部分的最外一层为红色，第二层为绿色。

（七）五台山

"五台山"在度戒仪式中是非常重要的场地之一，并在"五台山"举行较多的仪式步骤，最为精彩的部分也是在这上演，如：受戒弟子从五台山掉到"天网"中，通过检验受戒弟子的十指是否紧紧相扣来看受戒是否成功等。

"五台山"的准备工作主要是"同坛师父"的工作，"同坛师父"在

---

① 右边门是这样确定的，人在正堂外，面对门时，人的右手边的一扇门就为右边门，左手边的一扇门就为左边门。

② 在田平，也有师父认为"下八坛"也可以为"下法坛"。

度戒仪式开始前准备好。"五台山"建在离正堂不远的田里或其他地方，这个地方要求较为平坦，面积要大些，这是因为在度戒仪式中"上五台山"的环节，较多人员去"五台山"的场地，如"五台山"所在的场地较小就容纳不下这么多人；在布置"五台山"前，"同坛师父"需自己上山砍树；等到师父来受戒弟子家来"装坛"时，"同坛师父"取四杯酒放在一个碟子中问四位大师父看今年"五台山"的"利方"，问的顺序是："正戒师父""引教师父""戒度师父""监度师父"。

"五台山"是由四根直径为 10 厘米、长 150 厘米左右的木棍埋在地里立起来作为柱子，并且木棍埋放时是倾斜的，这样下面接触地面的面积比上面的面积大，上面放一个小桌子，用竹子做的薄薄的竹条拴牢，受戒弟子上到"五台山"面向的方向，在小桌子下面粘贴 20 厘米×10 厘米红色纸，上面写"五台山"，[①] 在粘贴"五台山"字样的反方向，再搭建一个有五级台阶的梯子，与刚才小桌子那部分拴牢，供在度戒仪式中，师父和受戒弟子登上"五台山"，梯子一般有五个台阶；在小桌子上放一个竹子编的簸箕，簸箕上放一些绿色植物的枝叶，然后，在枝叶的上面放一根直径为 10 厘米，长为 20 厘米左右的木棍。在受戒弟子上"五台山"的环节，"同坛师父"需要上去试试"五台山"是否牢固，能否支撑两个人的体重，看是否需要加固，前提是保障师父和受戒弟子的安全，同时也让受戒弟子和师父们放心。

"五台山"也有方位的要求，就是受戒弟子上了"五台山"面向的方位有要求。"五台山"的方位每一年都不一样，每年都有不同的方向，根据"地支"去推算今年的"利"方，可知道今年是什么方向对受戒弟子最利，如甲子年，东西为利方；乙丑年，南北为利方。"五台山"的高度也有要求，如"同坛师父"是第一次做，之前从未做过，那这次做"同坛师父"是所修建的"五台山"的高度与自己举行度戒仪式时自己的"同坛师父"所修建的"五台山"的高度要一致，如"同坛师父"是第二次做，那么"五台山"的高度则比第一次做"同坛师父"时所做的"五台山"的高度矮上"一匹"，"一匹"的长度是"同坛师父"手掌张开，从大拇指道食指之间的距离，如第三次做"同坛师父"，"五台山"的高度则比

---

① 在田平，也有师父写"梧台府"。

第二次做"同坛师父"时所做的"五台山"的高度矮上"一匝",第四次及以后就不用再减少高度了。这些知识,是作为"同坛师父"必须掌握的,一般是由其"同坛师父"口传给他的,在蓝靛瑶宗教书籍中是找不到的。

(八)天网

"天网"是由"监度师父"在来受戒弟子家之前完成的,在自己家都已准备完毕,在来受戒弟子家时,一起带来。"天网"是由一种较为结实的植物藤编织而成的长方形的网,空隙较大,"天网"做好后,由"监度师父"带到受戒弟子家时,"监度师父"取四杯酒放在一个碟子中,敬酒给"同坛师父"并把"天网"交与他,让他好好保管,"天网"的主要作用是在受戒弟子从"五台山"掉下来时接着受戒弟子。

(九)经坛

"经坛"的布置工作是由道边的师父完成的。"经坛"设在二楼的弟子在度戒仪式其间休息的床头附近。在床头摆放一张小桌子,桌子上放一个香炉,一盏油灯,一碗大米,四个酒杯,一只宰好的鸡及其内脏,紧挨着门的墙上,小桌子的上方可分为三部分,最上一部分由三张10厘米×10厘米的红纸组成,上面一张上写有"应天府",紧挨"应天府"下面有两张红纸,从左到右分别写有"混元府"和"九龙府";在这些"府"紧挨的右边部分有一张80厘米×80厘米的白色棉纸,纸上从左到右写有"诸品经""金章经""三官经""琅函经""血湖经""救苦经""玉枢经""消灾经""度人经""下卷玉皇尊典经""中卷玉皇尊典经"和"上卷玉皇尊典经",每一卷经下面用毛笔画一条长线;在"应天府"下面部分是一张草纸,草纸上半部分画一个小人模样,中间部分写有:"歹宛宗师"字样,草纸下半部分分别写有受戒弟子父亲"道边"师父的法名,在父亲法名的左边写受戒弟子道边"监度师父"的八位师父其道边的法名,原因是"监度师父"要给受戒弟子举行"授经书仪式";在这张草纸的上面粘贴一张20厘米×10厘米的红纸,红纸上写"炼丹殿";在草纸的左侧有三张20厘米×10厘米的红纸,从左到右依次写有:"下法坛""右班前""武当山",在草纸的右边有两张20厘米×10厘米的红纸,从左到右依次写"鹤鸣山""左班前"。

（十）天庭所

"天庭所"在正堂外面不远的地方，与"坛"隔门相望，用三根 80 厘米左右长的竹子，把三根竹子下面分开插到地里，把三根竹子上面绑在一起，在地面上竹子下，放一个小碗，小碗盛半碗水，象征迷河，小碗上放两个小棒，代表一座迷河桥；在碗旁插一炷点燃的香，香从一小块草纸中穿过，在竹子上面放一只旧鞋，在对着门外的方向，代表有邪鬼看到这只旧鞋时，看鞋口对着门外方向，认为人都不在家，就不会来打扰这场仪式了，在竹子上粘贴上一张 20 厘米×10 厘米的红纸，上面写上"天庭所"，田平人认为所有的神灵都居住在"天庭所"内。在三根竹子上面的竹筒里插一面 80 厘米×15 厘米的用纸做出的幡旗，叫"授戒旗"（师方用），"授戒旗"的下面一层是绿色的纸作为底，上面一层是红色的纸，绿纸比红纸宽些，两边宽出的部分剪成锯齿形状，红纸中央从上到下写有："志心奉请太上正一三元告召比帝伏魔拆鬼三司驱邪院镇国旗令"。此旗是在"师父进门仪式"绕"天庭所"环节才插到竹筒里。

（十一）"出坛门"和"退光门"

"出坛门"和"退光门"分别写在 20 厘米×10 厘米大小的红纸上。上写"出坛门"①，粘贴在正堂门框上方的内侧，写有字的一面对着"坛"；在正堂门框上方的外侧，即写"出坛门"的对面，也就是正堂门外面，粘贴一张 20 厘米×10 厘米大小的红纸，上写"退光门"，写有字的一面对着"天庭所"；实际上，"天庭所""退光门""出坛门"和"坛"是在一条直线上。

（十二）门外榜

在一张 20 厘米×10 厘米大小的红纸上写"门外榜"，粘贴在正堂门外旁边的外墙左侧。田平人说，原来不是这样的，原来是叫作"榜"，是由黄色彩纸写的，有两份，分别粘贴在正堂屋内门的左边墙上（面朝门外院子方向时）和正堂屋外门的右边（面朝门内正堂屋方向时），屋内的"榜"是由道边的师父写的，内容是《意者书》上的内容，屋外的"榜"是由师边的师父写的，内容是《意者书》上的内容，受戒弟子从"五台山"受戒回来后，弟子读师边师父写的门外的"榜"的内容。现在，为节

---

① 在田平也有师父写"出神门"。

省时间，仪式的程序也发生了改变，把这两部分的"榜"全部由"门外榜"代替，如把《意者书》的内容写在"榜"上的话，主人家需给些现金与师父，但现在的"门外榜"也不把《意者书》的内容写在上面。

（十三）其他物品的准备

"舞碍堂"的准备，是在一张 20 厘米×10 厘米大小的红纸上写"舞碍堂"，粘贴在厨房的火灶旁边。代表让灶君保佑做饭做得香香的，厨房的各项事情做得好好的。

"祖公牌"，即"家先牌位"，由 20 厘米×8 厘米大小的草纸做成，上面一段叠成三角形状，并在三角的范围内画一个三角，内画一个小人头像，下面可分为三部分，第一部分中间用毛笔写上："伏惟正醮墓主"，在中间一列字的左边写："撮召"，右边写："提携"；中间部分上写的是主人家去世的三代家先的法名和女性的灵名；第三部分中间写："×位①正魂升天界。"做好后先放在"坛"的后面靠墙边。

"斗牌"，也叫"斗府三宫牌"，由 20 厘米×8 厘米大小的草纸做成，上面一段叠成三角形状，并在三角形状上画一个三角，内画一小人头像，中间用毛笔写上："正醮求寿斗府三宫长生大帝。"在中间一列字的左边写："右赐食。"右边写："左添粮。"做好后先放在"坛"的后面靠墙边。

"帝母天娘楼台"是用草纸糊起来像蓝靛瑶楼房的模样，一楼一底，高 40 厘米左右，内用竹子等小棒作为框架，外面用草纸糊起来，主要是供奉"帝母天娘"。

"宝幡旗"，是用一面 120 厘米×15 厘米的草纸做出的幡旗。草纸最上面中间位置写一"寳"字，然后在"寳"字外围画一圈；在"寳"字下面，中间位置写有：志心告召东枢宫中大慈仁者寻声普感太乙救苦青玄上帝；在其右边写有：上登朱陵府 下入开光门；在其左边写有：天始元上远唯界三度超；在这部分的下面，画一线条隔开，线条下写有：伏惟正醮墓主△妻眷△（共有最近三代的家先）×位正魂升天界。这是道方用的，做好后放在"坛"后，在"见帝"环节用。

"兵马"，是用草编制成小人形状，用一根长 20 厘米的青草，在青草的一端打一个小结，只有"正戒师父""引教师父""戒度师父"和"监

---

① ×代表最近三代去世的家先个数，如三代家先共六位，就写"六位"。

度师父"四位大师父才做，每人做四个，象征自己的"兵马"①，供自己调兵遣将，可以阻止坏鬼和坏人来破坏这场仪式。在四位大师父准备去受戒弟子家时，把一个留在家中，保护好家人和家；另外一个在师父进门时放在"天庭所"，一个插在门框上；一个插在"坛"上。

二　取经仪式

在师边的师父及其宗师和从士进行"装坛"和其他的准备工作时，道边的师父及其宗师和从士在二楼受戒弟子休息处先准备"经坛"，然后进行"取经"仪式。"经坛"的准备工作较少，很快就会准备完毕，在"经坛"准备完毕后，"戒度师父"和"监度师父"及其"宗师"就会上二楼"经坛"去做"取经"仪式。"取经"仪式主要的环节有："经坛请师""取经书"和"诵经"。"经坛"小桌上的祭品有：一只鸡，一盏油灯，三炷香，三杯酒，一杯清水，一些草纸。

首先是进行"经坛请师"仪式。"监度师父"先蹲在地上双手拿钹②，用一种节奏不断击打，然后喝一口清水，轻轻向"经坛"空中喷出些水，接着手拿"斩鬼刀"③在小桌上画一个"法符"（"法符"一般是先写一个字，然后在字上画五六个圆圈），重复三遍；接下来，"监度师父"站起来双手拿钹用一种节奏不断击打，并且从右转，绕8字形走三圈，然后再原地转一圈，面向"经坛"方向双肩跟着钹的音乐节奏左右不断从高到低降低，一直到蹲下去到不能再降低为止，然后再站起来，重复之前的动作三次；然后向东西南北中五个方向重复上面的动作。当向中央重复此动作时面向"经坛"方向，"经坛"方向代表中央的方向。这个过程是表示"监度师父"向"五方请师"下界来帮助自己举行仪式。

"经坛请师"仪式接下来是"镇帅"环节。"戒度师父"及其"宗师"在一旁读《初真受戒科》，"监度师父"的"宗师"在一旁击打钹，"监度

---

① 也有报道人认为这四个"草结"象征"赵帅""马帅""邓帅"和"关帅"。

② 钹，铜质圆形的打击乐器，两个圆铜片，中心鼓起成半球状，正中有孔，可以穿绸条等用以持握相击作声。

③ "斩鬼刀"一般是一把市场上可以买到的长刀，长约50厘米，有时也用镰刀代替，但不管是市场上买到的长刀或是镰刀，作为"斩鬼刀"时，都需用一张10厘米×10厘米的草纸包起来，表示已施"法"，法力无限。

师父"先把一张 10 厘米×10 厘米的草纸放在香炉下面。然后一手拿一张 10 厘米×10 厘米的草纸，一手拿"斩鬼刀"，先撕下一小块草纸放到小桌子上，喝一口清水，右手食向"经坛"方向指一下，左腿向上抬一下，然后转一圈；接着重复这个动作三次；接下来，再撕下一小块草纸放到小桌子上，喝一口清水，右手食向"经坛"方向指一下，左腿向上抬一下，然后面向"经坛"方向双肩跟着钹的音乐节奏左右不断从高到低降低，一直到蹲下去到不能再降低为止，然后再站起来；这样的动作重复三次。"镇帅"环节是代表请"四帅"镇坛，不让坏鬼来捣乱。

"宗师"在一旁仍不停地击打钹，"监度师父"手拿一"道印"或"三清印"向东西南北中五个方向盖印，印上中间写篆书体"道经师宝"的字样，两旁有些图案；然后把"道印"有字的一面举向大家。

"监度师父"一手高举"斩鬼刀"，一手高举草纸，面向经坛，低头，用"斩鬼刀"敲打下草纸；然后向东西南北中五个方向重复上面的动作。

接下来，"监度师父"坐在一个小凳子上，背对"经坛"，手握"斩鬼刀"，低头默念"秘语"，代表玉皇大帝和师父已经从神界下来，坐在此处。然后，双手撕开一张草纸，放在身体的两边，然后双手相互击掌两下，起身把刚才撕开的草纸烧掉。旁边的"戒度师父"的"宗师"看着《初真度戒秘》不停地默念"秘语"（法），在整个仪式过程中，都会有师父或"宗师"默念"秘语"（法），在每一个环节，《初真度戒秘》中都有其对应的"秘语"（法）。

其次是"取经书"环节。"监度师父"双手捧"法衣"面向"经坛"方向，跪在地上，双肩跟着钹的音乐节奏左右不断从高到低降低，这样的动作重复三次，然后起身，一手拿"虎令"（木制老虎形状的法器）向小桌子上拍打两下，然后，左脚跟随音乐节奏向前伸动两次，然后绕 8 字形走三圈。这样一系列的动作重复三次。

接下来，"监度师父"拍打三下"法衣"，然后穿上"法衣"，手拿"虎令"，接着绕 8 字形走三圈，然后面向"经坛"方向跪下，双肩跟着钹的音乐节奏左右不断从高到低降低，这样的动作重复三次，然后起身，一手拿"虎令"向小桌子上拍打两下。这样一系列的动作重复三次。

"监度师父"一手拿"法虎"，一手拿一杯清水，转圈向东西南北中五个方向洒水，每当面向"经坛"方向时，双肩跟着钹的音乐节奏左右不断从高到低降低。

以上"取经书"环节结束后，"监度师父"带领受戒弟子重复以上所有的动作。

最后是"诵经"环节。取一簸箕，其上放一块粗布，布上放"经书"，这些"经书"也叫《诸品经》，共包括三十六部经书；旁边放一碗米，米上插一炷香，"戒度师父"放几角钱在米上，然后刚才的几位师父都跟着钹的音乐节奏读《初真受戒科》，然后，"戒度师父"和"监度师父"带领受戒弟子围着簸箕转圈，师父们口中念《初真受戒科》"取经书皈依"部分；然后是围着簸箕，师父与弟子一起诵读经书，弟子一手拿三炷香，三炷香代表"三清"，香上包一张草纸，把经书的每一页都从上到下画一下，表示已经诵读完毕，遇到看起来奇怪的字或"字画"①，就用一张草纸覆盖一下，也表示诵读过了，然后把这些草纸烧掉；接下来，受戒弟子拿毛笔去到"经坛"前，把经坛上的白色棉纸每一卷经下面用毛笔画一条长线上去，再用毛笔画九下，表明已经把这所有的经书都取回来了。然后，受戒弟子仍坐在簸箕边，双手捧着粗布包着的刚才诵读过的经书，师父们口中念念有词，大意是："把经书的内容敬献给政谢神（内神）和九庙神（外神）受领欢喜也。"田平人说，以前这些诵经的过程需要很久，需要师父带领弟子把这三十六部经书一一念过，记下才算可以。

每一个环节，都需要一个师父在旁边默念每一个环节的秘语（法）。

此后，把"经坛"上所有用纸写的"府""经"都烧掉，留下那张草纸，草纸上有受戒弟子父亲"道边"的法名和其他八位师父的法名，等整个度戒仪式结束后，"道边"的师父再上来做一个简单的仪式并烧掉草纸。此时，师父们喝一杯酒，"取经"仪式就结束了。道边的"取经"仪式所需时间较长，"取经"仪式完成的同时，师边的"坛院"准备工作也基本上结束了。

以上的准备工作主要有："装坛""坛院"的准备、"五台山"的搭建、"取经"仪式、生活方面的各项准备工作等。田平人说，很久以前，整个度戒仪式需七天七夜才能完成，现在时间缩短到两天两夜，本来以上

---

① 田平人说是当年西天取经的过程中，经书掉入海里，先人把这些经书从海中捞出来，放在石头上晾晒，干了之后，其中一些字就成为现在这样奇怪的字。

的准备工作需一两天时间来完成，并在度戒仪式开始前一两天完成，这些准备工作完成后，才进行度戒仪式，现在因为经济原因，大家都需要时间来搞经济了，也就把整个过程减少了，并把准备工作也缩短到一天时间，把准备工作和正式的度戒仪式连在一起，中间不休息。此时，我们就会很清楚：在没有举行度戒仪式之前，在准备工作进行中，为什么师父们的宗教书籍和法器不能带进主人家的正堂的原因了。随着蓝靛瑶的社会经济文化的变迁，仪式的程序也跟着发生了变迁。

在各项准备结束后，师父们就开始正式的"进门"仪式。

三 进门仪式

在各项准备工作结束后，"正戒师父""引教师父""戒度师父"和"监度师父"四位大师父及其各自"宗师"和"从士"就开始了"师父进门"仪式。"从士"和"宗师"背起放在受戒弟子家门外的背篓，师父们身上各自挎一个瑶包，内装这几天所用的"秘书"或其他重要的东西。"戒度师父"和"监度师父"手中各拿一把"斩鬼刀"，"斩鬼刀"上裹一小块草纸，代表有法力帮助后就不是一般的刀了；"正戒师父"和"引教师父"各自手中拿一把"斩鬼刀"和一个"倒罢棒"，"斩鬼刀"上裹一小块草纸。"师边"和"道边"各有一个"宗师"在看"秘书"并默念"秘语"（法），还有一个"宗师"敲鼓，一个"宗师"敲铜锣，一个敲小锣，一个击打钹。此时，受戒弟子及其父亲坐在正堂的地上，受戒弟子手握一把点燃的香火，还有"同坛师父"和一位帮手在正堂屋内，手端酒杯等待迎接师父们进门，此时正堂的门是关闭的。

师父们先经过"天庭所"。"宗师"和"从士"敲打着乐器，"正戒师父""引教师父""戒度师父"和"监度师父"四位大师父伴着音乐节奏，来到受戒弟子家院子中的"天庭所"，有一位"宗师"默念"法"，四位大师父手拿各自的法器围绕"天庭所"转三圈后，顺序是："正戒师父""引教师父""监度师父""戒度师父"。其中"正戒师父"手中也拿写有"志心奉请太上正一三元告召比帝伏魔拆鬼三司驱邪院镇国旗令"字样的"受戒旗"，四人围在"天庭所"周围，先对着"天庭所"稽首三拜，然后，手拿各自的法器，双肩伴着音乐节奏左右不断从高到低降低，这样的动作重复三次后，再对着"天庭所"稽首一拜，然后，四位大师父拿着法器按照刚才的顺序分别绕三根竹子一遍，"正戒师父"就把"受戒旗"插到三根竹子上的竹筒里去。然后，四位大师父们一起用手中法器（斩鬼刀和倒罢棒）把"天庭所"下象征大海的碗上的两根小棒碰掉，象征把去"坛院"的桥破坏掉，如有坏鬼和坏人来扰乱破坏这场仪式，就会被大海所阻挡而进不到"坛院"，然后把自己用草编制的"兵马"，放一个在"天庭所"上端的竹筒中，然后，师父们来到正堂门口，先由一位"宗师"手拿"秘书"，在门口默念"法"，然后蹲下去，一手拿"虎令"朝地面击打三下，四位大师父在门口站成一排，由另外一个"宗师"用手中的法器轻轻推开门，然后，"同坛师父"和另外一位帮手每人都用盘子端四杯酒，笑迎师父们，寒暄下并说师父来得早之类的话，如"你们来了，做什么事情呢？来喝酒，是帮△来度戒吧？"四位师父都一一被敬四杯酒，师父们自己喝一杯，其他的三杯酒都会让别人来帮忙喝。四位大师父一一喝过酒后，把自己用草编制的"兵马"插在门上方的墙的缝隙中，就开始进门。

"宗师"和"从士"先进门，四位大师父后进门，四位师父进门是有顺序的，先是"引教师父"，第二位是"正戒师父"，第三位是"监度师父"，最后一位是"戒度师父"。受戒弟子跟在"引教师父"后，受戒弟子的父亲转身面向"坛"坐下。四位大师父一手拿着一根小"油灯"（用草纸捻成柱型，用浸泡柴油过），一手拿着法器；"引教师父"带领受戒弟子，剩余的三位大师父跟在受戒弟子后，伴着音乐，围着受戒弟子的父亲转圈，每到受戒弟子的父亲的左手边时，每一位都要在原地转一圈，然后再继续转圈；重复以上动作三次。

四位大师父分别带受戒弟子转三圈后，受戒弟子手中仍拿香火坐在其父亲的左手边。然后，四位大师父，向东西南北中五个方位照"天灯"，先向"坛"的方向照，[①] 再向后走一圈后，在原地转一圈；重复四次以上动作。四位大师父把"天灯"放在"坛"后面的香炉中。"正戒师父"把受戒弟子手中点燃的香均匀放在"坛"后面的四位大师父的香炉中。

四位大师父对在"坛"稽首三拜后，对着东西南北中五个方位做以下动作：围着受戒弟子及其父亲转一圈，双手捧法器，双肩跟着音乐节奏左

---

① "坛"的方向一般即代表中央方位，又代表本身的方位。

右不断从高到低降低，这样的动作重复三次；重复四次以上动作；然后用"斩鬼刀"挑着其外壳放在"坛"的最上面自己的位置上。

四位大师父手举法器在空中转一圈，然后面对"坛"，把法器放在地上，用左脚踩上，弓着腰，双手从自己左右两边到中心合拢三次；然后一手拿起法器，一手拿草纸，向五方高举，每举一次，都要围着受戒弟子及其父亲转一圈；最后，手举法器，右脚踩在"坛"前的小凳子上，然后把自己用草编制的"兵马"插放在"坛"边的竹子上，象征天兵天将和阴阳师父们都来到了"坛院"保护这场仪式；然后四位大师父坐在小凳子上，撕开一张小的草纸放在身体两边，低头，心中默念"法"，双手合拢三次后，把草纸烧掉；各位师父都一手拿米，一手拿法器，一边敲打法器，一手把米撒向空中，代表十万天兵天将已下凡界来保佑这场仪式；然后向"坛"稽首三拜；四位大师父把自己的法器放在自己的香炉旁，其他"宗师"和"从士"把身上所背的东西都一一放下；师边是在"坛"的左边，道边是在"坛"的右边。

其中一位"宗师"大声说："谢谢大家陪同入宅，协助完成这场仪式。"受戒弟子及其父亲起身面向"坛"跪在地上，大声说："谢谢师父们来帮助做这场仪式。"这样"进门仪式"就结束了。

四 供神请师

"供神请师"仪式中，除了类似日常中的供神仪式外，还有师父们诵读《意者书》和"对合同"仪式。四位大师父进门后，就开始做"供神请师"仪式，做仪式的师父可以是四位大师父中的一位，一般是"引教师父"或"监度师父"请来帮忙的一位"宗师"，但是必须非常精通整个"度戒仪式"；供品有一盏油灯，三炷香，四只鸡，三杯酒，一杯清水，两份在去师父家时折叠好的"合同"，一叠草纸；"供神请师"仪式与日常的"供神"仪式在程序上基本相同，大概意思是：今天是弟子△度戒之日，家居住×××，请"阴阳师父""家先""神仙"来庇佑这场仪式。只是供的神仙较多，主要有："三元"（协助师父们做这场仪式）、"三清"（协助师父们做这场仪式）、"政谢神"（包括：香火神、天皇婆神、盘皇、玉皇、三界神）、"斗神"（添粮添食）、"家先三代""迷惑神"（负责主人、牲畜的魂）。

在"供神请师"仪式中，"宗师"一手拿"斩鬼刀"，一手拿师方和道方的《意者书》，向"坛"的方向稽首一拜，原地转一圈，共拜三次，转三圈；然后，受戒弟子坐在这位"宗师"后面，"宗师"背对着受戒弟子，把《意者书》从肩膀上递过去，受戒弟子接到后，把相应的《意者书》分别交与师方和道方的"宗师"手中，师边和道边的师父及其"宗师"就开始大声地诵读《意者书》，师父们读完《意者书》后，师边和道边分别把《意者书》卷起插放在"坛"上两边竹子的空隙中。

读完《意者书》后，就到"挂发"环节。供神的师父继续供神，在供"三元"师父时，就先把桌子上"三元"三张草纸，分别卷起成圆柱形状，一手拿"斩鬼刀"，一手拿"三元"的纸卷，在正堂转三圈，面向"坛"，然后把"三元"扔给身后的受戒弟子，受戒弟子捡起三个"三元"纸圈其中的一个，打开如果是"上元"即可，如不是"上元"，再重复，一直重复到是"上元"为止，然后把"三元"都挂在"坛"的左边师方的最上方；接着重复供"三清"，先把桌子上"三清"三张草纸，分别卷起成圆柱形状，一手拿"斩鬼刀"，一手拿"三清"的纸卷，在正堂转三圈，面向"坛"，然后把"三清"扔给身后的受戒弟子，受戒弟子捡起三个"三清"纸圈其中的一个，打开如果是"太清"即可，如不是"太清"，再重复，一直重复到是"太清"为止，然后把"三清"都挂在"坛"的左边师方的最上方。

接下来就开始"合镜"仪式，即合"螃蟹"或合"合同"。师边和道边一起进行合"合同"，在"坛院"中，放一个簸箕，师边和道边的师父各在簸箕的一边，簸箕中放从香炉中取出并展开的"合同"，在"合同"中间放三张8厘米×8厘米草纸（一般的日常供神都是用这样大小的草纸），左右也各放一张草纸，在"合同"两旁各放三杯酒，在靠近"坛"的方位放一盏油灯，师边放"三元考召印"，道边放"道印"，师父们在每一张草纸上都盖上"法印"并施"法"，用手指沾些酒向"合同"上撒去，然后两边的三杯酒交换三次并把酒喝掉。第一次交换的顺序为，先把1号位的酒杯换到4号位，再把4号位的酒杯换到1号位，把两杯酒喝掉，把2号位的酒杯换到5号位，再把5号位的酒杯换到2号位，把两杯酒喝掉，把3号位的酒杯换到6号位，再把6号位的酒杯换到3号位，把两杯酒喝掉。第二次交换的顺序与第一次交换的顺序一样，交换完毕后把酒喝掉。第三次交换的顺序为，先把 3 号位的酒杯换到 6 号位，再把 6 号位的酒杯换到 3 号位，把两杯酒喝掉，把 2 号位的酒杯换到 5 号位，再把 5 号位的酒杯换到 2 号位，把两杯酒喝掉，把 1 号位的酒杯换到 4 号位，再把 4 号位的酒杯换到 1 号位，把两杯酒喝掉。在交换酒杯前，都需用"三元考召印"和"道印"盖一次。第三次交换后，把合同在簸箕中烧掉，留下的纸灰在簸箕中，师边的"正戒师父"和道边的"戒度师父"分别端起簸箕向东西南北中五方吹"合同"的纸灰。

在对过"合同"后，就进行"安楼"环节。"安楼"环节是由师边的师公来做的，先在"坛"前师边的位置放置一个"楼"，师公先取点燃的"天灯"在"楼"上绕一圈，然后取点燃的草纸在"楼"上绕三圈，然后起身，一手拿"倒罡棒"，一手拿"楼"，"倒罡棒"接触"楼"，左脚向前移动两次，在"坛院"中绕 8 字形走三圈，然后面对"坛"双肩跟着音乐节奏左右不断从高到低降低，这样的动作重复三次；这样整个动作重复三次后，跳到"坛"的师边一端，稽首三拜，然后用"倒罡棒"在"坛后面"的"香案"上画"法符"，然后放在"坛"最为左边的一个空格后，在"楼"的周围放些草纸，然后，师公仍手拿"倒罡棒"在"坛院"

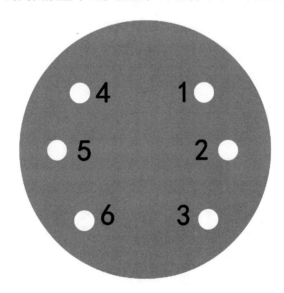

图 4-1　对合同交换酒杯顺序

中绕 8 字形走三圈，然后面对"坛"，双手举着"倒罡棒"，双肩跟着音乐节奏左右不断从高到低降低，这样的动作重复三次；这样整个动作重复三次后，"安楼"仪式结束。

五　做神票

在"供神仪式"的同时，其他的师父或"宗师"等做神票。神票实际是给师父及宗师分配任务的明确清单。每一张神票上写度戒仪式的每一个步骤的名字，并在下面系上 1—2 元钱，根据每一个步骤时间长短和具体难度的不同，下面系的钱也不同，时间长的或难度大的步骤，下面系的钱多些，这些钱是主人的一点心意。具体的做法是，在一条 30 厘米 ×2 厘米的白色棉纸的一段写上度戒仪式的一个步骤的名称，然后在写上钱数，下面再系具体的钱。

六　晚饭

师父进门了，"供神请师"也结束了，此时基本上是晚上八点了，师父们从早上一直忙到此刻，帮忙做生活的人就开始摆桌子吃饭了。在正堂的"坛院"摆长长的桌子，一般是几张桌子合起来，所有的师父都在此吃饭，师父们边吃边聊。

吃罢饭，师父们一一给受戒弟子反复强调交代整个度戒仪式所需注意的各种事项，并要求遵守师父的教导。

给受戒弟子交代后，根据各位师父和"宗师"的特点和专长，"正戒师父"和"戒度师父"分别把两边的神票一一交给各位师父和"宗师"，并要求各位尽职尽责，做好这场仪式。

把神票分给各位师父和"宗师"后，"正戒师父"和"戒度师父"就与大家商定整个度戒仪式的第一个步骤——"动鼓"仪式的时辰，要选择一个好的时辰才能开始，田平村人认为"动鼓"时辰好，这场度戒仪式才能顺利地完成，"动鼓"时辰不好，就会影响整个仪式；① 时辰主要是根据

---

① 笔者在参加一次度戒仪式时，就亲眼看到，"度戒师父"选择了一个"动鼓"的时辰，但是另外一个师父说这个时辰有些不好，说这个时辰是"火"灾，但是"度戒师父"坚持他选择的"动鼓"时辰，在整个度戒仪式过程中，在"坛院"起火三次，这是笔者在其他度戒仪式中从未见到过的，可见"动鼓"时辰选择的重要性。

受戒弟子父母的生辰八字来选择，受戒弟子及其爷爷奶奶的生辰八字不能用，一家人的生辰八字都写在"本命书"上。

在商定"动鼓"时辰的同时，"引教师父"和其中一位"宗师"去厨房取"甘露水"并在火塘旁再次嘱咐受戒弟子注意事项。"甘露水"是具有"法力"的清水，在整个度戒仪式中会经常用来洗净五方；在厨房的火灶旁，放一个簸箕，一盏油灯，三炷香，一碗炒好的猪瘦肉，三杯酒，一瓶清水，这瓶清水是"同坛师父"取来的，水中放五粒米，然后用一张白细纱布盖上，用一根红线串上两个"老钱（方圆币）"系住白细纱布；五粒米代表五海龙，口中默念"法"，"宗师"一边击打钹，跟随音乐节奏诵念：请来五海龙王并且送来五海之水。"引教师父"再三叮嘱受戒弟子：不要乱叫、乱跑、乱讲话等，特别是从"五台山"落下时，一定要双手十指相扣，不能松动，如是松开，这场度戒仪式就失败了，就要重新杀猪，重新来一场度戒仪式；师父们定下"动鼓"时辰后，由"同坛师父"告知在厨房取"甘露水"的"引教师父"，取"甘露水"后，由"同坛师父"与"戒度师父"同时做稽首一拜，"同坛师父"把"甘露水"和四杯酒，放在一个盘子中交与"戒度师父"，然后再做稽首一拜。

至此，整个准备工作就结束了。受戒弟子在整个的准备过程中，除了在迎接师父进门和在二楼"经坛"配合师父之外，其余的时间都需在二楼专属的地方静静休息，不能到处乱走乱动。各位师父和"宗师"就准备好自己的步骤，牢记自己应所做之事，并不时地帮助其他师父，通力合作，尽自己最大的努力做好这场仪式。

事实上，度戒仪式由道边和师边同时进行，但两边是分开来做的，也有个别环节需要双方的师父们合作才能完成。道边所举行的仪式为：土府延生；师边所举行的仪式为：日午清灯。

此时，各位师父都准备好，等到晚上11—12点前后选好的良辰，师父们都精神抖擞，准备开始度戒仪式的第一个步骤："动鼓"仪式。

第五章 度戒仪式：道边

神圣的空间在道边和师边师父通力合作下完成了，建构了仪式神圣的空间。在仪式传承人的带领下，受戒弟子、家人和观众都进入了一个神圣的世界。在这神圣的世界中，师父们是神圣的世界的实践者和引导者，并是世俗世界与神圣世界的媒介，他们通过仪式联系着神圣与世俗，在他们的展演下，度戒仪式神圣的空间如同舞台，蓝靛瑶的历史、社会和文化如同一台精彩的戏剧，被师父们在舞台上娴熟地展现着、表达着、述说着。总体而言，在度戒仪式的过程中，分为师边仪式和道边仪式。

一 动鼓

在以上所有的准备工作完毕后，师方和道方就准备开始"动鼓"环节。"动鼓"环节是需要师方和道方一起配合才能完成的仪式。在师父们吃晚饭的时候，"正戒师父""戒度师父"、其他师父和"宗师"们已经确定了"动鼓"的具体时辰，如果时辰还没到，大家就会一直等到确定的"动鼓"时辰才开始，一般"动鼓"开始的时辰是在午夜零点前后。

一旦"动鼓"的时辰已到，师父们就准时开始"动鼓"仪式。师边的"正戒师父"和道边的"戒度师父"面对"坛"默念"秘语"（法），焚烧草纸，这咒语大意为：请阴间师父来帮忙，三元、三清，同时也请画小人的草纸上的阳间师父来帮忙。并且有师父或"宗师"在旁看"秘书"中"动鼓"环节的"法"，协助道公和师公具有更高的法力，并一手拿一卷起的草纸，在默念"秘书"的同时，轻轻用草纸掠过"秘书"的相应部分，这样会把全部内容一字不落在心中默念。"同坛师父"先在"坛院"中央铺一个大席子，在席子上放一被窝，被窝上放一张草纸，草纸上放一个装有四杯酒的酒盘；在被窝靠近门口的一端，放一个内装清水的脸盆，

93

清水中放一些折断的香火。先有"监度师父"手拿一张草纸，在脸盆中蘸些水，向五方洒水，然后把草纸点燃；另外"引教师父"手拿草纸，向被窝上的四杯酒中分别蘸水，向"坛"的方位洒水，然后与其余的师父把四杯酒一起喝掉。

（一）师父假扮夫妻房事

喝罢酒后，"监度师父"和"引教师父"两位师父在脸盆中洗手，并脱掉鞋子，躺在被窝里，在众目睽睽之下入睡。席子就代表床，二人假扮夫妻休息。田平人认为"师边"的师父象征母亲，"道边"的师父象征父亲，这两位师父在脸盆里假装洗脚后躺到被窝里，面向"坛"方位的两位师父继续默念"法"语，等被窝里的两位师父盖好被子后，道边的"戒度师父"放一张草纸在被窝上，拿一盏点燃的"毫光灯"[①] 在被窝上方停一会，把被窝上的那张草纸点燃，在被窝上绕几圈。旁边的其他师父就学鸡叫"咯哒咯哒"，一直叫上三四遍，并有人双手击掌作为暗号，躺在被窝的两位师父就开始模仿性交的动作，并持续1—2分钟，引得旁人哈哈大笑，而师父们的神情却非常谨慎，一场重要的仪式才刚刚开始，师父们没有丝毫放松。接下来两人就起床与旁人开玩笑并在脸盆中用手蘸水向自己身体的左右方向洒水。

（二）赠"香火钱"与四位大师父

道公、师公起床后，受戒弟子把"香火钱"赠予四位有名分的大师父。"香火钱"是受戒弟子家人为酬谢师父们来帮忙的辛苦费。在田平，辛苦费一般是60—100元，同时也要看主人家的经济状况，如经济状况好些，可以在100—200元。因其任务和责任较为重大，"正戒师父"和"戒度师父"的香火钱是100元左右，"引教师父"和"监度师父"的香火钱是60元左右；其他四位师父的"香火钱"也有50元左右的，但是不在此时，受戒弟子家人会在私下赠予；香火钱用草纸包好，草纸外系上一条细长的白色棉纸，白色棉纸上写"师公香火钱""师二香火钱""道公香火钱"和"道二香火钱"。受戒弟子由"同坛师父"带领，一一给四位大师父"香火钱"，顺序是：先给"引教师父"和"监度师父"，然后再给"正戒师父"和"戒度师父"。"同坛师父"和"证见师父"分别端一个酒

---

① "毫光灯"就是灯火很小的柴油灯，灯头较小，灯火灰暗，田平人称这油灯为"毫光灯"。

盘，上放四杯酒和"香火钱"，酒杯上盖些草纸，草纸上放已经点燃的三炷香和一个女人戴的银项圈，相互稽首一拜，师父接过酒盘后，把三炷香和银项圈从各种"坛"中的空格位置穿过放在"坛"后面各自的香炉上，把草纸烧掉，口中念念有词，大意是让"师父""家先"和"神仙"来保佑这场仪式一切平安顺利。然后师父们再回敬四杯酒给"同坛师父"和"证见师父"。

（三）开光坛院

"开光坛院"环节即是道边和师边的两位师父或"宗师"手拿"开光灯"在"坛院"照东西南北中五方。"开光灯"由师父或"宗师"提前用草纸做好，为灯芯形状，并放在一个油碗中；"同坛师父"引受戒弟子及其父亲坐在"坛院"中间，并面对"坛"的方位，受戒弟子头上放一张草纸，两位师父一手拿各自的"斩鬼刀"，一手拿着"开光灯"围着受戒弟子及其父亲照五方。师父首先对着"坛"，手举"开光灯"并在空中画圆状，然后原地转一圈，再围着受戒弟子转一圈；向东西南北中重复以上动作一遍；取下受戒弟子头上的草纸，并再多拿些草纸，两位师父一手拿点燃的草纸向五方照，一手拿"开光灯"；然后取之前在"坛院"的五方放的草纸点燃，向东西南北中五方位照；最后，两位师父或"宗师"分别在"坛"和门口放一张草纸。

（四）动鼓

在"开光坛院"后，师父就开始进行"动鼓"仪式。刚才手拿"开光灯"照五方的道边师父先手拿"虎令"在小凳子上画"法符"，然后用"虎令"击打三下香案，再喝一口"甘露水"并从口中喷出，再用"法虎"击打三下香案，一手拿"开光灯"，一手拿铜锣，先向"坛"的方位稽首一拜，围着受戒弟子及其父亲转一圈，在"坛"前双肩跟着鼓钹的音乐节奏左右不断从高到低降低，一直蹲下去到不能再降低为止，然后再站起来，重复以上系列动作三次。然后，一手拿"开光灯"，一手拿铜锣，从"坛院"走到"天庭所"，并击打铜锣，此时，"道边"又来一个师父或"宗师"在"坛"前，先喝"甘露水"，再用"法虎"画"法符"后击打香案三次，重复三次，"师边"的一位师父或"宗师"一样，先喝清水，再用"东顶"画"法符"后击香案三次，重复三次；此刻，"道边"有人摇动"铜铃"，"师边"有人在敲打小锣，然后三人在"坛"前站成一排，手拿钹，"师边"刚才用"开光灯"照五方的师父在"坛"前，手拿鼓；等去"天庭所"的师父的铜锣一开始响，"坛"前的两位师父就开始跟着有节奏地击打鼓和钹，击打几下后，三人在"坛"前穿插走 8 字形的路线，三人各自击打手中的法器，再绕受戒弟子及其父亲转一圈，然后在"坛"前让双肩跟着鼓钹的音乐节奏左右不断从高到低降低，一直到蹲下去不能再降低为止，然后再站起来；以上动作重复三次。"动鼓"环节主要是请"阴间神仙"：四位"功曹""九庙神""政谢神"，请这些神下来"坛院"保佑并证盟这场度戒仪式。

（五）镇帅

在请"阴间神仙"下来庇佑这场度戒仪式后，师父又请阳间师父们，主要有"赵、邓、马、关"四帅，还有五雷天将，来镇守这个"坛院"，不让坏鬼、外鬼和坏人来破坏这场度戒仪式。"师边"和"道边"各有一位师父，一手拿白色棉纸，一手拿"法器"，"师边"手拿"倒罢棒"，"道边"拿"斩鬼刀"。二人先在"坛"前原地转一圈，然后再围着受戒弟子及其父亲转一圈，然后，撕开一小块长条的白色棉纸，系在"坛"上第三部分的竹子上，每一条白色棉纸代表一位神仙，共系五条，旁边的师父心中默念"秘语"，心中想"法"，五条棉纸分别代表：第一是赵公明帅（简称赵帅），变成金龙绕在东方大柱上，守镇东门；第二是邓伯威帅（简称邓帅），变成金龙绕在南方大柱上，守镇南门；第三是马华光帅（简称马帅），变成金龙绕在西方大柱上，守镇西门；第四是关云长帅（简称关帅），变成金龙绕在北方大柱上，守镇北门；第五是五雷天将，上盖天罗下敷地网，也下降"坛院"之中，各位帅将都有自己的吏兵，手拿器械保护"坛院"。

请来五位帅将后，接下来"安印"，"师公"手拿"三元印"，"道公"手拿"三清印"，[①] 盖在五方施法，不让坏鬼、外鬼和坏人进来"坛院"破坏这场度戒仪式。

然后，"师公"手拿"倒罢棒"，"道公"手拿"斩鬼刀"，分别依次指向五方，"法器"代表"金箍棒"和"炼丹炉"，外鬼来了就用"金箍

---

① 为方便起见，师边的师父们和"宗师""从士"统称为"师公"，道边的师父们和"宗师""从士"统称为"道公"。

棒"打，然后放到"炼丹炉"中；然后把各自的"法器"放在各自的香炉旁，向"坛"上撒些米，代表千万天兵天将来到"坛院"来保护这场度戒仪式。

"动鼓"仪式结束后，受戒弟子上二楼的临时住处休息，受戒弟子的父亲向"坛"拜三拜，"同坛师父"给四位大师父的香炉中上三炷香，并感谢师父们来帮忙做这场度戒仪式。谢过师父们后，道边和师边就分别进行各自的仪式环节，师公还需要继续进行师边的"动鼓"多出的仪式部分，道公就进行道边接下来的环节——"符吏"仪式。

二　符吏

师父们默念"秘语"（法），焚烧草纸，这咒语大意为：请阴间师父来帮忙，三元、三清，也念到画小人的草纸上的阳间师父来帮忙。"同坛师父"在"坛"后的四位大师父的香炉中插上三炷点燃的香，并在"功曹案"的香炉中插上三炷点燃的香。然后才开始符吏仪式过程。

（一）告召启请"符吏功曹"

田平人的神灵体系中，"符吏功曹"使者是官职最小的神灵，但其作用非常之大，各路神灵都需"符吏功曹"使者来奏请。面向"坛"，一道公双手拿"法衣"跪在地，旁边的道公有的在击打铜、镲法器，有的在默念"秘语"。跪在地上的道公向"坛"稽首三拜后，起身跟随着音乐节奏，双手捧着"法衣"，左脚向前移动两次，在"坛院"中绕8字形走三圈，然后面对"坛"跪在地上，双肩跟着音乐节奏左右不断从高到低降低重复三次，然后整个过程再重复三次。然后穿上"法衣"，跟随着音乐节奏，手拿"东顶"，左脚向前移动两次，在"坛院"中绕8字形走三圈，然后面对"坛"跪在地上，双肩跟着音乐节奏左右不断从高到低降低重复三次，然后整个过程再重复三次。然后，道公都来诵读《贴简科》告召启请"符吏功曹"部分，大意为：神仙居住在上界，人处在世间，如欲伸奏神仙，必先告于使者——"符吏功曹"，"符吏功曹"使者共有四位：上界年值符吏功曹、中界月值符吏功曹、下界日值符吏功曹、阳界时值符吏功曹，所以用咒文召请三界四值"符吏功曹"使者降驾到"坛院"，同时也有"土地正神""将帅吏兵""玄曹玉女""追魂摄魄使者""城隍社庙"与"符吏功曹"同降"坛院"。

（二）洒净"坛院"

道公一手拿内放"甘露水"酒杯，一手拿"东顶"，一旁的道公有的在诵读《贴简科》，有的在击打镲、锣法器。手拿"甘露水"的道公，跟随音乐的节奏向东南西北中五方洒"甘露水"，用"东顶"蘸下"甘露水"，就向五方的空中洒去，代表用"甘露水"将五方洗净来迎接各方神圣。

（三）去"天庭所"焚"伸奏"

道公取"天船"，并在"天庭所"焚烧"伸奏"，请上界神灵下界来庇佑证盟这场度戒仪式。"天船"是用小竹条简单编制而成，大小有10厘米×20厘米，外形像船的形状，故称"天船"，在"天船"上放五张草纸，五张草纸象征请"三界众神"的奏伸牒状关文，把"天船"和奏伸牒状关文一并拿到"坛院"外的"天庭所"焚烧，心中默念"秘语"；屋内的道公在诵读《贴简科》去"天庭所"焚"伸奏"部分，大意为：感谢三界四值"符吏功曹"使者，拜贺上香酒陈三献供养，还需仗三界四值"符吏功曹"使者速报奏达"三界众神"今天这场度戒仪式；辞别使者上天后，状牒赍（把东西送给别人）持无误直到玉陛面前，斋主建"坛院"迓迎真圣；三界四值"符吏功曹"使者返回天宫后，执状赍牒传诸圣，并到玉皇前，奏报言明下界之情况，玉皇知道下界有斋主举行度戒仪式，即带领众神齐临"坛院"。

（四）奏请"灶神"

焚烧天船和奏伸牒状关文后，道公一行四人来到厨房奏请"灶神"，在这场度戒仪式过程中，祈求"灶神"保护做饭时烧柴要旺，做饭要香。一位道公敲打铜锣，一位道公击打钹，一位道公跟随音乐节奏诵读《厨房科》，一人一手拿木制的"虎令"，一手拿一杯甘露水，跟随着音乐节奏，用"虎令"蘸点清甘露水，洒向做饭用的锅的上方。然后燃一些草纸，并用自己的"斩鬼刀"轻轻敲打锅沿，口中默念"秘语"，奏请"灶君"来庇佑这场度戒仪式。诵读《厨房科》完毕后，道公四人来到正堂"坛院"中，诵读《贴简科》。

（五）驱邪

"三界众神"齐临"坛院"后，需把"邪鬼"驱赶在外，不能来捣乱这场度戒仪式。道公在诵读《贴简科》，直到有一个倒写的"鬼"字时，放几粒米在这倒写的"鬼"字上，默念"秘语"，这个倒写的"鬼"字代表一切的"邪鬼""恶鬼"和"坏鬼"等，米放在上面代表把这些"邪鬼"全部收到米中；然后把米放到一个酒杯中，在酒杯上放一张草纸，把这酒杯倒立放在正堂右门后（即"坛院"中道方一边），田平人称此杯为"禁坛盏"，道公手拿"斩鬼刀"默念"秘语"，在"天雷""地雷""龙雷"和"水雷"的帮助下，并奏请"玉皇大帝"，把这"鬼门"给封住，这些"邪鬼"等不能出来，所有的"邪鬼"都无动作，关闭在"禁坛盏"中，象征打入地下万丈深；在仪式结束后，还需把这些"邪鬼"从"禁坛盏"放出去。

以上每一个小步骤都需要一个师父或"宗师"在看"秘书"，心中默念"法"，并一手拿卷起的草纸，在默念"秘书"的同时，轻轻用草纸掠过"秘书"的相应部分，这样会把全部内容一字不落在心中默念。

三 宿启

师父们默念"秘语"（法），焚烧草纸，这咒语大意为：请阴间师父来帮忙，三元、三清，也念到画小人的草纸上的阳间师父来帮忙。"同坛师父"在"坛"后四位大师父的香炉中插上三炷点燃的香，并在"功曹案"的香炉插上三炷点燃的香。然后才开始宿启仪式过程。

（一）起道服

一位道公面向"坛"跪在地上，先烧纸念师，双手拿"法衣"，旁边的道公有的在击打"法器"，有的在默念"秘语"。跪在地上的道公向"坛"稽首三拜后，起身跟随着音乐节奏，双手捧着"法衣"，左脚向前移动两次，在"坛院"中绕 8 字形走三圈，然后面对"坛"跪在地上，双肩跟着音乐节奏左右不断从高到低降低重复三次，然后整个过程再重复三次；然后穿上"法衣"，跟随着音乐节奏，手拿"虎令"，左脚向前移动两次，在"坛院"中绕 8 字形走三圈，然后面对"坛"跪在地上，双肩跟着音乐节奏左右不断从高到低降低重复三次，然后整个过程再重复三次。

（二）取《宿启科》书

一位道公一手把《宿启科》折叠起来，中间插三炷点燃的香，一手拿"虎令"；旁边有道公在击打乐器，伴着音乐节奏先走 8 字形，走三圈后跪下，先拜南方；接下来同样拜西方、东方和北方；把这三炷香插到"坛"

后自己的香炉中，然后唱三首步虚，大概意思是请三位天师来帮忙，一是金真引教天尊，二是五师天中尊，三是玉女。

（三）洒净坛院

一位道公一手拿一个酒杯，内放"甘露水"，一手拿"虎令"，有的师父击打镲、锣法器，手拿"甘露水"的道公，跟随音乐的节奏向东南西北中五方洒"甘露水"，用"东顶"去蘸下"甘露水"，就向五方的空中洒去，代表用"甘露水"把五方洗净来迎接各方神圣。然后唱"洞中用"步虚，大概的意思是五龙天师的法水把"坛院"洒洗干净，消除秽气，祸去福来，消灾祈福。

（四）请神目

穿道衣的道公，面向"坛"，跪在地上，手拿"虎令"跟随音乐节奏击打"坛"前的"香案"，斋主手拿家先牌位跟在这位穿道衣的道公后，旁边的道公在诵读《宿启科》中的神目，启请众神带领天兵天将降临"坛院"庇佑这场度戒仪式，跪在地上的道公一直跪到神目诵读完毕。

神目中神祇共有：金阙帝师六合无穷高明大帝、上清玄坛赵大元帅、上清魁绅马大元帅、雷霆主令邓大元帅、雷霆铁笔猛吏辛元帅、雷霆罚恶张天师、驱邪保德关公元帅、东岳上将温康元帅、五坛火车灵宫元帅、大昊天神勾笔元帅、洞神八卦元帅、敕召地祇司康元帅、雷岳推生送死元帅、官不信道流列元帅、道佩禄中官将吏兵、诸君天神将吏元帅、教门护道福庆灵官、九天三十六雷公兵、七十二考召神君、青面邓将军、地祇功曹左右龙虎骑兵、解秽官将诸仙灵官羽士先师一切圣众、天下都城大皇主者、醮家香火司命灶君、本州城隍主者之神、天下拜祭李社之神、南朝常吏君王、巡天太保李十五官、北府令公李大元帅、过往都司旗头对仗、五显灵官大帝相主七娘、当方九庙子敕神祇、三界圣贤勾空真宰、三界功曹运财力士等神、本祭关大李社大王、△家三代父母香魂。

（五）宣启将牒

道公们一边诵读《宿启科》，一边在焚烧草纸，其中草纸代表财马。《宿启科》的"宣启将牒"这部分的大概意思是：已闻启请，众神降临"坛院"，献茶已毕，具有牒文，谨当宣读牒文，焚烧财马，上祈天将，愿垂受领，庇护"坛院"平安，斩除邪秽、荤辛，使醮功上达，不负诸司。

（六）架天桥

道公们读完《宿启科》的"宣启将牒"部分后，"同坛师父"就开始帮忙"架天桥"，也叫"架黄道桥"。"同坛师父"取一卷白色棉布，宽50厘米左右，在"坛"的附近的北方做一个长50厘米左右的木制梯子，把白色棉布放在木制梯子上，一端露出50厘米左右的长布，在白色棉布上放一根五色的彩线，架好后，向"天桥"上撒米，口念咒语，这样"架天桥"就结束了。"架天桥"的主要目的是让所有的神仙、天兵天将、家先等都通过"天桥"来到"坛院"庇护这场度戒仪式。

（七）砂酥

穿道服的道公和另外一个道公手拿钹和两把"斩鬼刀"，斋主手拿家先牌位跟在这位穿道衣的道公后，三位一起来到厨房，在火塘上煮一些"猪食"，把两把"斩鬼刀"插到火塘中，然后取一个菜葫芦盖在家先牌位上，然后把菜葫芦用脚踩烂，并口中念"秘语"，为家先牌位蘸些猪食，在家先牌位后绕两把"斩鬼刀"三圈，口中默念"秘语"。大概意思是引家先入"坛院"。

（八）请四方神目

道公两人和斋主从厨房出来后，就一行来到"坛院"，一位道公不停地击打钹，穿道衣的道公带领斋主向四方拜，请四方神目。来到"坛院"，穿道衣的道公带领斋主跟随钹音乐的节奏走8字形后原地转一圈，二位单腿跪地，向"下八坛"方向请神目，击打钹的道公诵读《宿启科》中的请"下八坛"部分；然后起身走8字形转圈，跪下，依次向"下八坛目""右班目""左班目"和"宗案"（坛的方向）方向请神目，并读《宿启科》中相应的神目；请这些神进入"坛院"来庇佑，为斋主保命消灾，散祸福寿来临，消除患难珍散凶，来"坛院"证盟这场度戒仪式。

下八坛目：上元一品赐福天官大帝、中元二品赫罪地官大帝、下元三品解厄水官大帝、纠察功过鉴斋大法师。

右班神目：北极天逢都大元帅苍天大帝、北极天献副大元帅丹天大帝、北极右圣宝德真君玄天上帝。

左班神目：东方青灵始老九煞天君、南方赤灵真老三煞天君、西方白灵皇老七煞天君、北方黑灵玄老五煞天君、中央玄灵元老一煞天君。

宗案神目：玉京山万皇应供上清灵宝玄中大法师真君、法禄祖师三天扶教正一静应显佑真君篇禄科间上古经籍真君、济诸凶显灵宝上古度师真人、太清演教妙道真人、九天大师高功妙道真人大君、火都玉杨度产真人、太清召化道德妙化真人、黄禄启教张陆社三师真君、正一系嗣女三师黄赵二真人、玄堂启教历代宗师戒度监度保举前傅后度羽化一切真人、左右侍从师君金童玉女前傅后度一派宗师。

（九）皈依

穿道服的道公手拿一面宝幡旗，道公伴随钹等音乐节奏，先是稽首一拜，身体向下半蹲，然后原地转圈拜五方，斋主跟着道公做同样的动作；旁边的道公唱《三皈依》，稽首皈依"道、经、师"师父，分别代表道方的三位大师父：戒度师父、监度师父和保举师父。

（十）信礼

穿道衣的道公手拿一面宝幡旗，面对"坛"跪下；旁边的道公诵读《宿启科》中信礼部分，这部分仍是请神来"坛院"庇佑，主要的神目有：清微天玉清圣境元始天尊、禹余天上清真境灵宝天尊、太赤天太清仙境道德天尊、弥罗天金阙昊天玉皇上帝、太微天南极勾陈天皇上帝、紫微天北极紫微星皇上帝、碧霞天高上神宵真皇上帝、梵气天东极宫中青玄上帝、玉柱天承天后土皇大地祇、大罗天金阙左班朝元真宰、大罗天金阙右班列圣群真。

（十一）三上香

穿道衣的道公手拿三炷点燃的香，用草纸裹起来，伴随旁边的道公击打钹，道公诵读《宿启科》的"三上香"部分，诵读"第一上香"后，道公原地转二圈，诵读"第二上香"后，道公原地转二圈，诵读"第三上香"后，道公原地转二圈，把三炷香插到"坛"后面的香炉中；《宿启科》"三上香"部分的主要内容仍是请三清（玉清、上清、太清）下来庇佑。第一上香为：当今皇帝万岁亿年愿达、玉清境供养、无上大帝自然元始天尊、无上道宝；第二上香为：当今皇帝太子亿年万岁愿达、上清境供养、妙宥大帝虚皇玉宸元大道君、无上经宝；第三上香为：当今玉皇上帝亿年万岁愿达、太清境供养、至真大帝万变混元太上老君、无上师宝。

（十二）鸣法鼓二十四通

道公一边击打钹，一边诵读《宿启科》的"鸣法鼓二十四通"部分，在此期间把"鸣法鼓二十四通"部分读完，然后击打钹二十四下。"鸣法鼓二十四通"部分主要内容是：弟子居住在某地，今天是"受戒"之日，举办这场度戒仪式，在烧香宿启建坛之时，奏请诸神和家先来庇佑。

（十三）逛九帝

穿道衣的道公手拿一面宝幡旗，上面写有管家先神的名字，下面写有三代家先的名字，道公伴随钹等音乐节奏在原地转圈，旁边的道公在诵读《宿启科》的"逛九帝"部分，"九帝"是九位神仙，有：万道之祖，万经之祖，万师之祖，穹苍帝主，万天帝主，万星之祖，万雷之祖，万亡之祖，万生之祖；参授天师门下，修真弟子为任奉行掌醮，师父们代为弟子及斋主稽首顿首拜，香火茶酒等奏请十方圣众来庇佑。

（十四）请两班目

一位道公击打钹，道公们诵读《宿启科》的"两班目"部分，烧香请这些神降临"坛院"庇佑。

先左班神。

十方已德大道圣众、圣祖司命先天圣后、无上三十二天上帝、昊天九天生神太上大帝、九天雷声普化天尊、大圣消灾散祸天尊、大圣紫清降福天尊、大圣本公上相祖母元君、日月星辰象妙天尊、九天九气九老仙都丈人、侍御青罗妙行真人、诸经参中无殃数众、玉经四大报应真人、中天火令六星童子、南斗六司延寿星君、斗中擎粮陀罗使者、东斗注算五元星君、中斗九辰太魅星君、三百六十五度厄星君、欲色三界五帝星君、混元天地水府三官大帝、子嗣三师四帅王赵二真人、北极法至四圣真君、三天门下操章栈财、九天降关梓橦帝君、南无释迦如来尊天、南无灵感观音菩萨、九天注福定命真君、九天天曹列耀真君、花林六曹注生判官、天中七伤八难星君、天中三灾四煞星君、天中禄庆旺星君、天中贵权华盖星君、北阴酆都超生大帝、东岳泰山天齐星君、名山洞府得道真仙、水府扶桑丹林大帝、雷霆龙列当年元帅、三院天雷大将使兵、四灵五通八卦神君、福德仙官赵邓二帅、真年太岁之德尊君、天下都大城隍之神、本村管民李社大王、先天盘古三皇五帝、盖天大曹都案判官、建道三司洞府仙众、新游菁圣德灵道、本州宋藏太守相公、上界天仙德嬛大仙、五显灵官五道相公、天门北府令公李大元帅、灾天太保五通相公、金身得道六位冯官、金容总管准位先生、五瘟四圣年旺将军、本音通天司令灶君、当处土地皇城正神、岁德太阴五帝龙王、攒聚揽阁山水大神、住宅六畜仓库大神、三界运财风火骑吏。

又延生右班神目。

十方玄老诸君丈人、帝母天尊帝母元君、十方无极灵宝天尊、始祖五老上帝、洞玄三昧伏魔天尊、大圣长生保命天尊、大圣福生无量天尊、三清紫虚至真道君、天皇地皇人皇道君、东南西北四天圣帝、五福十神太乙云君、玉经十骑神仙兵马、十华真人夜光玉女、银河万象供极星君、北斗九皇上道星君、中斗千剩万骑星君、西斗四司记名星君、四方二十八宿星君、大圣十方飞天神王、灵宝五师三省真君、玉堂教主历代宗师、三元唐葛周三相真君、三天门下引泰仙官、文武至圣文索冥王、南极三宝诸司伏像、南极摩利上帝伏天、天曹天王万福天尊、九天卫房圣母丈人、六阁五斗度厄仙众、天司注圣本命元君、天中五形六害星君、天中一吉二宜星君、天中九厄十缠星君、天中朝元骑马星君、合家本命元辰星君、九垒土府皇后夫人、东西南北四渎圣辛、地府十方妙道真人、水府河海五湖真君、雷霆邓辛张大元帅、地祇关康启温元帅、所佩禄中诸司官将、龙虎骑吏解秽元帅、本家香火道天神君、本州城隍辅德之神、本境△大鬼王夫主之神、上司盖天明皇大帝、中天雷府雷电大帝、本坊社典庙貌神祇、本坊土地福德正神、黄昌太厨刘四仙姐、梁吴二相冥公之神、高祖公王二贤太子、新圣四官九王王合人、当年瘟王△大鬼王、二十四气七十二候、行境监坛感列仙峯、三界四直功曹使者、坤母后土巫厨等神、住宅牛厩水手等神、三界监经醮仙官、三界虎空科察等神、三界监经一切等神。

（十五）献十供

穿道衣的道公手拿一面宝幡旗，斋主拿一个酒盘，上面放十三种供品：香、花、茶、果、灯、酒、斋食、砂糖、菜、财、马、清水、经忏，道公和斋主伴随击打钹的音乐节奏转圈拜五方，一旁的道公诵读《宿启科》的"献十供"部分，内容大意：拿最好的供品献给帝圣，斋主获福寿无穷，亡者获超升。

（十六）开坛疏

在正堂"坛院"中放一个簸箕，中央放一碗米，每一侧放三杯酒，斋主和道公分别在簸箕的一旁，用一张草纸裹成圆柱状，插在米中，然后点燃，看燃烧后的灰掉落在谁的一侧，如灰掉落在斋主一侧，斋主就喝了一侧的三杯酒，一般斋主喝一杯，其余的五杯会让旁边的人帮忙喝掉。

（十七）安五老

安五老是把五位星君安在东西南北中五个方位来庇佑"坛院"。用五色（青、赤、白、黑、黄）彩纸剪成小人的模样，田平人叫"角老"，用一根香从"角老"中穿过去，放在东西南北中五方位，每放一位星君，就要点燃一炷香，并向空中撒些米，米代表天兵天将；安放的顺序是：第一是东方青帝木德星君（青色角老），带领兵马守镇东门；第二是南方赤帝火德星君（赤色角老），带领兵马守镇南门；第三是西方七气金德星君（白色角老），带领兵马守镇西门；第四是北方黑帝水德星君（黑色角老），带领兵马守镇北门；第五是中央乙气土德星君（黄色角老），带领兵马守镇中央。旁边的道公诵读《宿启科》的"安五老"部分，内容是让五位神仙降临坛院庇佑这场度戒仪式。

（十八）开经田

在"坛院"放一个簸箕，放香炉，放米，用白色棉布包裹三十六部经书，在白色棉布外再裹上一张草纸，外面放三炷香，放在簸箕中，穿道衣的道公手拿宝幡旗，其他道公诵读神目，把这些经书都给了每一位神仙，专门有一人在看"秘书"，默念"法"，意思是经书是给神仙的天地，经书中的字都是粮食、金银财宝、衣服。

（十九）投宿启词

道公在草纸上画鸟的形状，上面写上五个步骤的名字：一是宿启词，二是早朝词，三是午朝词，四是晚朝词，五是谢恩词（说醮），以上五个步骤每到一个步骤结束时，就把相应的草纸在"坛"前烧掉。如在投宿启词部分就焚烧掉一个，内写有"宿启"字样的草纸。旁边的道公诵读《宿启科》的"投宿启词"部分，大概内容是谨请天仙兵马下降"坛院"。

（二十）发十愿

道公一起诵读《宿启科》的"发十愿"部分，内容为：一愿一心慕道，二愿二景常明，三愿三尊开泰，四愿四季和平，五愿五形不成，六愿六律齐并，七愿七星照耀，八愿八节常享，九愿九州安泰，十愿大道兴行。

（二十一）行时

穿法衣的道公，站在"坛院"中，用左脚写"道"字后，走"之"字形（像梯田的形状），走三次；然后再回到原地，用左脚写"经"字后，走"之"字形（像梯田的形状），走三次；然后再回到原地，用左脚写"师"字形。大概意思是帮助三位神仙耕种田地。

（二十二）回向

穿道衣的道公，手拿宝幡旗，旁边道公诵读神目，每念到一个神仙的名字，穿道衣的道公就转一圈，稽首一拜。神目有：清微天玉清圣境元始天尊、禹余天上清真境灵宝天尊、太赤天太清仙境道德天尊、弥罗天金阙昊天玉皇上帝、太微天南极勾陈天皇上帝、紫微天北极紫微星皇上帝、碧霞天高上神宵真皇上帝、梵气天东极宫中青玄上帝、玉柱天承天后土皇大地祇、大罗天金阙左班朝元真宰、大罗天金阙右班列圣群真。

以上每一个小步骤都需要一个师父或"宗师"在看"秘书"，心中默念"法"，并一手拿一卷起的草纸，在默念"秘书"的同时，轻轻用草纸掠过"秘书"的相应部分，这样会把全部内容一字不落默念在心中。

宿启结束时，基本上是第二天的凌晨五点钟左右。

四 早朝

师父们默念"秘语"（法），焚烧草纸，这咒语大意为：请阴间师父来帮忙，三元、三清，也念到画小人的草纸上的阳间师父来帮忙。"同坛师父"在"坛"后的四位大师父的香炉中插上三炷点燃的香，并在"功曹案"的香炉插上三炷点燃的香。然后才开始早朝仪式过程。

（一）起道服

一位道公面向"坛"跪在地上，先烧纸念师，双手拿"法衣"，旁边的道公有的在击打"法器"，有的在默念"秘语"，跪在地上的道公向"坛"稽首三拜后，起身跟随着音乐节奏，双手捧着"法衣"，左脚向前移动两次，在"坛院"中绕8字形走三圈，然后面对"坛"，跪在地上双肩跟着音乐节奏左右不断从高到低降低重复三次，然后整个过程再重复三次；接下来穿上"法衣"，跟随着音乐节奏，手拿"虎令"，左脚向前移动两次，在"坛院"中绕8字形走三圈，然后面对"坛"，跪在地上双肩跟着音乐节奏左右不断从高到低降低重复三次，然后整个过程再重复三次。

（二）取《早朝科》书

一位道公一手把《早朝科》折叠起来，中间插三炷点燃的香，一手拿

"虎令"；旁边有道公在击打乐器，伴着音乐节奏先走8字形，走三圈后跪下，先拜南方，接下来同样拜西方、东方和北方；把这三炷香插到"坛"后自己的香炉中，然后吟唱三首步虚，大概意思是请三位天师来帮忙，一是金真引教天尊，二是五师天中尊，三是玉女。

（三）洒净坛院

一位道公一手拿一个酒杯，内放"甘露水"，一手拿"虎令"，有的师父在击打镲、锣法器，手拿"甘露水"的道公，跟随音乐的节奏向东南西北中五方洒"甘露水"，用"东顶"去蘸下"甘露水"，就向五方的空中洒去，代表用"甘露水"把五方洗净来迎接各方神圣。然后唱"洞中用"步虚，大概的意思是五龙天师的法水把"坛院"洒洗干净，消除秽气，祸去福来，消灾祈福。

（四）请神证盟

穿道衣的道公，面向"坛"，跪在地上，手拿"虎令"跟随音乐节奏击打"坛"前的"香案"，斋主手拿家先牌位跟在这位穿道衣的道公后，旁边的道公在诵读《早朝科》中的"请神证盟"，大概内容是：启请众神带领天兵天将降临"坛院"来证盟这场度戒仪式。跪在地上的道公一直跪到神目诵读完毕，神目包括祖师神目和师慈神目。

祖师神目有：东方青灵始老九气天君、南方丹灵真老三气天君、西方皓灵黄老七气天君、北方玄灵元老五气天君、中央黄灵黄老乙气天君、上元一品赐福天官大帝、中元二品赦罪地官大帝、下元三品解厄水官大帝、玉京山玄中教主灵宝大法师真君、祖师三天扶教显佑真君、武当山降魔护道北极玄天真武上帝、标记善功灵宝上古经师真君、编录科简灵宝中古籍师真君、济诸幽显灵宝下古度师真君、纠察功过灵宝监斋大法师真君、三天右相太极丈人真君、三天次相九气丈人真君、正一玄中神化静应浮佑真君、三清侍御左右黄赵二真人、三天门下操章奏财引进仙官、太上法主妙道真君、东极田蓬苍天上帝、南极天献丹天上帝、西极羽圣皓天上帝、北极佑圣玄天上帝、帝父帝母二后元君、神武八煞二大元君、前传后度一派宗师、上清玄坛四位帅真、上清正一灵官马大元帅、东极上相温元帅、上清正一雷霆邓大元帅、洞神八卦院庞刘奇毕元帅、太岁天君将启瘟康元帅、崇廷得胜武安关王元帅、五雷天君医院总管许元帅、南岳部总管元帅、生身化供胡总管元帅、地祇李铁杨张老元帅、地祇司猛常元帅吏兵、吏兵道院五雷录中雷将雷兵玉抠院、五雷法部天将天兵、上清天抠邪院神将神兵、教门护道福庆大帝、雷霆都司官将吏兵、本府城隍境主之神、本家香火道佛群真圣农上官达社大王之神、先天立极盘古皇帝、创世神农伏羲小妹、轩辕上司、盖天明皇圣帝、雷霆十三郎、中天雷司黑帝、雷腊小娘、先天盖天中天云雷部雨神、本境△大王、五显五通灵官、七祖八相朝官、圣祖圣旨使公王、金银二贤太子、北方加典主、北府令远天太贺州五海圣王、南方礼融火殃大相火部尊君、天符化瘟十二年王十二月将气候之神、当年瘟主△大鬼王、五方行瘟圣众、三界真符值日功曹、本宅香火司命灶君、住宅太岁方隅龙君、当处△村土地理域等神、值日监醮监经纠察香官典者、差来镇坛护坛大将军、虚空监察一切威灵。

师慈神目有：五方五老五气天君、三元天地水府三官大帝、玄中教主五大法师、三天扶教大法师、灵宝经籍度三师、灵宝监斋大法师、正一子嗣女三师、左右黄赵二真人、神霄雷霆莫谦判官、玉阳宫萨真君、三天门下引进仙官、窀峦羽化真人一派宗师、祖师△（保、戒、度）度师、前传后度一派宗师、东极天篷苍天上帝、北极佑圣玄天上帝、玄坛赵邓马关四大元帅、道佩录中官将吏兵、城隍社庙六府之神。

（五）皈依

穿道衣的道公手拿一面宝幡旗，道公伴随钹等音乐节奏，先是稽首一拜，身体向下半蹲，然后原地转圈拜五方，斋主跟着道公做同样的动作；旁边的道公唱《三皈依》早朝步虚，稽首皈依"道、经、师"师父，分别代表道方的三位大师父：戒度师父、监度师父和保举师父。

（六）信礼

穿道衣的道公手拿一面宝幡旗，面对"坛"跪下；旁边的道公诵读《早朝科》中信礼部分，这部分仍是请神来"坛院"庇佑，主要的神目有：清微天玉清圣境元始天尊、禹余天上清真境灵宝天尊、太赤天太清仙境道德天尊、弥罗天金阙昊天玉皇上帝、太微天南极勾陈天皇上帝、紫微天北极紫微星皇上帝、碧霞天高上神霄真皇上帝、梵气天东极宫中青玄上帝、玉柱天承天后土皇大地祇、大罗天金阙左班朝元真宰、大罗天金阙右班列圣群真。

（七）三上香

穿道衣的道公手拿三炷点燃的香，用草纸裹起来，伴随旁边的道公击打钹，道公诵读《早朝科》的"三上香"部分，诵读"第一上香"后，道公原地转二圈，诵读"第二上香"后，道公原地转二圈，诵读"第三上香"后，道公原地转二圈，把三炷香插到"坛"后面的香炉中；《早朝科》的"三上香"部分主要内容仍是请三清（玉清、上清、太清）下来庇佑。第一上香为：清微天洞宸大道元始天尊、无上道宝；第二上香为：禹余天玉宸灵宝天尊、无上经宝；第三上香为：太赤天玄天大道道德天尊、无上师宝。

（八）鸣法鼓二十四通

道公一边击打钹，一边诵读《早朝科》的"鸣法鼓二十四通"部分，在此期间把"鸣法鼓二十四通"部分读完，然后击打钹二十四下。"鸣法鼓二十四通"部分主要内容是：弟子居住在某某地，今天是"受戒"之日，举办这场度戒仪式，在烧香宿启建坛之时，奏请土地里城诸神和家先来庇佑。

（九）迓九帝

穿道衣的道公手拿一面宝幡旗，道公伴随钹等音乐节奏在原地转圈，旁边的道公在诵读《早朝科》的"迓九帝"部分，"九帝"是九位神仙（盘金相大伯的不大一样），有：万道之祖，万经之祖，万师之祖，穹苍之祖，万天之祖，万星子祖，万雷之祖，万亡之祖，万生之祖；参授天师门下，修真弟子为任奉行掌醮，师父们代为弟子及斋主稽首顿拜，香火茶酒等奏请十方圣众来庇佑。

（十）延生神圣目

一位道公击打钹，道公们诵读《早朝科》的"两班目"部分，一道公击打钹，道公们诵读《早朝科》的"两班目"部分，烧香请这些神降临"坛院"庇佑。两班神目的神祇与"宿启"部分一样。

（十一）献十供

穿道衣的道公手拿一面宝幡旗，斋主拿一个酒盘，上面放十三种供品：香、花、茶、果、灯、酒、斋食、砂糖、菜、财、马、清水、经忏，道公和斋主伴随击打钹的音乐节奏转圈拜五方，一旁的道公诵读《早朝科》的"献十供"部分，内容大意：拿最好的供品献给帝圣，斋主获福寿无穷，亡者获超升。

（十二）投词

道公在草纸上画鸟的形状，上面写上五个步骤的名字：一是宿启，二是早朝，三是午朝，四是晚朝，五是谢恩师（说醮），以上五个步骤每到一个步骤结束时，就将相应的草纸在"坛"前烧掉。如在早朝投词部分就焚烧掉一个内写有"早朝"字样的草纸。旁边的道公诵读《早朝科》的"投词"部分，大概内容是谨请天仙兵马下降"坛院"。

（十三）志心发愿

道公一起诵读《早朝科》的"志心发愿"部分，内容为：一愿乾坤交泰，二愿日月交明，三愿星辰顺度，四愿运合长坚，五愿国皇万岁，六愿风调雨顺，七愿民歌乐业，八愿禾谷丰登，九愿岳戈宴息，十愿先灵超度，十一愿疾病蠲除，十二愿存世延长。

（十四）三奠酒

此时，斋主端的酒盘内放六杯酒过来和道公一起说唱《早朝科》的"三奠酒"部分，主要内容是给家先献酒，让家先去神仙界。此部分内有三首"三奠酒"，每一首都有初奠酒、二奠酒和三奠酒。读完"三奠酒"部分，然后焚烧草纸给家先，让家先作为本钱，在去往神仙界的路上用；然后道公和斋主一起喝掉六杯酒。

（十五）行朝

穿法衣的道公，站在"坛院"中，用左脚写"道"字后，走"之"字形（像梯田的形状），走三次；然后再回到原地，用左脚写"经"字后，走"之"字形（像梯田的形状），走三次；然后再回到原地，用左脚写"师"字。大概意思是帮助三位神仙耕种田地。

（十六）回向

穿道衣的道公，手拿宝幡旗，旁边道公诵读神目，每念到一个神仙的名字，穿道衣的道公就转一圈，稽首一拜。神目有：清微天玉清圣境元始天尊、禹余天上清真境灵宝天尊、太赤天太清仙境道德天尊、弥罗天金阙昊天玉皇上帝、太微天南极勾陈天皇上帝、紫微天北极紫微星皇上帝、碧霞天高上神宵真皇上帝、梵气天东极宫中青玄上帝、玉柱天承天后土皇大地祇、大罗天金阙左班朝元真宰、大罗天金阙右班列圣群真。

以上每一个小步骤都需要一个师父或"宗师"在看"秘书"，心中默念"法"，并一手拿起一卷草纸，在默念"秘书"的同时，轻轻用草纸掠过"秘书"的相应部分，这样会把全部内容一字不落默念在心中。

五 午朝

师父们默念"秘语"（法），焚烧草纸，这咒语大意为：请阴间师父来帮忙，三元、三清，也念到草纸上画的小人的纸上的阳间师父来帮忙。"同坛师父"在"坛"后的四位大师父的香炉中插上三炷点燃的香，并在"功曹案"的香炉插上三炷点燃的香。然后才开始午朝仪式过程。

（一）起道衣

一道公面向"坛"跪在地上，先烧纸念师，双手拿"法衣"，旁边的道公有的在击打"法器"，有的在默念"秘语"，跪在地上的道公向"坛"稽首三拜后，起身跟随着音乐节奏，双手捧着"法衣"，左脚向前移动两次，在"坛院"中绕8字形走三圈，然后面对"坛"跪在地上双肩跟着音乐节奏左右不断从高到低降低重复三次，然后整个过程再重复三次；然后穿上"法衣"，跟随着音乐节奏，手拿"虎令"，左脚向前移动两次，在"坛院"中绕8字形走三圈，然后面对"坛"跪在地上双肩跟着音乐节奏左右不断从高到低降低重复三次，然后整个过程再重复三次。

（二）取《午朝科》书

一道公一手把《午朝科》折叠起来，中间插三炷点燃的香，一手拿"虎令"；旁边有道公在击打乐器，伴着音乐节奏先走8字形，走三圈后跪下，先拜南方；接下来同样拜西方、东方和北方；把这三炷香插到"坛"后自己的香炉中，然后唱三首步虚，大概意思是请三位天师来帮忙，一是金真引教天尊，二是五师天中尊，三是礼太虚。

（三）洒净坛院

一道公一手拿一酒杯，内放"甘露水"，一手拿"虎令"，有的师父在击打镲、锣法器，手拿"甘露水"的道公，跟随音乐的节奏向东南西北中五方洒"甘露水"，用"东顶"去沾下"甘露水"，就向五方的空中去洒，代表用"甘露水"把五方洗净来迎接各方神圣。然后唱"洞中用"步虚，大概的意思是五龙天师的法水把"坛院"洒洗干净，消除秽气，祸去福来，消灾祈福。

（四）请神证盟

穿道衣的道公，面向"坛"，跪在地上，手拿"虎令"跟随音乐节奏击打"坛"前的"香案",斋主手拿家先牌位跟在这位穿道衣的道公后,旁边的道公在诵读《午朝科》中的"请神证盟",大概内容是:启请众神带领天兵天将降临"坛院"来证盟这场度戒仪式。跪在地上的道公一直跪到神目诵读完毕。

祖师神目有:东方青灵始老九气天君、南方丹灵真老三气天君、西方白灵皓老七气天君、北方玄灵玄老五气天君、中央黄灵元老一气天君、上元一品赐福天官大帝、中元二品赦罪地官大帝、下元三品解厄水官大帝、玄中教主大法师真君、三天扶教显佑真君、灵宝上古经师真君、灵宝中古籍师真君、灵宝下古度师真君、灵宝监斋大法师真君、太极仙翁扶佑真君、玉阳宫萨真君、左右鹤驾金童玉女、东极天蓬苍天上帝、南极天献丹天上帝、西极翊圣皓天上帝、北极玄天镇天真武上帝、雷神火部判官、演教祖师院气将真人、前传后度一派宗师、上清正一玄坛赵大元帅、上清正一雷霆邓大元帅、上清正一执坛灵官马大元帅、上清正一崇宁护国关大元帅、道佩诸司官将、法录吏兵等。

师慈神目有:五方五老五气天君、三元天地水府三官大帝、灵宝经籍度三师、三天扶教显佑真君、太极仙翁扶佑真君、玉阳宫产真君、正一子嗣女师真君、左右黄赵二真人、神霄雷霆莫谦判官、天蓬五帝苍天上帝、北极玄天真武上帝、玄坛赵邓马关四大元帅、法篆诸司官将、窀穸祖师△(保、戒、度)真人。

(五)皈依

穿道衣的道公手拿一面宝幡旗,道公伴随钹等音乐节奏,先是稽首一拜,身体向下半蹲,然后原地转圈拜五方,斋主跟着道公做同样的动作;旁边的道公唱《三皈依》午朝步虚,稽首皈依"道、经、师"师父,分别代表道方的三位大师父:戒度师父、监度师父和保举师父。

(六)信礼

穿道衣的道公手拿一面宝幡旗,面对"坛"跪下;旁边的道公诵读《午朝科》中信礼部分,这部分仍是请神来"坛院"庇佑,主要的神目有:清微天玉清圣境元始天尊、禹余天上清真境灵宝天尊、太赤天太清仙境道德天尊、大罗天金阙左班朝元真宰、太微天万天星主紫微大帝、梵气天度亡教主太乙救苦天尊。

（七）三上香

穿道衣的道公手拿三炷点燃的香，用草纸裹起来，伴随旁边的道公击打钹，道公诵读《午朝科》的"三上香"部分，诵读"第一上香"后，道公原地转二圈，诵读"第二上香"后，道公原地转二圈，诵读"第三上香"后，道公原地转二圈，把三炷香插到"坛"后面的香炉中；《午朝科》的"三上香"部分主要内容仍是请三清（玉清、上清、太清）下来庇佑。第一上香为：清微天，变成云盖供养万道之祖、洞宸元始天尊、无上道宝；第二上香为：禹余天，变成华盖供养万经之祖、玉宸灵宝天尊、无上经宝；第三上香为：太赤天，变成宝盖供养万师之祖、混元道德天尊、无上师宝。

（八）鸣法鼓二十四通

道公一边击打钹，一边诵读《午朝科》的"鸣法鼓二十四通"部分，在此期间把"鸣法鼓二十四通"部分读完，然后击打钹二十四下。"鸣法鼓二十四通"部分主要内容是：弟子居住在某地，今天是"受戒"之日，举办这场度戒仪式，在烧香宿启建坛之时，奏请土地等诸神和家先来庇佑。

（九）迓九帝

穿道衣的道公手拿一面宝幡旗，道公伴随钹等音乐节奏在原地转圈，旁边的道公在诵读《午朝科》的"迓九帝"部分，"九帝"是九位神仙，有：万道之祖，万经之祖，万师之祖，穹苍之祖，万天之祖，万星子祖，万雷之祖，万亡之祖，万生之祖；参授天师门下，修真弟子为任奉行掌醮，师父们代为弟子及斋主稽首顿拜，香火茶酒等奏请十方圣众来庇佑。

（十）请两班神圣目

一位道公击打钹，其余道公们诵读《宿启科》的"两班目"部分，烧香请这些神降临"坛院"庇佑。两班神目的神祇与"宿启"部分的一样。

（十一）献十供

穿道衣的道公手拿一面宝幡旗，斋主拿一个酒盘，上放十三种供品：香、花、茶、果、灯、酒、斋食、砂糖、菜、财、马、清水、经忏，道公和斋主伴随击打钹的音乐节奏转圈五方拜，一旁的道公诵读《午朝科》的"献十供"部分，内容大意：拿最好的供品献给帝圣，斋主获福寿无穷，亡者获超升。

（十二）投词

道公在草纸上画鸟的形状，上面写上五个步骤的名字：一是宿启，二是早朝，三是午朝，四是晚朝，五是谢恩师（说醮），以上五个步骤每到一个步骤结束时，就将相应草纸在"坛"前烧掉。如在午朝投词部分就焚烧掉一个内写有"午朝"字样的草纸。旁边的道公诵读《午朝科》的"投词"部分，大概内容是谨请天仙兵马下降"坛院"。

（十三）志心发愿

道公一起诵读《午朝科》的"志心发愿"部分，内容为：一愿天覆地载，二愿日照月临，三愿恶星化善，四愿身命永昌，五愿风调雨顺，六愿禾谷丰登，七愿万民乐业，八愿四海均平，九愿国皇永固，十愿天下泰平，十一愿夫妻双寿，十二愿亡者升天。

（十四）三奠酒

此时，斋主端酒盘内放六杯酒过来和道公一起说唱《午朝科》的"三奠酒"部分，主要内容是给家先献酒，让家先去神仙界。此部分有三首"三奠酒"，每一首都有初奠酒、二奠酒和三奠酒。在读完"三奠酒"部分，然后焚烧草纸给家先，让家先作为本钱，在去往神仙界的路上用；然后道公和斋主一起喝掉六杯酒。

（十五）行朝

穿法衣的道公，站在"坛院"中，用左脚写"道"字后，走"之"字形（像梯田的形状），走三次；然后再回到原地，用左脚写"经"字后，走"之"字形（像梯田的形状），走三次；然后再回到原地，用左脚写"师"字。大概意思是帮助三位神仙耕种田地。

（十六）回向

穿道衣的道公，手拿宝幡旗，旁边道公诵读神目，每念到一个神仙的名字，穿道衣的道公就转一圈，稽首一拜。神目有：清微天玉清圣境元始天尊、禹余天上清真境灵宝天尊、太赤天太清仙境道德天尊、弥罗天金阙昊天玉皇上帝、太微天南极勾陈天皇上帝、紫微天北极紫微星皇上帝、碧霞天高上神宵真皇上帝、梵气天东极宫中青玄上帝、玉柱天承天后土皇大地祇、大罗天金阙左班朝元真宰、大罗天金阙右班列圣群真。

以上每一个小步骤都需要一个师父或"宗师"在看"秘书"，心中默念"法"，并一手拿一卷起的草纸，在默念"秘书"的同时，轻轻用草纸掠过"秘书"的相应部分，这样会把全部内容一字不落在心中默念。

六　晚朝

师父们默念"秘语"（法），焚烧草纸，这咒语大意为：请阴间师父来帮忙，三元、三清，也念到画小人的草纸上的阳间师父来帮忙。"同坛师父"在"坛"后的四位大师父的香炉中插上三炷点燃的香，并在"功曹案"的香炉插上三炷点燃的香。然后才开始晚朝仪式过程。

（一）起道衣

一道公面向"坛"跪在地上，先烧纸念师，双手拿"法衣"，旁边的道公有的在击打"法器"，有的在默念"秘语"，跪在地上的道公向"坛"稽首三拜后，起身跟随着音乐节奏，双手捧着"法衣"，左脚向前移动两次，在"坛院"中绕8字形走三圈，然后面对"坛"跪在地上，双肩跟着音乐节奏左右不断从高到低降低重复三次，然后整个过程再重复三次；然后穿上"法衣"，跟随着音乐节奏，手拿"虎令"，左脚向前移动两次，在"坛院"中绕8字形走三圈，然后面对"坛"跪在地上，双肩跟着音乐节奏左右不断从高到低降低重复三次，然后整个过程再重复三次。

（二）取《晚朝科》书

一位道公一手把《晚朝科》折叠起来，中间插三炷点燃的香，一手拿"虎令"；旁边有道公在击打乐器，伴着音乐节奏先走8字形，走三圈后跪下，先拜南方；接下来同样拜西方、东方和北方；把这三炷香插到"坛"后自己的香炉中，然后唱三首步虚，大概意思是请三位天师来帮忙，一是金真引教天尊，二是五师天中尊，三是礼太虚。

（三）洒净坛院

一位道公一手拿一个酒杯，内放"甘露水"，一手拿"虎令"，其余的道公在击打镲、锣法器，手拿"甘露水"的道公，跟随音乐的节奏向东南西北中五方洒"甘露水"，用"东顶"去蘸下"甘露水"，就向五方的空中去洒，代表用"甘露水"把五方洗净来迎接各方神圣。然后唱"洞中用"步虚，大概的意思是五龙天师的法水把"坛院"洒洗干净，消除秽气，祸去福来，消灾祈福。

（四）请神证盟

穿道衣的道公，面向"坛"，跪在地上，手拿"虎令"跟随音乐节奏击打"坛"前的"香案",斋主手拿家先牌位跟在这位穿道衣的道公后,旁边的道公诵读《晚朝科》中的"请神证盟",大概内容是:启请众神带领天兵天将降临"坛院"来证盟这场度戒仪式。跪在地上的道公一直跪到神目诵读完毕。

祖师神目有:东方青灵始老九气天君、南方丹灵真老三气天君、西方白灵皓老七气天君、北方玄灵玄老五气天君、中央黄灵元老一气天君、上元一品赐福天官大帝、中元二品赦罪地官大帝、下元三品解厄水官大帝、玄中教主大法师真君、三天扶教显佑真君、灵宝上古经师真君、灵宝中古籍师真君、灵宝下古度师真君、灵宝监斋大法师真君、太极仙翁扶佑真君、玉阳宫萨真君、左右鹤驾金童玉女、东极天蓬苍天上帝、南极天献丹天上帝、西极翊圣皓天上帝、北极玄天镇天真武上帝、雷神火部判官、演教祖师院气将真人、前传后度一派宗师、上清正一玄坛赵大元帅、上清正一雷霆邓大元帅、上清正一执坛灵官马大元帅、上清正一崇宁护国关大元帅、道佩诸司官将、法录吏兵等。

师慈神目有:五方五老五气天君、三元天地水府三官大帝、灵宝经籍度三师、三天扶教显佑真君、太极仙翁扶佑真君、玉阳宫产真君、正一子嗣女师真君、左右黄赵二真人、神霄雷霆莫谦判官、天篷五帝苍天上帝、北极玄天真武上帝、玄坛赵邓马关四大元帅、法篆诸司官将、窀穸祖师△(保、戒、度)真人。

(五)皈依

穿道衣的道公手拿一面宝幡旗,道公伴随钹等音乐节奏,先是稽首一拜,身体向下半蹲,然后原地转圈五方拜,斋主跟着道公做同样的动作;旁边的道公唱《三皈依》晚朝步虚,稽首皈依"道、经、师"师父,分别代表道方的三位大师父:戒度师父、监度师父和保举师父。

(六)信礼

穿道衣的道公手拿一面宝幡旗,面对"坛"跪下;旁边的道公诵读《晚朝科》中信礼部分,这部分仍是请神来"坛院"庇佑,主要的神目有:大罗天玉清圣境元始天尊、大罗天上清真境灵宝天尊、大罗天太清仙境道德天尊、梵气天东极宫中青玄上帝、梵气天万天帝主紫微大帝。

(七)三上香

穿道衣的道公手拿三炷点燃的香,用草纸裹起来,伴随旁边的道公击打钹的节奏，道公诵读《晚朝科》的"三上香"部分，诵读"第一上香"后，道公原地转二圈，诵读"第二上香"后，道公原地转二圈，诵读"第三上香"后，道公原地转二圈，把三炷香插到"坛"后面的香炉中；《晚朝科》的"三上香"部分主要内容仍是请三清（玉清、上清、太清）下来庇佑。第一上香为：清微天，玉境供养、洞宸大道元始天尊、无上道宝；第二上香为：禹余天，上清供养洞真大道灵宝天尊、无上经宝；第三上香为：太赤天，太清供养洞真大道道德天尊、无上师宝。

（八）鸣法鼓二十四通

道公一边击打钹，一边诵读《晚朝科》的"鸣法鼓二十四通"部分，在此期间把"鸣法鼓二十四通"部分读完，然后击打钹二十四下。"鸣法鼓二十四通"部分主要内容是：弟子居住在某地，今天是"受戒"之日，举办这场度戒仪式，在烧香宿启建坛之时，奏请土地里城诸神和家先来庇佑。

（九）迓九帝

穿道衣的道公手拿一宝幡旗，道公伴随钹等音乐节奏在原地转圈，旁边的道公在诵读《晚朝科》的"迓九帝"部分，"九帝"是九位神仙，有：万道之祖，万经之祖，万师之祖，穹苍之祖，万天之祖，万星子祖，万雷之祖，万亡之祖，万生之祖；参授天师门下，修真弟子为任奉行掌醮，师父们代为弟子及斋主稽首顿拜，香火茶酒等奏请十方圣众来庇佑。

（十）请两班神圣目

一道公击打钹，道公们诵读《晚朝科》的"两班目"部分，一道公击打钹，道公们诵读《宿启科》的"两班目"部分，烧香请这些神降临"坛院"庇佑。两班神目的神祇与"宿启"部分的一样。

（十一）献十供

穿道衣的道公手拿一面宝幡旗，斋主拿一个酒盘，上放十三种供品：香、花、茶、果、灯、酒、斋食、砂糖、菜、财、马、清水、经忏，道公和斋主伴随击打钹的音乐节奏转圈拜五方，一旁的道公诵读《晚朝科》的"献十供"部分，内容大意：拿最好的供品献给帝圣，斋主获福寿无穷，亡者获超升。

（十二）投词

道公在草纸上画鸟的形状，并在上面写上五个步骤的名字：一是宿启，二是早朝，三是午朝，四是晚朝，五是谢恩师（说醮），以上五个步骤每到一个步骤结束时，就将相应草纸在"坛"前烧掉。如在晚朝投词部分就焚烧掉一个，内写有"晚朝"字样的草纸。旁边的道公诵读《午朝科》的"投词"部分，大概内容是谨请天仙兵马下降"坛院"。

（十三）志心发愿

道公一起诵读《晚朝科》的"志心发愿"部分，内容为：一愿天覆地载，二愿日照月临，三愿恶星化善，四愿身命永昌，五愿风调雨顺，六愿禾谷丰登，七愿万民乐业，八愿四海均平，九愿国皇永固，十愿天下泰平，十一愿夫妻双寿，十二愿亡者升天。

（十四）三奠酒

此时，斋主端酒盘内放六杯酒过来和道公一起说唱《午朝科》的"三奠酒"部分，主要内容是给家先献酒，让家先去神仙界。次部分内有三首"三奠酒"，每一首都有初奠酒、二奠酒和三奠酒。大家读完"三奠酒"部分，然后焚烧草纸给家先，让家先作为本钱，在去往神仙界的路上用；然后道公和斋主一起喝掉六杯酒。

（十五）行朝

穿法衣的道公，站在"坛院"中，用左脚写"道"字后，走"之"字形（像梯田的形状），走三次；然后再回到原地，用左脚写"经"字后，走"之"字形，走三次；然后再回到原地，用左脚写"师"字。大概意思是帮助三位神仙耕种田地。

（十六）回向

穿道衣的道公，手拿宝幡旗，旁边道公诵读神目，每念到一个神仙的名字，穿道衣的道公就转一圈，稽首一拜。神目有：清微天玉清圣境元始天尊、禹余天上清真境灵宝天尊、太赤天太清仙境道德天尊、弥罗天金阙昊天玉皇上帝、太微天南极勾陈天皇上帝、紫微天北极紫微星皇上帝、碧霞天高上神宵真皇上帝、梵气天东极宫中青玄上帝、玉柱天承天后土皇大地祇、大罗天金阙左班朝元真宰、大罗天金阙右班列圣群真。

回向结束后，道公解衣。

以上每一个小步骤都需要一个师父或"宗师"看"秘书"，心中默念"法"，并一手拿一卷起的草纸，在默念"秘书"的同时，轻轻用草纸掠过"秘书"的相应部分，这样会把全部内容一字不落在心中默念。

晚朝结束时，在中午十二点左右。

七　度戒：初真弟子受道

等师边上"五台山"授戒完后，"初真弟子"才来到"坛院"坐在中央，进行道边的度戒仪式。

（一）取道衣

"度戒师父""监度师父"和"保举师父"[1]面向"坛"跪在地上，先烧纸念师，双手拿"法衣"，旁边的道公有的在击打"法器"，有的在默念"秘语"，跪在地上的道公向"坛"稽首三拜后，起身跟随着音乐节奏，双手捧着"法衣"，左脚向前移动两次，在"坛院"中绕8字形走三圈，然后面对"坛"跪在地上，双肩跟着音乐节奏左右不断从高到低降低重复三次，然后整个过程再重复三次；然后穿上"法衣"，跟随着音乐节奏，手拿"虎令"，左脚向前移动两次，在"坛院"中绕8字形走三圈，然后面对"坛"跪在地上，双肩跟着音乐节奏左右不断从高到低降低重复三次，然后整个过程再重复三次。

（二）取《初真科》书

"度戒师父""监度师父"和"保举师父"一手把《初真科》折叠起来，中间插三炷点燃的香，一手拿"虎令"；旁边有道公在击打乐器，伴着音乐节奏先走8字形，走三圈后跪下，先拜南方；接下来同样拜西方、东方和北方；把这三炷香插到"坛"后自己的香炉中，然后唱三首步虚，大概意思是请三位天师来帮忙，一是金真引教天尊，二是五师天中尊，三是礼太虚。

（三）洒净坛院

"度戒师父""监度师父"和"保举师父"一手拿一个酒杯，内放"甘露水"，一手拿"虎令"，其余的在击打镲、锣法器，手拿"甘露水"的道公，跟随音乐的节奏向东南西北中五方洒"甘露水"，用"东顶"去蘸下"甘露水"，就向五方的空中洒去，代表用"甘露水"把五方洗净来迎接各方神圣。然后唱"洞中用"步虚，大概的意思是五龙天师的法水把"坛院"洒洗干净，消除秽气，祸去福来，消灾祈福。

---

① 此时的"保举师父"是师方的"引教师父"来充当。

（四）请神证盟

"度戒师父""监度师父"和"保举师父"，面向"坛"，跪在地上，手拿"虎令"跟随音乐节奏击打"坛"前的"香案"，斋主手拿家先牌位跟着这位穿道衣的道公后，旁边的道公诵读《初真科》中的"请神证盟"，大概内容是：启请众神带领天兵天将降临"坛院"来证盟这场度戒仪式。跪在地上的道公一直跪到神目诵读完毕。

神目：上启十万道经师三宝天尊、玉堂教主五大法师、北极赞教四圣真君、道佩箓中官将吏兵、北极玄天真武上帝、九天应元雷声普化天尊、南斗六司延寿星君、北斗九皇上道星君、中天十一列曜、东西中三斗三台华盖星君、周天二十八宿星君、上清十二命宫辰星君、南无救苦救难观音菩萨、宛岁演教△宗师、前传后度历代宗师、过往伴侣诸会宗师、传经传教传印历代宗师、玄坛赵邓马关四大元师、天曹掌经功德司官、鉴经童子、对读仙官、经坛会内一切威灵、三元天地水府三官大帝、诸吏三元唐葛周三将真君、本龛道儒释三教高真、本侍香火有感福神、本音通天五祖司命灶君、本宫宅福德兴旺土地正神、本境△大王、△村正神、△家三代祖迺先灵。

（五）上三香

"度戒师父""监度师父"和"保举师父"手拿三炷点燃的香，用草纸裹起来，伴随旁边的道公击打钹的节奏，另一道公诵读《初真科》的"三上香"部分，诵读"第一上香"后，道公原地转二圈，诵读"第二上香"后，道公原地转二圈，诵读"第三上香"后，道公原地转二圈，把三炷香插到"坛"后面的香炉中；《初真科》的"三上香"部分主要内容仍是请三清（玉清万道之主、上清万经之主、太清万师之主）下来庇佑。

（六）鸣法鼓二十四通

道公一边击打钹，"度戒师父""监度师父"和"保举师父"一边诵读《初真科》的"鸣法鼓二十四通"部分，在此期间把"鸣法鼓二十四通"部分读完，然后击打钹二十四下。"鸣法鼓二十四通"部分主要内容是：弟子居住在某地，今天是"受戒"之日，举办这场度戒仪式，烧香奏请土地里城诸神和家先来庇佑。

（七）戒度意者书

一位道公在击打钹，"度戒师父""监度师父"和"保举师父"一起诵读道公师父写的《戒度意者书》，读到度戒部分即可。

（八）迓九帝

"度戒师父"手拿一面宝幡旗，道公伴随铙等音乐节奏在原地转圈，旁边的道公在诵读《度戒科》的"迓九帝"部分①，"九帝"是九位神仙，有：万道之祖，万经之祖，万师之祖，穹苍之祖，万天之祖，万星子祖，万雷之祖，万亡之祖，万生之祖；参授天师门下，修真弟子为任奉行掌醮，师父们代为弟子及斋主稽首顿拜，香火茶酒等奏请十方圣众来庇佑。

（九）请两班神目

一位道公击打铙，其余道公们诵读《初真科》的"两班目"②部分，烧香请这些神降临"坛院"庇佑。两班神目的神祇与"宿启"部分的一样。

（十）入拜

弟子先跪向"坛"，戒度师父说："昨日不知何方客，今朝云外见头来；即能向至右皈依，稽手恭虔投面礼。"道公们诵读《初真科》中"入拜"部分至"弟子拜四方天地"，"初真弟子"穿上道衣，穿道衣的师父引"初真弟子"坐在一个小凳子上，凳子上先放一张草纸，草纸上放小棉被，一旁的道公读《初真科》，读完"弟子拜四方天地"内容后，道公说"拜"，弟子就稽首一拜；依次拜"大道""宗师""三祖""父亲""母亲""都官""都讲""堂公婆""祖舅""叔伯""兄弟""师父"；拜完弟子跪拜。

> 拜四方天地
> 天生地载世愚蚁，不敬天地尔何为？
> 初真弟子深深拜，皇天扶助化成仙。
> 始天孚佑天尊
> 拜大道
> 初真合掌拜大道，达到巍巍现如前。
> 今日初真常瞻礼，赦愚参受永安然。

---

① 《度戒科》的"迓九帝"部分与《早朝科》的"迓九帝"部分一致。

② 与之前的两班神目内容一样。

威权自在天尊!

拜宗师

参师拜奉在师前,主盟传赦度人天。

今日皈真得参受,保扶施主广传行。

金真演教天尊

拜三祖

三祖从来是根源,先亡后化是家先。

子孙学道成名日,久玄七组托生天。

永离三途天尊

拜父亲

初真合掌拜父亲,显考大赦授真人。

朝夕子愚冒犯过,恳天削落达成仙。

德道万行天尊

拜母亲

初真弟子拜母亲,地大元初养供先。

今日恭真还是大,拜答双亲参育恩。

北极添粮天尊

拜都官

大德都官好甚权,注掌法服化善缘。

初真合掌深深拜,还如父母也如金。

威权大德天尊

拜都讲

尊颜大德甚威权,老大慈悲化主缘。

今日初真深深拜,还如抱出是爹娘。

东华注寿天尊

拜公婆

公婆一抱胜岑茹,推怀倾惯寿龙龟。

日照西山还影现,重添甲子少年时。

大德主时天尊

拜祖舅

大舅原来大如天,甜言善语第一拜。

念恩念根亲是大，龙华三会再团圆。

西台记名天尊

拜叔伯

叔伯巍巍如松坚，寿如彭祖色高鲜。

初真合掌拜叔伯，祈保亲成福高强。

添年盖算天尊

拜兄弟

合气连枝手足兄，初如红日上东天。

颜回子路学文字，九旭明珠度难穷。

长生保命天尊！

（十一）落发

"初真弟子"站起，"戒度师父"用右手拉住"初真弟子"的左手，此时，"初真弟子"脱下乌巾（帽子），向东西南北中五方落发。"戒度师父"带"初真弟子"先向东方落发，旁边的道公在诵读《落发句》，每念一个方向，"戒度师父"就手拿一把梳子从"初真弟子"的头顶梳下来；以东南西北中的顺序落发。

我今落发向东方，东方甲乙木星临。

日头初出扶桑国，初真学道寿千年。

东方青帝护魂天尊

我今落发向南方，南方丙丁火星经。

夏炎物发定秋果，禄位高陛四季排。

南方赤帝定气天尊

我今落发向西方，西方庚辛金星运。

太白星君来作证，初真学道寿彭年。

西方白帝赤气天尊

我今落发向北方，北方壬癸水根源。

月府初照北海上，初真学道寿延年。

北方黑帝五气天尊

我今落发向中央，中央戊己土中眼。

五色浮云朝金阙，初真学道寿万年。

中央黄帝中主天尊

引"初真弟子"坐在凳子上，在"初真弟子"头上挂三串用五彩线串的中国古代铜币，上端是三串线系在一起，下面的铜币分别在左耳、右耳和眉头；此时，"度戒师父""监度师父"和"保举师父"每人手中拿一炷点燃的香，一边围着"初真弟子"转圈，一边在诵读《初真科》中的"三皈依"部分。当念到"师皈依"部分时，"引教师父"拿"毫光灯"和一炷香，放在"初真弟子"右肩上，引"初真弟子"从右到左转一圈，稽首一拜，然后在"同坛师父"的帮忙下，拿剪刀剪断右边的铜币，铜币落入下面的一碗清水中。"保举师父"围着"初真弟子"绕8字形转三圈后，"度戒师父""监度师父"和"保举师父"面对"坛院"，双肩跟着音乐节奏左右不断从高到低降低重复三次；当读到"经皈依"部分时，"监度师父"拿"天灯"和一炷香，放在"初真弟子"左肩上，引"初真弟子"从右到左转两圈，稽首一拜，然后在"同坛师父"的帮忙下，拿剪刀剪断左边的铜币，铜币落入下面的一碗清水中，然后，"保举师父"围着"初真弟子"绕8字形转三圈后，"度戒师父""监度师父"和"保举师父"面对"坛院"，双肩跟着音乐节奏左右不断从高到低降低重复三次；当读到"道皈依"部分时，"戒度师父"拿"天灯"和一炷香，放在"初真弟子"头顶上，引"初真弟子"从右到左转三圈，稽首一拜，然后拿剪刀剪断左边的铜币，铜币落入下面的一碗清水中，然后，"监度师父"围着"初真弟子"绕8字形转三圈后，"度戒师父""监度师父"和"保举师父"面对"坛院"，双肩跟着音乐节奏左右不断从高到低降低重复三次。

"度戒师父"在皈依受戒传法时，大声说"十戒内容"：

第一戒者，敬让孝养父母，不孝、不忠、不义、不仁者，常行尽限。此谓初真戒，汝能知否？答能者，获端正长生果。第二戒者，忠孝于君王，不得欺君，恭对帝道。此谓念初真妙戒，汝能知否？答能者，获聪智慧果。第三戒者，不杀枉牲，慈赦众生，常行慈善，此谓持守真持。能知否？答能者，获富贵家盛果。第四戒者，正身处物，不思淫欲，常行密郎而无使所犯，此谓修身，汝能持否？答能者，节庆安乐果。第五戒者，不得偷盗，魍魉说圣，观窃路财，常行善事，此谓修真，汝能持否？答能持者，获吉泰果。第六戒者，不嗔怒凌人，不贪得无厌，常行节俭，抚恤贫穷，此谓初真妙戒，能持否？答能持者，获清显果。第七戒者，不能陷贼害善，长行度济群生，此谓修行，汝能持否？答能持者，获正行果。第八戒者，不得骄纵傲横，嫉妒贤者，抛废智慧，常行开发睿智，广度众生，此谓修行智慧，汝能持否？答能持者，获大道正果。第九戒者，奉戒专一，不得饮酒作乱，枉吃禁果，污身秽地，常行清饮洁物，此谓修行清净，汝能持否？答能持者，或登大法正果。

（十二）结发

"初真弟子"站起，"戒度师父"用右手拉住"初真弟子"的左手，向东西南北中五方结发。"戒度师父"带"初真弟子"先向东方结发，旁边的道公在诵读《结发记》，每念一个方向，"戒度师父"就手拿一把梳子梳上"初真弟子"的头顶；按照东南西北中的顺序结发。

> 我今结发向东方，东方施主入门前。
> 东斗岁华延寿算，东华益算寿千年。
> 大圣东方九气天君
> 我今结发向南方，南方施主入门前。
> 南斗六司延寿算，南极长生寿延年。
> 大圣南方三气天君
> 我今结发向西方，西方施主入门前。
> 西斗太魁延寿算，重添甲子寿千年。
> 大圣西方七气天君
> 我今结发向北方，北方施主入门前。
> 北斗九皇延寿算，北极应灵寿千年。
> 大圣北方五气天君
> 我今结发向中央，中央施主入门前。
> 十二宫辰朝金阙，五气朝元玄又玄。
> 大圣中央一气天君，长生保命天尊。

（十三）付与弟子

道公们诵读《初真科》中的"付与弟子"部分，分别付与弟子以下内容：付顶当（法帽）、付法服、付简句、付裙、付书、付香炉、付水盂、付剑、付玉器金钟、付法、付诸品经。在现在的仪式中，付与弟子时只是诵读一些句子，而没有真正付与弟子实物。

（十四）见帝

"戒度师父"手拿宝幡旗带"初真弟子"从"下八坛"开始见帝，顺序是：下八坛、右班前、左班前、坛（太清、上清、玉清），一旁的道公在读《初真科》中"见帝"部分。

"戒度师父"在下八坛念：太上传正教，初真遇鹤鸣，精功超玉阙，列圣侍三清，接引章词奏，刻随凡庶筵，修斋当修清，恭请监精诚，金容出世华夏见金真引教天尊。

（十五）赐食

"戒度师父""监度师父"和"引教师父"分别给"初真弟子"喂食。"同坛师父"先取来一碗清水和三包"糯米糖包饭"交予"戒度师父"，"戒度师父"再把两包"糯米糖包饭"分与"监度师父"和"保举师父"每人一个，自己留一包；水代表奶水，"糯米糖包饭"代表浊奶；此时"初真弟子"仍面对"坛"坐在凳子上，"保举师父"站在"初真弟子"左侧，用自己的道衣盖在"初真弟子"头上，先喂清水，再喂"糯米糖包饭"，共喂三次，然后取一块"糯米糖包饭"放在香案上，其余的给"初真弟子"；然后"监度师父"站在"初真弟子"的右侧，用自己的道衣盖在"初真弟子"头上，先喂清水，再喂"糯米糖包饭"，共喂三次，然后取一块"糯米糖包饭"放在香案上，其余的给"初真弟子"；最后是"戒度师父"站在"初真弟子"面前，先喂清水，再喂"糯米糖包饭"，共喂三次，然后取一块"糯米糖包饭"放在香案上，其余的给"初真弟子"。"保举师父"代表的是"左乳"，"监度师父"代表的是"右乳"，"戒度师父"代表"左右乳"。

（十六）合阴阳牒

师父们合阴阳牒，并且赐福禄与"初真弟子"。"监度师父"把自己之前写的"阴牒"和"阳牒"的最后一页合起来，用毛笔在上面画"之"字形，形状与梯田相似，然后盖上"三清考召印"，把"阴牒"烧掉，留起"阳牒"，把"阴牒"的纸灰、三十六个铜币和一些大米一起放到一个竹筒里，道方的七位师父全部围起来用力认真地上下摇晃竹筒，顺序是："画字师父""保见师父""证见师父""同坛师父""保举师父""监度师父"和"戒度师父"。然后，"戒度师父"取一条白色细纱布，一端放在"初真弟子"腰部，"初真弟子"用双手拿着，一端系在"戒度师父"的腰中，然后，把竹筒中的纸灰、铜币和大米都倒在这白色细纱布上，然后分别捡出是"阳面"和"阴面"的铜币①，"阳面"的给"初真弟子"，"阴面"的给师父。但是，"初真弟子"铜币的数量必须比师父的铜币的数量要多才行，如比师父得少，必须重新再做一次这个环节，直到"初真弟子"铜币的数量比师父多才行。这些纸灰、铜币和大米代表着给"初真弟子"的田地、钱财和兵马。

然后师父把白色细纱布剪断，代表脐带剪断，用一段白色细纱布捻成细绳，把"初真弟子"得到的铜币串在这细绳上，然后用白色细纱布把铜币和"阳牒"裹起来；七位师父围着"初真弟子"，然后背对着"初真弟子"，把"阳牒"递给弟子。顺序是："画字师父""保见师父""证见师父""同坛师父""保举师父""监度师父"和"戒度师父"。

（十七）开经水就是读经书

读《三十六部经书》。

接下来，取一个簸箕，上放一块粗布，布上放"经书"，这些"经书"也叫《诸品经》，共包括三十六部经书；旁边放一碗米，米上插一炷香，"戒度师父"放几角钱在米上，然后刚才的几位师父都跟着钹的音乐节奏读《步虚科》。然后，"戒度师父""监度师父"、受戒弟子围着簸箕转圈，师父们口中念诵，大意是："请各位政谢神（内神）和九庙神（外神）作证开读经书"；然后围着簸箕，师父与弟子一起诵读经书，弟子手拿三炷香，三炷香代表"三清"，香上包一张草纸，把经书的每一页都从上到下画一下，表示已经诵读完毕，每遇到看起来奇怪的字，就用一张草纸覆盖一下，也表示诵读过了，然后把这些草纸烧掉；然后，受戒弟子拿毛笔去到"经坛"前，在每一卷经下面把经坛上的白色棉纸用毛笔画一条长线，再用毛笔画三下，表明已经把这所有的经书都取回来了。然后，受戒弟子

---

① 具有"国号"的一面为"阳面"，另外一面则为"阴面"。

仍坐在簸箕边，双手捧着用刚才簸箕上的粗布包着的刚才诵读过的经书，师父们口中念念有词，大意是："将经文纳给各位政谢神（内神）和九庙神（外神）受领。"

（十八）投词发愿

道公一起诵读《初真受戒科》的"志心发愿"部分，内容为：一愿天无秽气，二愿地无妖尘，三愿神风静然，四愿日月照明，五愿八景宜合，六愿十方肃清，七愿普授传度，八愿民称太平，九愿万神侍卫，十愿诸天书名，十一愿功德甚重，十二学道长生。

（十九）三奠酒

此时，斋主端着内放六杯酒的酒盘过来和道公一起说唱《初真受戒科》的"三奠酒"部分，主要内容是给家先献酒，让家先去神仙界。有三首"三奠酒"，每一首都有初奠酒、二奠酒和三奠酒。大家读完"三奠酒"部分，然后焚烧草纸给家先，让家先作为本钱，在去往神仙界的路上用；然后道公和斋主一起喝掉六杯酒。

（二十）行朝

穿法衣的道公，站在"坛院"中，用左脚写"道"字后，走"之"字形（像梯田的形状），走三次；然后再回到原地，用左脚写"经"字后，走"之"字形，走三次；然后再回到原地，用左脚写"师"字。大概意思是帮助三位神仙耕种田地。

（二十一）回向

穿道衣的道公，手拿宝幡旗，旁边道公诵读神目，每念到一个神仙的名字，穿道衣的道公就转一圈，稽首一拜。神目有：清微天玉清圣境元始天尊、禹余天上清真境灵宝天尊、太赤天太清仙境道德天尊、弥罗天金阙昊天玉皇上帝、太微天南极勾陈天皇上帝、紫微天北极紫微星皇上帝、碧霞天高上神宵真皇上帝、梵气天东极宫中青玄上帝、玉柱天承天后土皇大地祇、大罗天金阙左班朝元真宰、大罗天金阙右班列圣群真。

回向结束后，道公解衣。

以上每一个小步骤都需要一个师父或"宗师"看"秘书"，心中默念"法"，并一手拿一卷起的草纸，在默念"秘书"的同时，轻轻用草纸掠过"秘书"的相应部分，这样会把全部内容一字不落在心中默念。

戒度仪式结束后，"同坛师父"就在"坛"后的四位大师父的香炉中插上三炷点燃的香，并在"功曹案"的香炉中插上三炷点燃的香。

八 告斗

师父们默念"秘语"（法），焚烧草纸，这咒语大意为：请阴间师父来帮忙，三元、三清，也念到草纸上画的小人的纸上的阳间师父来帮忙。"同坛师父"在"坛"后的四位大师父的香炉中插上三炷点燃的香，并在"功曹案"的香炉中插上三炷点燃的香。然后才开始告斗仪式过程。

（一）取道衣

道公面向"坛"跪在地上，先烧纸念师，双手拿"法衣"，旁边有的道公在击打"法器"，有的在默念"秘语"，跪在地上的道公向"坛"稽首三拜后，起身跟随着音乐节奏，双手捧着"法衣"，左脚向前移动两次，在"坛院"中绕 8 字形走三圈，然后面对"坛"跪在地上，双肩跟着音乐节奏左右不断从高到低降低重复三次，然后整个过程再重复三次；然后穿上"法衣"，跟随着音乐节奏，手拿"虎令"，左脚向前移动两次，在"坛院"中绕 8 字形走三圈，然后面对"坛"跪在地上，双肩跟着音乐节奏左右不断从高到低降低重复三次，然后整个过程再重复三次。

（二）取《告斗科》书

道公一手把《告斗科》折叠起来，中间插三炷点燃的香，一手拿"虎令"；旁边有道公在击打乐器，伴着音乐节奏先走 8 字形，走三圈后跪下，先拜南方；接下来同样拜西方、东方和北方；把这三炷香插到"坛"后自己的香炉中，然后唱三首步虚，念演咒语。大概意思是请三位天师来帮忙，一是金真引教天尊，二是五师天中尊，三是礼太虚。

（三）洒净斗院

道公一手拿一个酒杯，内放"甘露水"，一手拿"虎令"，其余在击打镲、锣法器，手拿"甘露水"的道公，跟随音乐的节奏向东南西北中五方洒"甘露水"，用"东顶"去蘸下"甘露水"，就向五方的空中洒去，代表用"甘露水"把五方洗净来迎接各方神圣。然后唱"洞中用"步虚，大概的意思是五龙天师的法水把"斗院"洒洗干净，消除秽气，祸去福来，消灾祈福。

（四）请神证盟

道公面向"斗坛"，跪在地上，手拿"虎令"跟随音乐节奏击打

"斗"前的"香案",斋主手拿家先牌位跟在这位穿道衣的道公后,旁边的道公在诵读《告斗科》中的"请神证盟",大概内容是:启请众神带领天兵天将降临"斗坛"来证盟这场度戒仪式。跪在地上的道公一直跪到神目诵读完毕。

神目有:玉清圣境元始天尊、上清真境灵宝天尊、太清仙境道德天尊、金阙昊天玉皇上帝、南极勾陈天皇大帝、北极紫微星皇大帝、高上神霄真皇大帝、东极宫中青玄上帝、承天后土皇大地祇、南斗六司延寿星君、北斗九皇上道星君、中天十一列曜星君、东斗五元注算星君、西斗六阴记名星君、中斗延年保命星君、周天三百六十五度星君、普天二十八宿星君、中斗擎粮陀罗使者、东岳泰山金丝接命仙官、南岳衡山金丝接命仙官、西岳华山金丝接命仙官、北岳恒山金丝接命仙官、中岳嵩山金丝接命仙官、五岳掌下案牍仙官、五岳掌下枝粮接命仙官、五岳掌下添粮考校判官、五岳掌下粮丝接命仙官、五岳掌下移文换案判官、五岳下三百六十注生注寿判官、六曹掌案牍判官、六曹添年考算仙官、六曹添粮丝命仙官、六曹注生注寿判官、六曹注延注籍判官、六曹一百二十增年判官、斗府三界功德司官、司官注福注禄仙馆、司官把历把簿案官、案中太后斗母夫人、司官掌善恶二簿判官、司官护财掌宝判官、司官掌笔护砚仙官、司官封卯奉卯仙官、司官掌印掌案判官、司官掌籍掌库判官、司官秤轻秤重判官、司官把简定福仙官、司官磨朱磨墨仙官、司官结还了愿仙官、东生本命元辰星君、南极老寿星君、当权太岁五十九位星君、本家香火司命灶君、△家三代祖迺先灵、本村本社本境大王、过往瘟神。

(五)点告斗灯

在"坛院"道边的一方中间,放一个簸箕,上放糯米粑,数量根据来告斗的亲戚数量,人多放多些糯米粑,人少放少些糯米粑,在簸箕中央放一碗米,上插一炷香,插"斗牌",在簸箕周围放一圈小张草纸,用一小节竹竿,上插放三盏棉纸做的油灯,点燃这三盏"三清师父"灯;一位道公用油灯点燃簸箕周围的草纸,一旁的道公们在诵读《告斗科》中"点告斗灯"部分,主要内容有:祈求"三清师父"庇佑,消灾延福,添补粮食,保命延寿;点南斗五位真君,点北斗十五位仙官。在道公诵读"告斗灯"部分时,要把簸箕周围的草纸烧完。

（六）入斗皈依

道公们一起诵读《告斗科》中"入斗皈依"部分，主要供的神仙有：南斗官、北斗官、五岳官、六曹官、案读官和玉皇上帝，神仙们暂离仙宫，来此斗坛中，庇佑斋主和亲戚，护福寿无穷，保命寿千春，保寿命延长，添粮赐福。

（七）取粮

在"斗坛"的簸箕中，另外多放一碗米，上放一股黑白一起的线，一位道公手拿"斩鬼刀"，旁边放一杯清水，在清水中烧一张草纸，然后施"法"，口念"秘语"，道公喝五次清水，又施"法"，口念"秘语"，然后，取一个盘子，上放几张草纸，然后把刚才施过"法"的清水也放在盘子中，然后拿香指向盘子，再念"秘语"，从碗中取大米三次，施"法"，然后把整碗大米倒进盘子中，再用香指向盘子，然后把碗放到盘子中，折叠一张草纸放到碗的下面，然后放三个糯米粑（象征给人增添了三三九十九年的寿命），交与斋主的亲戚，并取些米，施"法"，洒向盘子中。接下来给下一位亲戚取粮，以上结束后才是斋主家。斋主家一般是最为年长的老人来取粮，并且是在"坛"旁边的"天桥"前进行取粮仪式。

（八）三献文

道公一起诵读《告斗科》三献文部分。内容大意为：献香、献酒与南宫注寿天尊、北阙添粮天尊、宝华完满天尊，祈求神祇消灾解厄，福寿增延，赐福安康。

（九）复请神

道公一起诵读《告斗科》"请神证盟"部分的神目。神目有：玉清圣境元始天尊、上清真境灵宝天尊、太清仙境道德天尊、金阙昊天玉皇上帝、南极勾陈天皇大帝、北极紫微星皇大帝、高上神霄真皇大帝、东极宫中青玄上帝、承天后土皇大地祇、南斗六司延寿星君、北斗九皇上道星君、中天十一列曜星君、东斗五元注算星君、西斗六阴记名星君、中斗延年保命星君、周天三百六十五度星君、普天二十八宿星君、中斗擎粮陀罗使者、东岳泰山金丝接命仙官、南岳衡山金丝接命仙官、西岳华山金丝接命仙官、北岳恒山金丝接命仙官、中岳嵩山金丝接命仙官、五岳掌下案牍仙官、五岳掌下枝粮接命仙官、五岳掌下添粮考校判官、五岳掌下粮丝接命仙官、五岳掌下移文换案判官、五岳下三百六十注生注寿判官、六曹掌案牍判官、六曹添年考算仙官、六曹添粮丝命仙官、六曹注生注寿判官、六曹注延注籍判官、六曹一百二十增年判官、斗府三界功德司官、司官注福注禄仙馆、司官把历把簿案官、案中太后斗母夫人、司官掌善恶二簿判官、司官护财掌宝判官、司官掌笔护砚仙官、司官封印奉卯仙官、司官掌印掌案判官、司官掌籍掌库判官、司官秤轻秤重判官、司官把简定福仙官、司官磨朱磨墨仙官、司官结还了愿仙官、东生本命元辰星君、南极老寿星君、当权太岁五十九位星君、本家香火司命灶君、△家三代祖迺先灵、本村本社本境大王、过往瘟神。

（十）解厄科

道公一起诵读《告斗科》"解厄科"部分。主要大意为，求告北斗七星元君（即七元解厄天尊），解除所有的灾难厄运、疾病、蛇蝎厄、盗贼厄、枷棒厄、横死厄、诅咒厄、天罗厄，诵读真经保平安。

（十一）说经收斗灯送圣

道公手拿一炷香，上面插一张草纸，面向正堂门的方向，坐在凳子上拿香向外挥手，旁边的道公诵读《告斗科》中的"说经收斗灯送圣"部分，象征送南斗、北斗等众神回自己的宫殿，留恩赐福给信人（刚才取粮的人）。

以上每一个小步骤都需要一个师父或"宗师"看"秘书"，心中默念"法"，并一手拿一卷起的草纸，在默念"秘书"的同时，轻轻用草纸掠过"秘书"的相应部分，这样会把全部内容一字不落默念在心中。

九　安龙

师父们默念"秘语"（法），焚烧草纸，这咒语大意为：请阴间师父来帮忙，三元、三清，也念到画小人的草纸上的阳间师父来帮忙。"同坛师父"在"坛"后的四位大师父的香炉中插上三炷点燃的香，并在"功曹案"的香炉插上三炷点燃的香。然后才开始安龙仪式过程。

（一）取道服

道公面向"坛"跪在地上，先烧纸念师，双手拿"法服"，旁边的道公有的在击打"法器"，有的在默念"秘语"，跪在地上的道公向"坛"稽首三拜后，起身跟随着音乐节奏，双手捧着"法服"，左脚向前移动两次，在"坛院"中绕 8 字形走三圈，然后面对"坛"跪在地上双肩跟着音乐节奏左右不断从高到低降低重复三次，然后整个过程再重复三次；然后穿上"法服"，跟随着音乐节奏，手拿"虎令"，左脚向前移动两次，在"坛院"中绕 8 字形走三圈，然后面对"坛"跪在地上，双肩跟着音乐节奏左右不断从高到低降低重复三次，然后整个过程再重复三次。

（二）取《安龙科》书

道公一手把《安龙科》折叠起来，中间插三炷点燃的香，一手拿"虎令"；旁边有道公在击打乐器，伴着音乐节奏先走 8 字形，走三圈后跪下，先拜南方；接下来同样拜西方、东方和北方；把这三炷香插到"坛"后自己的香炉中，然后唱三首步虚，大概意思是请三位天师来帮忙，一是金真引教天尊，二是五师天中尊，三是礼太虚。

（三）洒净"土府坛"

"土府坛"是一竹筐，内放谷子，把"宝幡旗"和"家先牌"插在谷子里，放一盏油灯，插一炷香。一位道公一手拿一个酒杯，内放"甘露水"，一手拿"虎令"，其余在击打镲、锣法器，手拿"甘露水"的道公，跟随音乐的节奏向东南西北中五方洒"甘露水"，用"东顶"去蘸下"甘露水"，向五方的空中洒去，代表用"甘露水"把五方洗净来迎接各方神圣。然后唱"洞中用"步虚，大概的意思是五龙天师的法水把"坛院"洒洗干净，消除秽气，祸去福来，消灾祈福。

（四）请神证盟

道公面向"坛"，跪在地上，手拿"虎令"跟随音乐节奏击打"坛"前的"香案"，斋主手拿家先牌位跟在这位穿道衣的道公后，旁边的道公诵读《安龙科》中的"请神证盟"，大概内容是：启请众神带领天兵天将降临"坛院"来证盟这场度戒仪式。跪在地上的道公一直跪到神目诵读完毕。

神目有：三元天地水府三官大帝、五师教主三省真君、北极四圣灵应真君、中天十一列曜行度星君、南斗六司延寿星君、北斗九皇上道星君、东西中三斗星君、二十八宿解厄星君、三台华盖星君、天伦十二命宫神星君、土府降山北辰大帝、土府九垒真皇大帝、土府垢土夫人、土府天主山神、土府帝主山神、土府青乌先生、土府白鹤先生、土府阴阳二师、土府张坚周先生、土府李定解厄先生、土府国泰侣先生、土府墓主△公（妻）

正魂、墓内守墓夫人、墓内左青龙大神、墓内右白虎神君、墓中坤庚西神君、墓中前朱雀神君、墓中后玄武神君、墓中丑未申神君、墓中五方五位龙神、墓中乙卯辰巳巽神君、墓中己午卯酉神君、墓中辛庚亥乾山神、墓中壬子癸丑山神、墓中帝劫山神、墓中山劫帝王山神、墓中伏降二青山神、墓中内外白鹤玉神、绿中墓内伏坐宫神、墓内三男三女山神、墓内排御信士山神、墓内老寿山神、墓内二十八向山神、墓内掌薄山神、墓内信士仙官、墓内门口土地正神、墓内奏士仙官、福堂香火住宅等神、本境△使大鬼王、△家三代祖迺先灵、墓中运财力事等神、日直功曹使者、墓门一切神祇。

（五）执幡召家先

一位道公手执宝幡旗，与其余道公一起诵读《安龙科》中"执幡召家先"部分。大概内容：三请家先回旧舍，然后请神圣带领家先前往神仙界。

（六）点灯引灵

一位道公手执宝幡旗，与其余道公一起诵读《安龙科》中"点灯引灵"部分。大概内容：引亡灵见"道、经、师"三方师父，听师父忏悔，述说在阳间所犯下的罪行，并让神圣给一一解厄。"一切冤家今解脱，伏解一身无冤业，二解业障尽消除，三忏养畜并作福，四忏罪业脱身边，五忏六根得清净，六忏清净也周完，七忏修斋并作福，八忏同登快乐天，九忏冤家解了脱，十忏亡者早生天。"

（七）志心发愿

道公诵读《安龙科》中"志心发愿"部分。大概内容："愿眼常观玉豪照，愿耳常闻设法声，愿鼻不臭众妙香，愿口常赞无上道，愿身不染邪摇事，愿意常存正信心，发愿常报四重恩，发愿下济三涂苦，广愿慈悲论一切，常行方便救众生，唯愿玉帝大慈尊，加护愿心悉成就。"

（八）三献送凶龙

在大小为10厘米×50厘米黄色彩纸上，师父画一条龙，共有五张彩纸，每一张彩纸上都画有一条龙，插到"土府坛"中的谷子中，然后道公诵读《安龙科》中"三献送凶龙"部分，大概内容是把"家先墓"中的衰龙、废龙、败龙、病龙送出去他方。道公取出五条彩纸烧掉，然后又请东西南北中五方少壮龙来安镇墓中，并用五彩纸画"符"放在"土府坛"

中，东方少壮龙用青色彩纸画"符"，南方少壮龙用红色彩纸画"符"，西方少壮龙用白色彩纸画"符"，北方少壮龙用黑色彩纸画"符"，中央少壮龙用黄色彩纸画"符"。另外安镇子丑寅卯等十二方位的强龙、壮龙用拥护墓。

（九）三奠酒

此时，斋主端的内放六杯酒酒盘过来和道公一起说唱《安龙科》的"三奠酒"部分，主要内容是给家先献酒，让家先去神仙界。次部分有三首"三奠酒"，每一首都有初奠酒、二奠酒和三奠酒。读完"三奠酒"部分，然后焚烧草纸给家先，让家先作为本钱，在去往神仙界的路上用；然后道公和斋主一起喝掉六杯酒。

最后，道公把宝幡旗折断并焚烧掉。

以上每一个小步骤都需要一个师父或"宗师"在看"秘书"，心中默念"法"，并一手拿一卷起的草纸，在默念"秘书"的同时，轻轻用草纸掠过"秘书"的相应部分，这样会把全部内容一字不落在心中默念。

十　设醮

师父们默念"秘语"（法），焚烧草纸，这咒语大意为：请阴间师父来帮忙，三元、三清，也念到画小人的草纸上的阳间师父来帮忙。"同坛师父"在"坛"后的四位大师父的香炉中插上三炷点燃的香，并在"功曹案"的香炉插上三炷点燃的香。然后才开始设醮仪式过程。

道公在草纸上画鸟的形状，并在上面写五个步骤的名字：一是宿启，二是早朝，三是午朝，四是晚朝，五是谢恩师（说醮），以上五个步骤每到一个步骤结束时，就将相应草纸在"坛"前烧掉。如在设醮部分就焚烧掉一个内写有"谢恩师（设醮）"字样的草纸。

在"土府坛"摆放三杯酒，在香炉中插放三炷香，一道公面向正堂门口，跪在"土府坛"前，先取一炷香，双手拿"谢恩师"和"虎令"左右跟随音乐节奏和诵读《迓九帝》部分中的神目晃动，诵读完三位神圣后，喝"土府坛"前一杯酒，道公起身，面向"坛"，手拿"虎令"左右动，然后把香安放在"坛"后面的香炉中，给旁边的"道公"喝"坛"前一杯酒，这杯酒是恭贺年少师饮；然后重复三次这样的动作。以后的两边酒分别恭贺中班师饮，恭贺太上老君饮大吉。然后把"谢恩师"词烧掉；然后，把正堂门口道边的"禁坛盂"翻起来。这个部分的大概意思是请九位神仙从"土府坛"领到"坛院"安坐。

然后给天上所有的神通知现在做到哪一个步骤，让神圣知道。

以上每一个小步骤都需要一个师父或"宗师"看"秘书"，心中默念"法"，并一手拿一卷起的草纸，在默念"秘书"的同时，轻轻用草纸掠过"秘书"的相应部分，这样会把全部内容一字不落在心中默念。

十一 飞章

师父们默念"秘语"（法），焚烧草纸，这咒语大意为：请阴间师父来帮忙，三元、三清，也念到草纸上画的小人的纸上的阳间师父来帮忙。"同坛师父"在"坛"后的四位大师父的香炉中插上三炷点燃的香，并在"功曹案"的香炉中插上三炷点燃的香。然后才开始飞章仪式过程。

（一）画龙做章

道公先在一旁在三张草纸上分别画一条龙，然后把草纸折叠起来，放到"天船"上。这三个章分别叫作"参坟章""金丝章"和"消灾章"，"参坟章"是保护斋主家的主坟；"金丝章"是添粮；"消灾章"消灾保平安。

这三个"章"做好后，用草纸把"章"包好并放入"天船"中，做章师父将"天船"交与道公，道公双手平端"斩鬼刀"，接过"天船"后，放于"坛"前。

（二）洒净"腾章"

道公一手拿"甘露水"酒杯，一手拿"虎令"，其余道公有的在击打镲、锣法器。手拿"甘露水"的道公，跟随音乐的节奏向东南西北中五方洒"甘露水"，用"东顶"去蘸下"甘露水"，就向五方的空中洒去，代表用"甘露水"把五方洗净来迎接各方神圣。然后唱"洞中用"步虚，大概的意思是五龙天师的法水把"腾章"洒洗干净，消除秽气，祸去福来，消灾祈福。

（三）召帅

道公双手拿内放有"章"的"天船"，向左右两侧和"坛"分别请帅和兵马来保护"腾章"。先向左侧的"鹤鸣山"请"张天师"，再向右侧的"武当山"请"真武上帝"；第二次向左侧的"龙虎山"请"赵帅"，再向右侧的"龙虎山"请"邓帅"；第三次向左侧的"龙虎山"请"马帅"，再向右侧的"龙虎山"请"关帅"；第四次向"坛"请"万马千军"。

（四）拜章

一旁的道公诵读《飞章科》中的"拜章"部分，大概内容为：拜我玉清、上清、太清三位师父帮助我收腾章送达玉皇陛下。

（五）踏罡

在"坛"前地上，放九张大小为 10 厘米×10 厘米的草纸，纵横都是三个，每一张草纸上再放一枚"铜币"，九枚铜币分别代表：宫、乾、兑、艮、离、坎、坤、震、巽。道公双手拿着内放有"章"和三炷香的"天船"，面向"坛"，一旁的道公在诵读《飞章科》中"请高功文"部分，穿道衣的道公和手拿"天船"的道公先向"坛"跪下后，然后开始"踏罡"，顺序是：一发中宫二归乾，三归兑上四艮边，五离六坎七坤位，八震九巽入宫中。

然后道公面向"坛"跪下，双手举起"天船"，让刚才做"章"的道公接住，这位道公和另外一个击打钹的道公一道去"天庭所"，道公一边击打钹，拿"天船"的道公在"天庭所"把"天船"烧掉，意思是把这些神圣送到了"天"上。

跪在"坛"前的道公直到在"天庭所"烧掉"天船"的道公回到"坛院"时，才起身"退罡"，顺序与"踏罡"的顺序正好相反：一退宫中二归巽，三归震上四坤边，五坎六离七艮位，八兑九乾入中宫。

"退罡"后，道公把中间的"铜币"放到酒杯里，然后倒些"甘露水"，烧一张草纸，放在这酒杯里递与斋主，斋主喝一些酒杯中的"甘露水"并把酒杯中的"铜币"捡出，道公把剩余的八个"铜币"捡起。"飞章"的环节一般由"戒度师父"来完成，所以，"戒度师父"会把其中的一些"铜币"分给自己带来帮忙的"宗师"和"从士"，"铜币"表示把福气带给了斋主和师父们。最后把草纸焚烧掉。

以上每一个小步骤都需要一个师父或"宗师"看"秘书"，心中默念"法"，并一手拿一卷起的草纸，在默念"秘书"的同时，轻轻用草纸掠过"秘书"的相应部分，这样会把全部内容一字不落在心中默念。

十二　升度

师父们默念"秘语"（法），焚烧草纸，这咒语大意为：请阴间师父来帮忙，三元、三清，也念到草纸上画的小人的纸上的阳间师父来帮忙。"同坛师父"在"坛"后的四位大师父的香炉中插上三炷点燃的香，并在"功曹案"的香炉插上三炷点燃的香。然后才开始升度仪式过程。

"升度"环节一般由"戒度师父"和"监度师父"来完成，这个环节的主要目的是恭请家先升天。

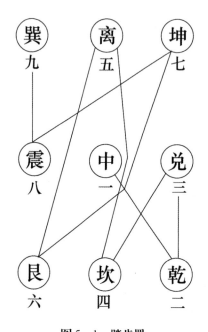

图 5 - 1　踏步罡

资料来源：蓝靛瑶度戒仪式手抄本和田野资料。

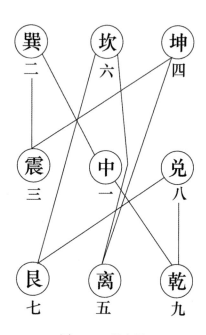

图 5 - 2　退步罡

资料来源：蓝靛瑶度戒仪式手抄本和田野资料。

"戒度师父"一手拿"宝幡旗"，一手把"家先牌"从"土府坛"中拔出，用"家先牌"把"土府坛"中的油灯扇灭，然后"戒度师父"手拿"宝幡旗"和"家先牌"在前，"监度师父"手拿钹击打跟在后面，绕"土府坛"转三圈，就来到"坛"前，左脚踩在"香案"上，把"宝幡旗"指向并靠近"坛"，施"法"，默念"秘语"，一旁的道公诵读《升度语》(《大道科》《南灵科》)，诵读完毕后，"戒度师父"一手拿"宝幡旗"和"斩鬼刀"，一手拿"家先牌"和"虎令"从低向高处（高处即靠近"坛"的地方）移动，重复三次，然后把"家先牌"扔到身后，然后在"宝幡旗"的竹竿上画"符"，把竹竿折断三节，把"幡"从竹竿上撕拉下来，然后道公脱道衣。这部分主要代表含义是："宝幡"是通往天界的桥梁，家先通过这座桥梁升上天界，并且带走成山似的金银财宝入库。

以上每一个小步骤都需要一个师父或"宗师"看"秘书"，心中默念"法"，并一手拿一卷起的草纸，在默念"秘书"的同时，轻轻用草纸掠过"秘书"的相应部分，这样会把全部内容一字不落在心中默念。

至此，道边的所有仪式结束。

第六章　度戒仪式：师边

度戒仪式开始后，道边和师边要同时开始仪式，并且在开始"动鼓"部分需要双方合作完成。但是，道边和师边在"动鼓"部分合作结束后，师边需要多"动鼓"二十一次，奏请内外神圣来坛院领受祭品并证盟这场度戒仪式。①

一　动鼓

"动鼓"过程需要师方与道方一起做，所以师方的"动鼓"与道方的一样，在此不一一赘述。

在和"道边"一起做完"动鼓"后，师边还需做自己"动鼓"多出的部分。先在鼓面上写"吉通"两字，然后绕着这两字外画三圆圈，打鼓的师公一人诵读《救患科》中的"动鼓"部分，念一句击打鼓一次，共念三十次，击打鼓三十次，每一次击鼓象征一次奏伸文牒，去某一庙宇请某一神祇，每一次诵读的内容是：在吉日吉时良利，我击鼓奉请东南西北中

---

① 田平人认为，虽然道边和师边所需做的步骤不同，但作用是一样重要的，并且在度戒仪式最后谢师部分，醮主给予双方的酬谢也一样，对于级别相同的师父，主人家在现金酬谢和给予猪肉的部位都是一样的，如：道一"戒度师父"和师一"正戒师父"得到的酬谢是一样的。因道边一方需要诵念大量的经书和科书，师边一方需要跳很多舞蹈动作，加上蓝靛瑶在历史过程中迁徙频繁，又居住在崇山峻岭之中，所受的文化教育较少，并且上学较为困难。田平人认为道边师父认识很多字并有很多宗教书籍，在度戒仪式中，道边师父又需诵读很多宗教书籍，而师边师父表演跳舞蹈动作和吟唱较多的山歌，这些舞蹈和山歌可在蓝靛瑶的宗教仪式中较易学习到。另外，道边的秘书比师边的秘书多。所以田平人认为成为一位合格的道边师父要比成为一名合格的师师父要困难得多（详见本书的第六章第三节）。在本书中，笔者在章节的安排上把道边"土府延生"安排在师边"日午青灯"之前，是考虑道边在度戒仪式过程中，在道边和师边合作"动鼓"部分之余，道边进入下一仪式环节部分，师边仍需多"动鼓"二十一次，这样较易安排章节；另外也考虑到在田平人地方性知识体系中认为道边比师边更重要一些。

五方神圣，劳烦当日三界四值符吏功曹、土地神上送文牒给众神祇。先请受戒弟子师父的师父，再请外神（也叫"九庙神"），再请内神（也叫"政谢神"），不犯天、地、师主，鼓声奏往这二十一个"神庙"去。此时，一旁的师公击打小铜锣和摇晃铃铛配合，另外一边的道公们也可以击打钹和大铜锣来配合。

外神居住的神庙有：大罗南容大庙，雪山法坛信州龙虎山前黑风峒内武当山前香山大庙，太康吉州菁草扶桑昆仑大庙，雷州金鹅云头廷霄府内雷州金峨大庙，红泥尚仙西国参堂北门浪波浪滩大庙，挂灯敕城东感大庙，田州岩宥府，西京北京横茶北楼大庙，祠堂上香大庙，岳州疑灵大庙。

依次居住在上述神庙的外神有：三元，本佩梅山法主大圣本村官民李社大皇，上宫中天政法雷电民主三官威德雷主雷祖长生大帝，冯敕贤圣四官都长，游行祖境南朝高祖万寿公王，祖使岑莺岑猛岑宣老爷大王，新圣太昌皇帝，菁山本境，当年瘟王△①大鬼王。以上外神都为主要的神祇，每一位神祇都掌管几位小神，并居住在同一神庙。

内神居住的神庙有：通州华盖大庙，川州川境大庙，扬州大殿、广府大堂，昆仑大庙、昆仑小庙，擎粮注生院内，大罗南容大庙，明山马槽六律大庙，菁草七宝庙堂，弥罗顺天玄穹宫，嶅山嶅州花山大庙，峨山花山大庙，铁山越州大庙。

先奏请天、地、日月三光，没有自己的神庙，剩余的外神依次居住在上述神庙的有：政谢宅堂土地福德万岁老人，政谢五方参相治病迷惑仙娘，政谢东主家先△公△婆△家三代祖迺先灵，政谢本音通天玄灵五祖司命灶君，政谢合家正醮求寿斗府三宫长生大帝，政谢父子本氽三元（清）大道无机大罗妙佑六御高真（三元、三清），政谢游行广化三界医药仙官，政谢开天盘古大皇，政谢金阙昊天玉皇上帝，政谢上宫南曹九朝帝母太白天娘，政谢本侍家堂香火北府李大元帅。

先诵读神庙，然后诵读神祇名称。击打三十次鼓后，师公们继续敲鼓，击打钹和摇铃铛，一位师公面向"坛"，跟着音乐节奏开始在正堂中快走8字形三圈；然后，面向"坛"，双肩跟着鼓钹的音乐节奏左右不断

---

① 每一年的瘟王都不一样，所有用△来代替。

从高到低下降，一直到蹲下去不能再降低为止，然后再站起来，重复三次；东南西北中五方各做这样的动作。

象征的含义是：鼓声是雷鸣，震天动地，是春雷阵阵，草木逢春，百鸟推春，雷声去请各位政谢神、三元九庙神祇，都来领受菩提树果、五谷树果、万年桃果。

二　功曹①

师父们默念"秘语"（法），焚烧草纸，这咒语大意为：请阴间师父来帮忙，三元、三清，也念到画小人的草纸上的阳间师父来帮忙。"同坛师父"在"坛"后的四位大师父的香炉中插上三炷点燃的香，并在"功曹案"的香炉上插上三炷点燃的香。然后才开始功曹仪式过程。

（一）取"绿白"

"引教师父"双手拿"绿白"和"东顶"，面向"坛"跪在"香案"前，一旁的师公大声说："拜主人家，谢谢各位师父、宗师和从士来帮忙。"说罢，师公开始敲鼓，还有其他师公在敲打铜锣和摇动铜铃。

"引教师父"双手拿"绿白"和"东顶"起来，跟着音乐节奏开始在正堂中快走8字形三圈；然后，面向"坛"，双肩跟着鼓钹的音乐节奏左右不断从高到低下降，一直到蹲下去不能再降低为止，最后再站起来，重复三次；以上两个动作重复三次。

"引教师父"然后把"绿白"放在右肩上，双手拿"东顶"，继续在正堂跟着音乐节奏快走8字形三圈，但是这次走8字形要从刚才走8字形的反方向走起；然后，面向"坛"，双肩跟着鼓钹的音乐节奏左右不断从高到低下降，一直到蹲下去到不能再降低为止，最后再站起来，重复三次；以上两个动作重复三次。

肩披"绿白"，手拿"东顶"的师父，面向正堂与旁边的师公们一起诵读《意者书》，一直读"功曹"部分。

（二）奉请"符吏功曹"

师公们一起诵读《救患科》中"启功曹"部分，大概内容是：今居住

---

① 在蓝靛瑶的传统中，师边的"功曹"部分本应是由男童来做这部分仪式，但是现在适龄男童都在校上学，现在，在度戒仪式中，规定师公二"引教师父"来做"功曹"部分的仪式。蓝靛瑶随着历史长河的变迁，举行的仪式也发生改变调整。

在某处，斋主△眷妻△男女合家人，病患较多，所以建"日午灯筵"，奉答诸位神圣，所以借钱筹办香、油、纸、生灵、财马五供，择吉时插旗"动鼓"发牒"功曹"，"符吏功曹"共有四位：上界年值符吏功曹、中界月值符吏功曹、下界日值符吏功曹、阳界时值符吏功曹。飞书三迎三请这些"三界四值功曹"使者，有车坐车，有马骑马，无车无马，飞云下降受戒"坛院"；用打筶子来请"三界四值功曹"，如双阴筶子就说明"三界四值功曹"来到，用一双米子化为一对端正儿郎、飞流姐妹来迎接"三界四值功曹"，请上中央坐下，三拜"三界四值功曹"，一拜阴宫来临，二拜远路来临，三拜保民安；再三拜，一拜得福，二拜消灾和消除病患，三拜祸沉九地福起十方。

接下来师公们一起唱《救患科》中"献五供"部分，大概内容是：献香、花、灯、茶、酒五种供品献给"三界四值符吏功曹"神圣。献香与众神圣，保郎寿命万年长，保粮食丰收；献花与众神圣，先献桃花，二献牡丹花，三献铁树花；献灯给众神，上照三十三天界，下照九幽地狱门，有灯有火神来降，无灯无火暗沉沉，并指出正月十五上元灯，七月十五中元灯，十月十五下元灯；献茶与众神，茶食正三二月茶，都是谷雨之前的好茶，玉女摘采过来，泡出好茶，今日报答前心愿；献酒与众神，共献十二盏酒，各种愿望都达到。

一旁的师公在击鼓，敲打小铜锣，摇铃铛，跟着音乐节奏，师公们唱①《开山科》中"年值功曹""月值功曹""日值功曹""时值功曹""飞书请客"②和"奏书土地"部分，肩扛"绿白"的师公，左右手各拿一个"手巾"（在一块布上绣花，这块布下面缝上很多五彩丝穗）站在正堂中，跟着音乐手拿"手巾"向左右两边甩，向东西南北中五方做这样的动作，直到内容被读完才停下。《开山科》这部分内容大概是：请"年值功曹""月值功曹""日值功曹""时值功曹""飞书请客"和"奏书土地"这些神祇先享用供品，然后去各个神庙通知各位神圣，让众神圣来坛院证盟和庇佑这场度戒仪式。

---

① 在师边整个度戒仪式过程中，唱科书中的内容是用"广语"，也就是与诵读科书时用的语言一样。但是，如果在度戒仪式中，男女歌手对歌，这种语言就不同于这种诵读和唱科书的"广语"了，就是另外一种语言，即所谓的"山歌语"。

② 《开山科》书中可以看出"飞书请客"是孤儿，田平人的传说中说"四直功曹"也是孤儿。

（三）宣"功曹牒"

这一部分主要是师公们宣读"功曹牒"。"功曹牒"是在草纸上写《救患科》中"功曹牒"部分的内容，共五份，把这五份折叠好后，放到"天船"上，然后把这"功曹牒"交与肩披"白露"的师公，师公双手拿"功曹牒"，跟着旁边的鼓声、铜铃等音乐节奏，胳膊做向左右两边甩的动作，师公诵读《救患科》中"功曹牒"的部分内容，共有二十一位神圣，每念完一位神圣，手拿"功曹牒"和"天船"的师公原地转一圈后，面向"坛"稽首一拜，"功曹牒"大概内容是：奏请二十一个神庙中的二十一位神，外神十位，内神十位，还有自己的阴间师父三元代作证盟，上元唐相唐文保，中元葛相葛文仙，下元周相周文达。

诵读这部分完毕后，师公拿到正堂外的"天庭所"去焚烧掉这五份"功曹牒"和"天船"。

（四）"功曹饭"

"功曹饭"① 是用糯米做成，然后用"东叶"或"芭蕉叶"包成方形，下面是平的，上面是拱形。师公双手端一个簸箕，上面放些"功曹饭"，跟着旁边的鼓声、铜铃等音乐节奏在正堂中快走 8 字形，并且双手不停地向左右两侧抖动簸箕，走 8 字形三圈后，稽首向"坛"一拜；向东南西北中五方做同样的动作；然后把一包"功曹饭"放在"功曹案"上，左右两侧各放一包，剩余的"功曹饭"分给众人吃掉。

以上每一个小步骤都需要一个师父或"宗师"在看"秘书"，心中默念"法"，并一手拿一卷起的草纸，在默念"秘书"的同时，轻轻用草纸掠过"秘书"的相应部分，这样会把全部内容一字不落地在心中默念。

三　搭白道桥

师父们默念"秘语"（法），焚烧草纸，这咒语大意为：请阴间师父来帮忙，三元、三清，也念到画小人的草纸上的阳间师父来帮忙。"同坛师父"在"坛"后的四位大师父的香炉中插上三炷点燃的香，并在"功曹案"的香炉中插上三炷点燃的香。然后才开始搭白道桥仪式过程。

---

① 田平的老人说，在以前，"功曹饭"是不放糖的，但是现在生活条件好了，人们也喜欢吃甜食，所以现在的"功曹饭"也可以放糖。

（一）搭"白道桥"

"正戒师父"搭"白道桥"。在地上放一块 15 厘米×70 厘米木板，在木板上放上草纸，在每一张与木板大小一样的草纸上放七枚铜币（七个桥墩），木板的一段朝"坛"，另一段朝门口方向，在木板靠近"坛"的一段放一个碗，内放一块姜，代表姜菜，另放一碗米，上插三炷香和道边制作的"家先牌"，此时师边先用道边做的"家先牌"，还有一盏油灯，一些草纸，一对筶子，在木板的另外两侧各放三盏酒杯。田平人认为木板象征"白道桥"，而七枚铜币象征七个桥墩。

架桥后，师公们开始吟唱《开山科》中"架白道桥"部分，其大概内容为：去山上砍来相思木用来架桥，先在东方架桥，后在南、西、北和中央架桥。

其内容是用山歌对唱的形式，都是七字对称的形式，表达蓝靛瑶先民的思想和情感。如：先起东方桥一道，采金玉女托花苗。上山去斩相思木，运来平地架夫桥。

（二）请神圣

师公在"白道桥"旁，与"动鼓"程序一样请神目，先请阴间师父，再请外神、内神来降赴"白道桥"。

三个"夙老"来到"白道桥"恭贺架桥成功并作保桥人。

（三）三夙老

师公们一起唱《开山科》中"三夙老"部分，其主要大意是请三位夙老来做保桥人，并保佑斋堂"财马"[①]，"财马"极多可达千春、可达天宫，财礼可达三天。可找三个人（这三个人代表夙老）来喝酒，"三夙老"部分中根据歌词并且用筶子来喝酒，看是阴还是阳，来定是谁喝几杯酒。如"你在桥头打三筶，'阴筶'你便吃三盏，'阳筶'你吃十二盏，'保筶'你便吃八盏"。

（四）请神圣和鬼过桥

请神圣过桥入位，外神通过"白道桥"请出"坛院"，阴间师父和内神（政谢神）通"白道桥"来到"坛"。师公将一炷香插入一张草纸中，

---

①　田平人认为财马是人们给阴间师父和神灵的钱财，在阳间用草纸、香火等可以烧掉的物品代表。

手拿这一炷香先从"坛院"起身，代表把外神通过"白道桥"请出"坛院"，然后再从门口走向"坛院"，代表内神（政谢神）通"白道桥"来到"坛"，然后，把香插到门旁的柱子上。

之后把草纸烧掉，打筶子，如果打得阴筶，师公得六枚铜板，斋主得一枚铜币；如果打得阳筶，主人家得六枚，师公得一枚铜币；如果打得保筶时，斋主和师公平分这两枚铜币，刚才喝酒的三位夙老每人得一枚铜币。

（五）十度

师公用"倒罢棒"串过一张草纸，放在"倒罢棒"的中间，师公和斋主每人各拿"倒罢棒"的一段，并且两人在"白道桥"的两侧，把"倒罢棒"同时转一圈，并且两人交换位置，诵读《开山科》"说主打鼓十度"的"第一度"，然后再转圈交换位置，最后诵读《开山科》"说主打鼓十度"的"第二度"；其内容是：

> 设主打过第一度，一时风流细小年；设主打过第二度，二时风流正少年；设主打过第三度，三祖正是你家先；设主打过第四度，四值功曹奏四天；设主打过第五度，五灯常照你身边；设主打过第六度，六十甲子再重添；设主打过第七度，七七修斋贺目连；设主打过第八度，八代金刚护你门；设主打过第九度，九皇度你过西天；设主打过第十度，夫妻一世望团圆。

（六）收什

师公双手拿"倒罢棒"向东南西北中五方各做稽首一拜，念咒"香烧炉前米去请法坛庙内请阴人请你收什个二司收十二司又来临"。

以上每一个小步骤都需要一个师父或"宗师"在看"秘书"，心中默念"法"，并一手拿一卷起的草纸，在默念"秘书"的同时，轻轻用草纸掠过"秘书"的相应部分，这样会把全部内容一字不落地在心中默念。

四　香花

师父们默念"秘语"（法），焚烧草纸，这咒语大意为：请阴间师父来帮忙，三元、三清，也念到画小人的草纸上的阳间师父来帮忙。"同坛师父"在"坛"后的四位大师父的香炉中插上三炷点燃的香，并在"功曹案"的香炉中插上三炷点燃的香。然后才开始香花仪式过程。

一旁师公打鼓，师公头戴"绿白"，跟着音乐节奏，双手拿"手巾"向自己的左右两边甩并转圈，一旁，等师公们诵读《大献科》中"香花五供"部分，头戴"绿白"的师公一直甩"手巾"并转圈到一旁，等师公读完"香花五供"部分才停止。"香花五供"部分共有十位玉女：一是香司玉女；二是花司玉女；三是灯司玉女；四是茶司玉女；五是酒司玉女；六是食司玉女；七是榜司玉女；八是散花玉女；九是鼓司玉女；十是笛司玉女。这部分内容大意为：这十位玉女都是极为勤快的玉女，分别带来特色的美味献请香火福神和众王等阴人来到坛院，保"新恩弟子"寿命万千年，并且消灾、散祸、祈福。

以上每一个小步骤都需要一个师父或"宗师"在看"秘书"，心中默念"法"，并一手拿一卷起的草纸，在默念"秘书"的同时，轻轻用草纸掠过"秘书"的相应部分，这样会把全部内容一字不落地在心中默念。

五　召龙

师父们默念"秘语"（法），焚烧草纸，这咒语大意为：请阴间师父来帮忙，三元、三清，也念到画小人的草纸上的阳间师父来帮忙。"同坛师父"在"坛"后的四位大师父的香炉中插上三炷点燃的香，并在"功曹案"的香炉中插上三炷点燃的香。然后才开始召龙仪式过程。

（一）取"法服"

师公双手拿"绿白""法衣"和"手巾"，跟着鼓、小铜锣和铃铛的音乐节奏开始在正堂中快走8字形三圈；面向"坛"，双肩跟着音乐节奏左右不断从高到低下降，一直到蹲下去不能再降低为止，然后再站起来，重复三次；以上两个动作重复三次。

之后师公穿上"道衣"，把"绿白"裹在头上，双手拿"手巾"，继续在正堂跟着鼓、小铜锣和铃铛的音乐节奏快走8字形三圈，但是这次走8字形要从刚才走8字形的反方向走起；面向"坛"，双肩跟着音乐节奏左右不断从高到低下降，一直到蹲下去不能再降低为止，然后再站起来，重复三次；以上两个动作重复三次。

（二）通款请五龙

一旁的师公打鼓，头裹"绿白"的师公面向"坛"，站在"坛院"中，读《意者书》，读到《意者书》"召龙"字样，就接着读《救患科》中"召龙"部分，"召龙"部分主要内容有：三迎三请"五方五海龙王"赴"坛院"，有东方马鸣龙树法师、南方马鸣龙树法师、西方马鸣龙树法师、北方马鸣龙树法师、中央马鸣龙树法师；有车坐车，有马骑马，无车无马，飞云下降受戒"坛院"；用打筶子来请，用一双米子化为一对端正儿郎、飞流姐妹来迎接"五方五海龙王"，请上中央坐下，三拜"五方五海龙王"，一拜阴宫五方五海龙王，二拜远路来临，三拜保民安；再三拜，一拜得福，二拜消灾和病患，三拜祸沉九地福起十方。

（三）献五供

接下来师公们一起唱《救患科》中"献五供"部分，大概内容是：献香、花、灯、茶、酒五种供品给"三界四值符吏功曹"和众神圣。献香与众神圣，保郎寿命万年长，保粮食丰收；献花与众神圣，先献桃花，二献牡丹花，三献铁树花；献灯给众神，上照三十三天界，下照九幽地狱门，有灯有火神来降，无灯无火暗沉沉，并指出正月十五上元灯，七月十五中元灯，十月十五下元灯；献茶与众神，茶食正三二月茶，都是谷雨之前的好茶，玉女摘采过来，泡出好茶，今日报答前心愿；献酒与众神，共献十二盏酒，各种愿意都达到。

（四）封水召龙

头裹"绿白"的师公手拿酒杯，内放"甘露水"，放五粒大米在其中，用草纸盖起酒杯，师公一起诵读《救患科》中"封水召龙"部分，大概内容有：五方五海龙王吐"甘露水"出来，解秽"坛院"，五方龙王有东方甲乙木青帝青龙君、南方丙丁火赤帝赤龙君、西方庚辛金白帝白龙君、北方壬癸水黑帝黑龙君、中央戊己土黄帝黄龙君。

然后唱《救患科》中"五海龙王唱"部分。

> 东海龙王唱
> 锣鼓大鸣闹同同，东海龙王降坛中。
> 早间住在洞庭庙，燕子含书海内通。
> 入筵领受洒水酒，坐坛唱出圣根情。

东海龙王本姓中，祖先居住九江中。

身着青衣骑青马，口含清水洒坛灵。

一来我洒你财马，二来我洒你钱封。

家中有秽都洒去，众官不久降坛中。

东方甲乙本属木，木星开语你通行。

东海龙王回宫去，南海龙王降坛中。

南海龙王唱

鼓锣大鸣闹阵阵，南海龙王赴坛心。

早间住在南海内，燕子含书海中伸。

入筵领受洒水酒，坐坛龙童唱原因。

南海龙王本姓银，祖宗居在九江心。

身着赤衣骑赤马，口含法水洒坛灵。

一来我洒你财礼，二来我洒你钱银。

家中有秽都洒除，众官不久赴坛心。

南方丙丁本属火，火星开语你通行。

南海龙王回宫去，西海龙王降坛心。

西海龙王唱

启年打支扬手鼓，西海龙王赴坛头。

早间住在西海住，燕子含书海里游。

入筵领受洒水酒，坐坛唱出圣来由。

西海龙王本姓黄，祖居住在九江头。

身着白衣骑白马，口含法水洒坛周。

一来我洒你财马，二来我洒你礼优。

家中有秽全洒散，众官不久降坛头。

西方庚辛本属金，金星开语你行游。

西海龙王回宫去，北海龙王应你求。

北海龙王唱

翻手你打扬手鼓，复手又打鼓连连。

鸣锣打鼓闹潺潺，北海龙王赴坛间。

早间你游北海里，燕子含书海内传。

入筵领受洒水酒，师童唱出龙根言。

北海龙王本姓张，祖先居住九江滩。

身着黑衣骑黑马，口含法水洒坛欢。

一来我洒你财礼，二来我洒你金元。

家中有秽都洒散，众官不久赴坛前。

北方壬癸本属水，水星开口你行先。

北海龙王回官内，中海龙王赴坛安。

中海龙王唱

启手打鼓调调响，中海龙王降坛前。

早间你在中海内，燕子含书海内传。

入筵领受洒水酒，师童唱出圣根源。

中海龙王本姓坚，祖先居住九江间。

身着黄衣骑黄马，口含法水洒坛前。

一来我洒你财马，二来我洒你金银。

家中有秽都洒去，众官不久赴坛缘。

中央戊己本姓土，土星开口你行先。

中海龙王回官去，明香洒水净坛前。

明香受吾洒滴水，香烟迓迓奏九天。

明花受吾洒滴水，百花争艳奉圣前。

明灯受吾洒滴水，灯光照亮接神仙。

名茶受吾洒滴水，茶泡盏中味香甜。

名酒受吾洒滴水，酒香杯中献神仙。

佳食受吾洒滴水，糯饭清香献祖先。

鼓锣镲钹吾也洒，锣鼓喧喧接圣还。

生灵受吾洒滴水，变龙化凤达九天。

师主二方我都洒，翘首拜送迎神仙。

内外阴阳都洒尽，全无秽气在坛前。

洒上天界变金宝，洒下地界白银连。

（五）召龙解秽

师公们一起唱"召龙解秽"部分，大概内容有：师公带来鼓等法器，还有来帮忙的"宗师"和"从士"，还有"新恩弟子"，还有"坛院"等不干净，如有秽气难达神前，今向东南西北中五方洒"五龙天师法水"三次，把全部的秽气给洒洗清净，师公喝一些"五龙天师法水"向东南西北中五方喷水解秽，一喷天开，二喷地裂，三喷诸神光临，"坛院"等一切清净，五龙行移回去。

然后唱《救患科》中"解秽洒水唱"部分。

　　解秽洒水唱
　　听打鼓锣声声响，解秽龙女飞坛前。
　　早间娘在沙街洞，功曹口款去传言。
　　上筵领受解秽酒，下筵依本唱根源。
　　解秽娘本是龙女，身着罗缎美如仙。
　　父母生育娘伶俐，身材端正好神仙。
　　唯有小娘生端正，不许娇娥去见天。
　　未许小娘去取水，连忙失命龙街前。
　　君道死了娘成圣，朝朝运水洒阴阳。
　　未唱小娘身出处，回首先唱水根源。
　　都洋滩了都洋滩，都洋滩水急连连。
　　都洋原有五条水，五条江河有根源。
　　一条流过东方去，鱼翁洞里好耕田。
　　二条流过南方去，南方水面莲花园。
　　三条流过西方去，客人买卖到四川。
　　四条流过北方去，北方壬癸水根源。
　　五条流过中央去，师道常将洒圣筵。
　　名香不净娘洒净，香气青烟龙瑙连。
　　阳间烧香为礼献，阴司用当粮万年。
　　名花不净娘洒净，洒出牡丹色样鲜。
　　桃源峒里花清净，百花争艳彩色鲜。
　　明灯不净娘洒亮，红灯高照献神仙。
　　名茶不净娘洒净，绿茶红茶清香甜。
　　周公置来茶为大，领受人茶不敢言。
　　佳食不净娘洒净，叶包法食供神仙。

名酒不净娘洒净，瓶罐名酒都香甜。

阳间常用酒为礼，敬客献神香满筵。

榜簿不净娘洒净，榜牒躬迎神圣前。

白鹤送书刘童折，盘古造天地人烟。

财礼不净娘洒净，财马腾空达九天。

生灵不净娘洒净，变龙成凤化成仙。

生死见秽娘洒净，莫来污秽我三元。

同坛徒弟娘洒净，颈喉嘹亮万千年。

师道不净娘洒净，念法诵经圣神连。

财马临炉人清洁，夫妻男女寿延年。

斋主见秽娘洒净，迓迎神圣安坛前。

先洒东方甲乙木，丙丁火烧洒南天。

西方庚年金也洒，北方壬癸流水源。

中央戊己土也洒，田公地母重万年。

先是洒天后洒地，先洒阴府洒阳间。

内外阴阳都洒了，并无秽气在坛前。

龙女到坛保灯主，消灾散祸福来添。

焚烧掉酒杯上的草纸，放些纸灰进去"甘露水"中。

（六）收十

师公双手拿"倒罢棒"向东南西北中五方各做稽首一拜，念咒"香烧炉前米去请法坛庙内请阴人请你收十个二司收十二司又来临"。

以上每一个小步骤都需要一个师父或"宗师"在看"秘书"，心中默念"法"，并一手拿一卷起的草纸，在默念"秘书"的同时，轻轻用草纸掠过"秘书"的相应部分，这样会把全部内容一字不落在心中默念。

六　请圣

师父们默念"秘语"（法），焚烧草纸，这咒语大意为：请阴间师父来帮忙，三元、三清，也念到画小人的草纸上的阳间师父来帮忙。"同坛师父"在"坛"后的四位大师父的香炉中插上三炷点燃的香，并在"功曹案"的香炉中插上三炷点燃的香。然后才开始请圣仪式过程。

召龙结束后，进入师方"请圣"环节。这个环节是"正戒师父"和"引教师父"来完成，并且需要道方的"监度师父"来协助完成，此时道方的"监度师父"成了师方的"保举师父"。

在开始时，旁边的师公大声说：师父拜谢斋主。三位师公跪拜在"坛"前，然后，三位师公站起来，"同坛师父"跪拜在"坛院"，大声说：同坛师父代斋主拜谢各位师父及其宗师、从士来帮忙做这场度戒仪式。

（一）取"法服"

两位师公双手分别拿"绿白""法衣"和"手巾"，而前来协助师边的道公双手拿"道服"，三位师公跟着鼓、小铜锣和铃铛的音乐节奏开始在正堂中绕"新恩弟子"快走8字形三圈，三位师公到了"新恩弟子"面前时会交叉走成8字形；面向"坛"，双肩跟着音乐节奏左右不断从高到低下降，一直到蹲下去不能再降低为止，然后再站起来，重复三次；以上两个动作重复三次。最后师公穿上"法衣"，把"绿白"裹在头上，双手拿"手巾"。

三位师公扶神。"正戒师父""引教师父"和"保举师父"跪在"坛"前，勾起头，双手拿"东顶"握住胸前，然后，跟着音乐节奏，双手把"东顶"指向"坛"，重复三次。

给神圣上香。三位师公每人拿三炷香，跟着音乐节奏拿香先向"坛"晃动点三下，再向自己的左右两侧晃动点三下，向"下八坛"晃动点三下，再双手拿香向"坛"跪拜一次；然后三位师公每人喝一口"甘露水"；这样的动作重复三次，三位师公把各自的香插放在"坛"后自己的香炉中去。

上马。每个人手中拿一炷没有点燃的香，折成三节，像"马"字，然后把一张10厘米×10厘米大小的草纸插到这炷香中，跟着音乐节奏拿这炷香先向"坛"晃动点三下，再向自己的左右两侧晃动点三下，向"下八坛"晃动点三下，之后双手拿香向"坛"跪拜一次；这样的动作重复一次，三位师公把各自的香插放在"坛"后自己的香炉中去；三位师公每人拿一炷没有点燃的香跟着音乐节奏拿这炷香先向"坛"晃动三下，再向自己的左右两侧晃动三下，双手拿香向"坛"跪拜一次；这样的动作重复一次，三位师公把各自的香插放在"坛"后自己的香炉中去。

上灯。"同坛师父"递与三位师公每人一盏用棉纸做成的油灯,然后三位师公每人拿一盏油灯跟着音乐节奏拿这一盏油灯先向"坛"晃动点三下,再向自己的左右两侧晃动点三下,向"下八坛"晃动点三下,双手拿香向"坛"跪拜一次;然后三位师公每人喝一口"甘露水";这样的动作重复三次。三位师公把各自的一盏油灯扑灭后插放在"坛"后自己的香炉中去;最后三位师公每人拿一炷没点燃的香,向"坛"跪拜三次,才站起来。

扶神。"正戒师父""引教师父"和"保举师父"三位师公跪在"坛"前,勾起头,双手拿"东顶"握住胸前,然后,跟着音乐节奏,双手把"东顶"指向"坛",重复三次。

"正戒师父""引教师父"和"保举师父"起身,在正堂跟着鼓、小铜锣和铃铛的音乐节奏快走8字形三圈,但是这次走8字形要从刚才走8字形的反方向走起;然后,面向"坛",双肩跟着音乐节奏左右不断从高到低下降,一直到蹲下去不能再降低为止,再站起来,重复三次;以上两个动作重复三次。最后稽首一拜,跪在"坛"前。

(二)请圣神目

"正戒师父""引教师父"和"保举师父"每人拿三炷香点燃后,插放在"坛"后自己的香炉中。面向"坛",站在"坛院",三位师公一起诵读《救患科》"请圣"中的"请圣神目"部分。与"动鼓"程序一样请神目,先请阴间师父,再请外神、内神来降赴坛院。

"正戒师父""引教师父"和"保举师父"三位师公面向"坛",站在"坛院",诵读《意者书》,一直读到"动鼓发牒功曹奏传大庙小庙诸圣开知连时焚香祝贺楼台五斗种花说散招兵入宅拥护坛场白道架桥接归案重敖香花伍供之义召龙解秽洒净坛场个时正当请圣证盟"。

"正戒师父""引教师父"和"保举师父"三位师公面向"坛",站在"坛院",诵读《救患科》中神祇神目及其所在的庙名。

三拜三请圣神,用筶子来请,双阴筶子时就说明圣神降临,车马放在街边巷内,众神来"坛院",用一双米子化为一对端正儿郎、飞流姐妹到门口迎接,众神坐下,三拜圣神,一拜政谢阴宫来临,二拜远路来临,三拜保民安;再三拜,一拜得福,二拜消灾和消除病患,三拜祸沉九地福起十方。

（三）献伍供

"正戒师父""引教师父"和"保举师父"三位师公面向"坛"，站在"坛院"，说唱《救患科》中"献伍供"部分，先献香，此时三位师公插放三炷香在"坛"后自己的香炉中。"献伍供"部分共有：献香，献花，献灯，献茶，献酒，献食，献菜，献盐，献街，献钱，献马，献旗，献鼓，献锣，献台。把这些供品献给众神。

然后献"砂糖饭"给众神。"砂糖饭"①是在糯米中间放砂糖，然后用"东叶"或"芭蕉叶"包成方形，下面是平的，上面是拱形。师公双手端一个簸箕，上放些"砂糖饭"，跟着旁边的鼓声、铜铃等音乐节奏在正堂中快走 8 字形，并且双手不停地向左右两侧抖动簸箕，走 8 字形三圈后，稽首向"坛"一拜；向东南西北中五方做同样的动作；然后把"砂糖饭"放在"香案"上，五包"砂糖饭"分别给四位大师父和"楼"，"下八坛"的"功曹案"给一包，左右两侧各一包，剩余的"砂糖饭"分给众人吃掉，但是在蒸"砂糖饭"的甑子②中，仍需留三包"砂糖饭"，象征今后稻谷和食物会有更多之意。

（四）师公投表

用草纸做成十个"投表"，给十位政谢神每位一个"投表"，先念十位政谢神的名字，然后把"表"分别放在十个"天船"中，再拿到"天庭所"焚烧掉。十位政谢神分别为：政谢本侍家堂香火北府李大元帅、政谢上宫南曹九朝帝母太白天娘、政谢开天盘古大皇、政谢金阙昊天玉皇上帝、政谢游行广北三界祖爹、政谢本音通天玄灵五祖司命灶君、政谢父子本宪三元（清）大道无机大罗妙佑六御帝、政谢合家正醮求寿斗府三宫长生大帝、政谢东主家先△公△婆△家三代祖迺先灵、政谢五方参相迷惑仙娘、政谢宅堂土地福德万岁老人。

（五）开锅伸神

"正戒师父"取一个旧锅，取名"盘古紫微铁锅"，内放木炭，放三张草纸揉成团在木炭上，"正戒师父"拿"斩鬼刀"和"盘古紫微铁锅"面

---

① "砂糖饭"与"功曹饭"有相同之处但也有区别。相同之处：外形都一样。区别在于：其一，"砂糖饭"比"功曹饭"要大；其二，"砂糖饭"内放砂糖，"功曹饭"则没有放砂糖。

② 甑子是田平日常客人多时用来蒸米或蒸糯米糍粑的木制容器，外形如同圆桶。

向"坛",原地转三圈,心中默想秘法,使者旧锅变成"盘古紫微铁锅",然后拿到"下八坛"附近,用一炷香插一张草纸,放在"盘古紫微铁锅"上,开始像供神一样,口中说:做这场度戒仪式的原因,让内神、外神和阴间师父来帮忙,不要添麻烦,并且让这场度戒仪式办得顺利,让"新恩弟子"在"五台山"受戒时十指相扣不要松动,庇佑斋主平安,粮食丰收,饲养家畜顺利,收入丰厚,传宗接代顺利。

(六)收十

师公双手拿"倒罢棒"向东南西北中五方各做稽首一拜,念咒"香烧炉前米去请法坛庙内请阴人请你收十个二司收十二司又来临"。

以上每一个小步骤都需要一个师父或"宗师"在看"秘书",心中默念"法",并一手拿一卷起的草纸,在默念"秘书"的同时,轻轻用草纸掠过"秘书"的相应部分,这样会把全部内容一字不落地在心中默念。

七　起师授戒

师父们默念"秘语"(法),焚烧草纸,这咒语大意为:请阴间师父来帮忙,三元、三清,也念到画小人的草纸上的阳间师父来帮忙。"同坛师父"在"坛"后的四位大师父的香炉中插上三炷点燃的香,并在"功曹案"的香炉中插上三炷点燃的香。然后才开始起师授戒仪式过程。

"同坛师父"在"坛院"中央放一个凳子,凳子上放一块与凳子面积大小差不多的草纸,再在大的草纸上放一小块草纸,"正戒师父"手拿一炷香在凳子上点燃,然后把香插放在"坛"后自己的"香炉"中去,把小块草纸点燃,在凳子上空绕几圈,"同坛师父"去二楼带"新恩弟子"下楼,坐在"坛院"中央的凳子上。"新恩弟子"手拿三炷香,用草纸裹起来,面向"坛",坐在"坛院"。

(一)取"法服"

"正戒师父""引教师父"和"保举师父",两位师公双手分别拿"绿白""法衣"和"手巾",而前来协助师边的道公双手拿"道服",三位师公跟着鼓、小铜锣和铃铛的音乐节奏开始在正堂中绕"新恩弟子"快走8字形三圈,三位师公到了"新恩弟子"面前时三位交叉走成8字形;然后,面向"坛",双肩跟着音乐节奏左右不断从高到低下降,一直到蹲下去不能再降低为止，然后再站起来，重复三次；以上两个动作重复三次。然后师公穿上"法服"，把"绿白"裹在头上，双手拿"手巾"，"同坛师父"帮"新恩弟子"穿上"师服"。

三位师公扶神。"正戒师父""引教师父"和"保举师父"跪在"坛"前，勾起头，双手拿"东顶"握住胸前，然后，跟着音乐节奏，双手把"东顶"指向"坛"，重复三次。

给神圣上香。"正戒师父"取来"新恩弟子"手中的三炷香，跟着音乐节奏拿香先向"坛"晃动点三下，再向自己的左右两侧晃动点三下，向"下八坛"晃动点三下，双手拿香向"坛"跪拜一次；最后三位师公每人喝一口"甘露水"；这样的动作重复三次，三位师公把各自的香插放在"坛"后自己的香炉中去。

上马。每个人手中拿一炷没有点燃的香，折成三节，像"马"字，然后把一张10厘米×10厘米大小的草纸插到这炷香中，跟着音乐节奏拿这炷香先向"坛"晃动点三下，再向自己的左右两侧晃动点三下，向"下八坛"晃动点三下，之后双手拿香向"坛"跪拜一次；这样的动作重复一次，三位师公把各自的香插放在"坛"后自己的香炉中去；三位师公每人拿一炷没有点燃的香跟着音乐节奏先向"坛"晃动三下，再向自己的左右两侧晃动三下，双手拿香向"坛"跪拜一次；这样的动作重复一次，三位师公把各自的香插放在"坛"后自己的香炉中去。

上灯。"同坛师父"递与三位师公每人一盏用棉纸做成的油灯，然后三位师公每人拿一盏油灯跟着音乐节奏先向"坛"晃动点三下，再向自己的左右两侧晃动点三下，向"下八坛"晃动点三下，双手拿香向"坛"跪拜一次；然后三位师公每人喝一口"甘露水"；这样的动作重复三次，三位师公把各自的一盏油灯扑灭后插放在"坛"后自己的香炉中去；最后三位师公每人拿一炷没点燃的香，向"坛"跪拜三次，才站起来。

扶神。"正戒师父""引教师父"和"保举师父"跪在"坛"前，勾起头，双手拿"东顶"握住胸前，然后，跟着音乐节奏，双手把"东顶"指向"坛"，重复三次。

"正戒师父""引教师父"和"保举师父"起身，在正堂跟着鼓、小铜锣和铃铛的音乐节奏快走8字形三圈，但是这次走8字形要从刚才走8字形的反方向走起；然后，面向"坛"，双肩跟着音乐节奏左右不断从高到低下降，一直到蹲下去不能再降低为止，再站起来，重复三次；以上两个动作重复三次。最后稽首一拜，跪在"坛"前。

（二）请神圣目

"正戒师父""引教师父"和"保举师父"每人拿三炷香点燃后，插放在"坛"后自己的香炉中。面向"坛"，站在"坛院"，三位师公一起诵读《救患科》"起师受戒"中的"请圣神目"部分。与"动鼓"程序一样请神目，先请阴间师父，再请外神、内神来降赴坛院。

首先是诵读政谢圣神及其所在的庙宇，每念到一个庙宇，三位师公都要原地转一圈，面向"坛"稽首一拜。"正戒师父""引教师父"和"保举师父"三位师公面向"坛"，站在"坛院"，诵读《意者书》，一直读到"动鼓发牒功曹奏传大庙小庙诸圣开知连时焚香祝贺楼台五斗种花说散招兵入宅拥护坛场白道架桥接归案重敖香花伍供之义召龙解秽洒净坛场个时正当请圣证盟"。

"正戒师父""引教师父"和"保举师父"三位师公面向"坛"，站在"坛院"，诵读《救患科》中神祇神目及其所在的庙。

三拜三请圣神，用筶子来请，双阴筶子时就说明圣神降临，车马放在街边巷内，众神来的"坛院"，用一双米子化为一对端正儿郎、飞流姐妹到门口迎接，众神坐下，三拜圣神，一拜政谢阴宫来临，二拜远路来临，三拜保民安；再三拜，一拜得福，二拜消灾和消除病患，三拜祸沉九地福起十方。

（三）献伍供

"正戒师父""引教师父"和"保举师父"三位师公面向"坛"，站在"坛院"，说唱《救患科》中"献伍供"部分，先献香，此时三位师公插放三炷香在"坛"后自己的香炉中，献香后，献花，献灯，献茶，献酒，献食，献菜，献盐，献街，献钱，献马，献旗，献鼓，献锣，献台。把这些供品献给众神。

（四）取法名①

受戒弟子的法名实际上是在度戒仪式前已经准备好了，是受戒弟子父

---

① 田平人认为，如果受戒弟子父母和师父已确定举行度戒仪式的具体日子，但受戒弟子家没有足够的财力，也没有饲养足够的猪用来举行度戒仪式，可以在确定的举行度戒仪式的具体日子举行取法名仪式，使受戒弟子先拥有法名。然后，在以后的一两年内（也有更长的时间）举行度戒仪式，这样的话，在度戒仪式中就不会重复举行取名仪式。

母与大师父们商定的。有时是父母取好，让大师父修改；也有大师父取好几个法名，让受戒弟子父母选择。蓝靛瑶男子的法名有两种，分为道边的法名和师边的法名。并且法名有一定的规律排序，每一辈对应一个法名。道边的排序为：道，经，金，贤，妙；师边的排序为：法，院，应，胜，显。辈行法名五代为一个循环，一代接一代传递下去。田平60岁左右男子的法名大部分为：道和法，如盘道金、盘法利；40岁左右男子的法名大部分为：经和院，如盘经华、盘院华。①

一位师父分别在四张黄色草纸上写"赵帅""邓帅""马帅""关帅"，共写两份。在另外两张黄色草纸写"九娘"和"坛官"②，共写两份。供神的师父看《初真授戒秘》中的"引弟子开光之法"。把师父和受戒弟子父母提前商量好的法名公布与大家。同坛师父放一个凳子在坛院正中，然后在凳子上放一张黄色草纸，同坛师父点燃一张草纸在凳子上绕几圈。引受戒弟子坐在凳子上，面对坛，头上放一张黄色草纸，正戒师父拿秘书默念，引教师父站在受戒弟子后面。正戒师父默念后，手拿"开光灯"在受戒弟子头上绕三圈，然后取受戒弟子头上的草纸并焚烧。

然后，戒度师父和正戒师父在弟子的前面，其余的师父和受戒弟子的父亲围在受戒弟子的周围。在簸箕上放一些大米，之后把写有"赵帅""邓帅""马帅""关帅"字样的四张草纸揉成四个小纸团，放到簸箕上。受戒弟子的父亲双手端起簸箕，交与自己对面的同坛师父，然后大家一起弯腰鞠躬致谢；同坛师父筛动下簸箕，一手捏起几粒大米撒在受戒弟子的头上，大家一起弯腰鞠躬致谢，同坛师父把簸箕交与自己对面的引教师父；引教师父筛动下簸箕，一手捏起几粒大米撒在受戒弟子的头上，大家一起弯腰鞠躬致谢，同坛师父把簸箕交与自己对面的正戒师父。正戒师父双手端簸箕，转身面对坛，默念秘语。转身面对弟子，正戒师父双手端起

① 蓝靛瑶人男子一生中共有三类名字，瑶名（小名），法名，书名。而瑶名又有多个，出生后取一个小名，如damao；等蓝靛瑶男子结婚生子后，需改名，从子名，如儿子的小名为dazai，其父亲的瑶名为zaifa；如蓝靛瑶男子有了孙子辈，需改名，从孙名，如孙子的小名为dali，其爷爷gelaoli。书名是蓝靛瑶男子上学、与他者交流所用的名字，也有取名的规律，其书名辈行名的排序为：文，玉，有，金，银，如盘文强。辈行书名五代一个循环。

② 在神祇体系中，田平人认为"九娘"和"坛官"的地位较低，他们具体的职责是把仪式中的祭品送到上界，供上界神祇享用。

簸箕筛动大米和纸团，然后，戒度师父双手一抖，大米和两个纸团掉落在受戒弟子面前的地上。受戒弟子捡起其中一个纸团，交与旁边的师父，师父打开纸团，看如果写的是"邓帅"或"赵帅"即可，否则，把纸团捡起来，继续筛动簸箕，再次把大米和纸团抖落在地面上，直到是"邓帅"或"赵帅"才行。蓝靛瑶认为"邓帅"最佳，"赵帅"次之。然后，把两张写"九娘"和"坛官"黄色草纸揉成团，放到簸箕中，继续筛动，然后抖落下纸团，受戒弟子捡起纸团，交与旁边的师父，如是写有"九娘"字样的纸团即可，否则，重复抖落纸团，直到是"九娘"即可。蓝靛瑶叫这个仪式为篆帅，正戒师父篆帅后，戒度师父重复篆帅仪式。最后，把这些写有字的草纸都焚烧掉。

接下来，戒度师父在受戒弟子头上放一张黄色草纸，然后在受戒弟子头上放装有四杯白酒的托盘，一旁的同坛师父端着托盘，监度师父和引教师父用席子挡在受戒弟子后面。正戒师父和戒度师父在受戒弟子面前默念《初真授戒秘》"篆帅"和"开光"部分。默念完，受戒弟子的法名在大师父的证盟下就完成了，这些法名将永远跟随着弟子。

（五）开光弟子

一旁的"宗师"唱《川光科》中"上、中、下元手巾歌"，然后"保举师父"双手拿三副"手巾"，跟着音乐节奏，围"新恩弟子"转 8 字形，"新恩弟子"就是 8 字形中间连接的地方，转三圈，然后，与其他两位师公在"坛"前排成一排，"正戒师父"在中间，原地转一圈，面向"坛"，双手从左到右摆动，双肩跟着音乐节奏左右不断从高到低下降重复三次；"保举师父"分别分给"新恩弟子""正戒师父"和"引教师父"一副"手巾"，自己不留。

一旁的"宗师"唱《川光科》中"上、中、下元绿白歌"，然后"引教师父"双手拿三副"绿白"，跟着音乐节奏，围"新恩弟子"转 8 字形三圈，"新恩弟子"就是 8 字形的中间连接的地方。之后，与其他两位师公在"坛"前排成一排，"正戒师父"在中间，原地转一圈，面向"坛"，双手从左到右摆动，双肩跟着音乐节奏左右不断从高到低下降重复三次；"引教师父"分别分给"新恩弟子""正戒师父"一副"绿白"，自己留一副。

一旁的"宗师"唱《川光科》中"上、中、下元面相歌"，然后"正戒师父"双手拿三副"面相"，跟着音乐节奏，围"新恩弟子"转8字形三圈，"新恩弟子"就是8字形的中间连接的地方。之后与其他两位师公在"坛"前排成一排，"正戒师父"在中间，原地转一圈，面向"坛"，双手从左到右摆动，双肩跟着音乐节奏左右不断从高到低下降重复三次；"正戒师父"分别分给"新恩弟子""引教师父"一副"面相"，自己留一副"面相"。①

唱歌的内容大概有：在坛院中，用上好的"手巾""绿白"和"面相"迎接来自阴宫的神仙们。

"同坛师父"帮"新恩弟子"戴上一副"绿白"和"面相"，"绿白"的一端裹在头上，另外一端在背后，"面相"插放在"绿白"中，坐在"坛院"的凳子上。

（六）三上香

三位师公，面向"坛"，"保举师父"双手拿三炷香，其他两位师公双手合起，双手从左到右摆动，双肩跟着音乐节奏左右不断从高到低下降重复三次，然后，围着"新恩弟子"转圈，有节奏地对着"新恩弟子"稽首拜后下蹲，围着"新恩弟子"转一圈后，"保举师父"把手中的香分别分给另外两位师公一人一炷香，然后，围着"新恩弟子"转圈，有节奏地对着"新恩弟子"稽首拜后下蹲。

一旁的师公们击打鼓、小铜锣，摇晃铃铛，一旁"宗师"唱《川光科》中"三念宝香"的"下元抱香"部分，然后"保举师父"手拿一炷香放在坐在凳子上"新恩弟子"的左肩上，一手扶着"新恩弟子"的腿，跟着音乐节奏，让"新恩弟子"顺时针原地移动一圈，"新恩弟子"仍面向"坛"，"保举师父"双手拿一炷香，围"新恩弟子"转8字形，"新恩弟子"就是8字形的中间连接的地方，每次到了"新恩弟子"左肩时，"保举师父"用香接触下"新恩弟子"的左肩，转一圈，然后与其他两位师公在"坛"前排成一排，"正戒师父"在中间，原地转一圈，面向"坛"，双手从左到右摆动，双肩跟着音乐节奏左右不断从高到低下降重复三次，然后原地转一圈面向"坛"稽首一拜。"保举师父"把手中的香插放在"坛"后自己的香炉中。

---

① 在田平，有时，有的师公没有"面相"，他们就用一张草纸代替"面相"。

一旁的师公们击打鼓、小铜锣，摇晃铃铛，三位师父面向"坛"，双手从左到右摆动，双肩跟着音乐节奏左右不断从高到低下降重复三次，然后围着"新恩弟子"转圈，有节奏地对着"新恩弟子"稽首拜后下蹲，一旁"宗师"唱《川光科》中"三念宝香"的"中元抱香"部分，然后，"引教师父"把香放在"新恩弟子"的右肩上，一手扶着"新恩弟子"的腿，跟着音乐节奏，让"新恩弟子"顺时针原地移动两圈，"新恩弟子"仍面向"坛"，"引教师父"双手拿一炷香，围"新恩弟子"转8字形，"新恩弟子"就是8字形的中间连接的地方，每次到了"新恩弟子"右肩时，"保举师父"用香接触下"新恩弟子"的右肩，转三圈，然后与其他两位师公在"坛"前排成一排，"正戒师父"在中间，原地转一圈，面向"坛"，双手从左到右摆动，双肩跟着音乐节奏左右不断从高到低下降重复三次，然后原地转一圈面向"坛"稽首一拜。"引教师父"把手中的香插放在"坛"后自己的香炉中。

一旁的师公们击打鼓、小铜锣，摇晃铃铛，三位师父面向"坛"，双手从左到右摆动，双肩跟着音乐节奏左右不断从高到低下降重复三次，然后，围着"新恩弟子"转圈，有节奏地对着"新恩弟子"稽首拜后下蹲，一旁"宗师"唱《川光科》中"三念宝香"的"上元抱香"部分，然后"正戒师父"把香放在"新恩弟子"的头顶上，一手扶着"新恩弟子"的腿，跟着音乐节奏，让"新恩弟子"顺时针原地移动一圈，"新恩弟子"仍面向"坛"，"正戒师父"双手拿一炷香，围"新恩弟子"转8字形，"新恩弟子"就是8字形的中间连接的地方，每次到了"新恩弟子"头顶时，"保举师父"用香接触下"新恩弟子"的头顶，转三圈，然后与其他两位师公在"坛"前排成一排，"正戒师父"在中间，原地转一圈，面向"坛"，双手从左到右摆动，双肩跟着音乐节奏左右不断从高到低下降重复三次，然后原地转一圈面向"坛"稽首一拜。"正戒师父"把手中的香插放在"坛"后自己的香炉中。

（七）三上灯

三位师公排成一排背向"坛院"，面对"新恩弟子"。"同坛师父"面对三位师公，把三盏用棉纸做成的油灯交与"正戒师父"，然后稽首一拜，"正戒师父"分别拿一盏给左右两侧的师公，"保举师父"点燃油灯，面对"坛"，双手拿油灯从左到右摆动，双肩跟着音乐节奏左右不断从高到低降低重复三次；然后，围着"新恩弟子"转圈，伴着音乐节奏和唱歌的节奏，对着"新恩弟子"稽首拜后下蹲，围着"新恩弟子"转一圈后，要按照东南西北中五方上灯。

一旁"宗师"唱《川光科》中"三献灯"的"下元灯"部分，"保举师父"把棉纸做成的油灯放在"新恩弟子"的左肩上，一手扶着"新恩弟子"的腿，跟着音乐节奏，让"新恩弟子"顺时针原地移动一圈多，此时，"新恩弟子"面向"坛"过30度角左右，"保举师父"双手拿棉纸做成的油灯，围"新恩弟子"转8字形三圈，"新恩弟子"就是8字形的中间连接的地方，然后与其他两位师公在"坛"前排成一排，"正戒师父"在中间，原地转一圈，面向"坛"，双手从左到右摆动，双肩跟着音乐节奏左右不断从高到低下降重复三次，然后原地转一圈面向"坛"稽首一拜。"保举师父"把手中棉纸做成的油灯插放在正堂门口。

一旁"宗师"唱《川光科》中"三献灯"的"中元灯"部分，"引教师父"把棉纸做成的油灯放在"新恩弟子"的右肩上，一手扶着"新恩弟子"的腿，跟着音乐节奏，让"新恩弟子"顺时针原地移动两圈多，此时，"新恩弟子"面向"坛"过60度角左右，"引教师父"双手拿棉纸做成的油灯，围"新恩弟子"转8字形三圈，"新恩弟子"就是8字形的中间连接的地方，然后与其他两位师公在"坛"前排成一排，"正戒师父"在中间，原地转一圈，面向"坛"，双手从左到右摆动，双肩跟着音乐节奏左右不断从高到低下降重复三次，然后原地转一圈面向"坛"稽首一拜。"引教师父"把手中棉纸做成的油灯插放在正堂门口的"天庭所"。

一旁"宗师"唱《川光科》中"三献灯"的"上元灯"部分，"正戒师父"把棉纸做成的油灯放在"新恩弟子"的右肩上，一手扶着"新恩弟子"的腿，跟着音乐节奏，让"新恩弟子"顺时针原地移动三圈，此时，"新恩弟子"面向正堂门口方位，"正戒师父"拉"新恩弟子"从凳子上站起来，"正戒师父"双手拿棉纸做成的油灯，围"新恩弟子"转8字形三圈，"新恩弟子"就是8字形的中间连接的地方，然后与其他两位师公在"坛"前排成一排，"正戒师父"在中间，原地转一圈，面向"坛"，双手从左到右摆动，双肩跟着音乐节奏左右不断从高到低下降重复三次，然后原地转一圈面向"坛"稽首一拜。"正戒师父"把手中棉纸做成的油灯插放在正堂门外"五台山"上。

（八）上"五台山"

五台川光。一旁"宗师"唱《川光科》中"五台川光"部分，"引教师父"用一根用白布缝制而成的带子，一端系在自己的腰间，另一端系在弟子的腰间，"引教师父"和"新恩弟子"双手都拿"手巾"，围着刚才"新恩弟子"坐的凳子，跟着音乐，在"坛院"转圈，双手拿"手巾"不时向自己身前交叉，然后稽首一拜后下蹲，接着重复转圈，稽首一拜下蹲。

召帅。"引教师父"和"保举师父"跟着音乐节奏，肩上扛着"斩鬼刀"，围绕弟子转一圈，双手抱着身前，面向"坛"，然后转一圈后，向左右两侧和"坛"分别请帅和兵马来保护"腾章"。先向左侧的"鹤鸣山"请"张天师"，再向右侧的"武当山"请"真武上帝"；第二次向左侧的"龙虎山"请"赵帅"，再向右侧的"龙虎山"请"邓帅"；第三次向左侧的"龙虎山"请"马帅"，再向右侧的"龙虎山"请"关帅"；第四次向"坛"请"万马千军"。

点"弟子五台灯"。"正戒师父"和"保举师父"，手拿"斩鬼刀"，"斩鬼刀"上放一块萝卜，在块茎食物上插放一根竹条，竹条上点燃一盏用棉纸做的油灯，面对"坛"院，跟着音乐节奏，双手拿"斩鬼刀"从左到右摆动，双肩跟着音乐节奏左右不断从高到低下降重复三次，在"坛"前"香案"上给"正戒师父"和"保举师父"放三盏酒，酒杯上盖着一张草纸，"正戒师父"和"保举师父"用手中的油灯点燃香案上三盏酒杯中右边酒杯上的草纸，这叫"下元灯"，然后喝掉酒杯中的酒，把酒杯翻起来盖在"香案"上，再绕"引教师父"和"新恩弟子"转一圈；然后双手拿"斩鬼刀"从左到右摆动，双肩跟着音乐节奏左右不断从高到低下降重复三次，"正戒师父"和"保举师父"用手中的油灯点燃香案上三盏酒杯中左边酒杯上的草纸，这叫"中元灯"，然后喝掉酒杯中的酒，把酒杯翻起来盖在"香案"上，再绕"引教师父"和"新恩弟子"转一圈；然后双手拿"斩鬼刀"从左到右摆动，双肩跟着音乐节奏左右不断从高到低下降重复三次，"正戒师父"和"保举师父"用手中的油灯点燃香案上中间酒杯上的草纸，这叫"上元灯"，然后喝掉酒杯中的酒，把酒杯翻起来盖在"香案"上，再绕"引教师父"和"新恩弟子"转一圈。

有两位儿童，一般是没有举行过度戒仪式的，手拿"倒罢棒"并排走在前面开路，两人一前一后用"倒罢棒"从身体的两侧挥动到二者中间位置，"保举师父"手拿"弟子五台灯"，手拿"手巾"的"引教师父"用白色布带系着手拿"手巾"的"新恩弟子"，在"新恩弟子"后有一位师父给"新恩弟子"撑雨伞，不让"新恩弟子"的头见天，（代表不让坏鬼看到来捣乱），"正戒师父"手拿"弟子五台灯"跟着后面，一旁的"宗师"有的击打鼓和小铜锣，有的摇晃铃铛，还有人在一旁看法书默念"秘语"；一行人从"坛院"出来，按照刚才的顺序走，绕"天庭所"三圈；然后一行人缓慢地来到"五台山"，围绕"五台山"转三圈。

镇帅。"新恩弟子"站在"五台山"的台阶处，一位"宗师"手拿一些白色棉纸，口中念咒语，然后把手中的棉纸撕掉一绺插放在"五台山"的小方桌与梯子、柱子的连接处、"五台山"前面的两个柱子接触地面的地方，共放六处。这个环节是五方镇帅，在请"阴间神仙"下来庇佑这场度戒仪式后，又请阳间师父们，主要有"赵、邓、马、关"四帅，另外还有五雷天将，请这些帅将来镇守这个"坛院"，不让外鬼和坏人来破坏这场仪式。旁边的师父默念"秘语"，心中想"法"，六条棉纸分别代表：第一是赵公明帅（简称赵帅），变成金龙绕在东方大柱上，守镇东门；第二是邓伯威帅（简称邓帅），变成金龙绕在南方大柱上，守镇南门；第三是马华光帅（简称马帅），变成金龙绕在西方大柱上，守镇西门；第四是关云长帅（简称关帅），变成金龙绕在北方大柱上，守镇北门；第五是五雷天将，第六上盖天罗下敷地网，各位帅将都有自己的吏兵，帮助师父的这场度戒仪式顺利进行。

"同坛师父"上"五台山"，让众师父检验自己搭建的"五台山"是否结实。"同坛师父"手拿一枝绿叶，在"五台山"上用手中的绿叶扫下小方桌，然后站在小方桌上，跳跃几下，口中说："大家可以看到五台山的牢固。"检验"五台山"是否搭建得牢固，是让"新恩弟子"及其家人和师父们放心，然后"同坛师父"跳下"五台山"。

"新恩弟子"跪在"五台山"的梯子脚处，弟子的脚底朝天，"正戒师父"手拿"三元考召印"盖在"新恩弟子"的脚底上，并画"爪"字，代表"鹰爪"，代表踩梯子上"五台山"时，会抓得较紧，不易掉下；在头上画"号"字，秘法含义为"新恩弟子"是"三元"亲生儿子。

请神圣证盟。"新恩弟子"跟在"引教师父"后，"引教师父"先左脚踩梯子上，站起左手扶在"五台山"的小方桌上，右手拿"东顶"，口中念内神（政谢神）、外神，念一段，用"东顶"击打一下小方桌，请神圣来庇佑证盟。

"新恩弟子"把鞋子脱掉，在梯子两侧的"正戒师父"和"保举师父"每人手拿一把"斩鬼刀"轻轻放在"新恩弟子"即将踩梯子的台阶，含义是"新恩弟子"上的是"刀山"，跟随着"引教师父"上"五台山"，左脚先踩在梯子上；此时，"同坛师父"端一酒盘，内放四盏酒；在"引教师父"快到小方桌时，一旁的"宗师"用一枝绿叶，在小方桌上挥动，含义是："把秽物等东西都带走。"

"引教师父"站在小方桌上，此时，"新恩弟子"还在梯子上，"同坛师父"把四盏酒交与"同坛师父"，"同坛师父"把四盏酒分别交与旁边帮忙的"宗师"，请他们一一喝掉。"引教师父"把腰间与"新恩弟子"相连的白色布带解开，然后跳下"五台山"，"新恩弟子"走到"五台山"的小方桌上，先站在"五台山"上。在"五台山"梯子的两侧"正戒师父"和"引教师父"用手中的"斩鬼刀"把绑系梯子的竹条一一砍断，把整个"梯子"卸掉，再把手拿的"倒罢棒"和师父的"斩鬼刀"插放在"五台山"的柱子旁。

（九）打无生

在"五台山"的周围，放两个簸箕，簸箕上放一碗油炸花生米，花生米旁放一个鸡蛋、一碗米、三炷香、几盏酒、一些草纸，邀请一些"宗师"和"从士"来喝酒，每人还带一根木棒和一根竹条，代表是"铜炮枪"，众人聊天喝酒，谈笑风生，并不时焚烧草纸，请山上的神来帮忙；此时，"正戒师父""引教师父"和"保举师父"站在"五台山"的周围，不能离开；"同坛师父"把白色棉纸撕成一绺一绺，放在蹲在"五台山"上的"新恩弟子"的手指中间并夹紧，把"东顶""筶子"和"铃铛"放在"新恩弟子"的脚边；在"五台山"附近还有一位"宗师"一直在看"秘书"，默念"秘语"。在簸箕边喝酒的人约定一起去"五台山"打猎，吃花生米代表在打猎前吃饱饭，并把嘴中的花生米喷出来代表铜炮枪的子弹已经上好膛了。两队人手拿木棒，来到"五台山"周围，猫着腰，眼睛看"五台山"下，大家一起吆喝，冲向"五台山"，并敲打"五台山"的柱子，但是此次打猎没有任何收获，两班人马又各自回到自己的簸箕前聊天喝酒，谈笑风生，聊天的内容大意为：山上的动物都太精灵，不容易打到，喝好酒，吃好饭后，再去打。第二次去打猎，"新恩弟子"先放手指间的白色棉纸，去打猎的师父捡到这些棉纸说："打到鸟了，打到鸟了。"有的说："还有大的猎物，如野猪、鹿、山羊等大型动物，等会儿再去打。"然后继续喝酒聊天，焚烧草纸给山神，让他庇佑人们打到猎物。喝酒吃菜后，人们去"五台山"打猎时，"新恩弟子"把"东顶""筶子"和"铃铛"丢在地上，大家捡回去，表示这次收获太大了，再纷纷回到簸箕前看自己所收获的猎物，继续喝酒。

（十）落"五台山"团圆

在"新恩弟子"背后的方向，"同坛师父"取来"天网"，铺放好"天网"。然后"从士"在"天网"上放三层席子，每放一层席子时，"保举师父"喝一口"甘露水"然后喷在席子上，周围帮忙的妇女取来三床棉被放在席子上，此时，"正戒师父"喝一口"甘露水"然后喷在被子上。将被子放好后，"从士"抬着整个"天网"放在"新恩弟子"后，紧挨"五台山"；"同坛师父"给"新恩弟子"交代：要把双手十指对着自己向内相扣，紧紧扣住一起，不能松动脱开。"新恩弟子"蹲在"五台山"上，十指相扣，胳膊抱紧自己的双腿；"正戒师父"手拿"授戒旗"在"五台山"下的柱子间穿8字形，然后手拿"授戒旗"指向"新恩弟子"，原地转一圈，喝一口"甘露水"，口中发出"嘶"的声音，手中"授戒旗"推向"新恩弟子"。在"同坛师父"的帮助下，"新恩弟子"顺势从"五台山"上掉在"天网"中，"从士"把落在"天网"中的"新恩弟子"用"天网"包得非常严实，不能让人们看到"新恩弟子"，之后在"天网"上再放些稻草。"正戒师父"把"授戒旗"插放在"五台山"上，然后有人叫斋主夫妇过来看"新恩弟子"是否授戒成功。如果"新恩弟子"十指没有松动，表示授戒成功。如十指松开，则表示授戒没有成功。"新恩弟子"的师父们都不能来帮助他，以后他也不能参加任何宗教活动，代表他不成器，以后的前程会非常惨淡，一切事情不会顺利。

斋主夫妇前来验看"新恩弟子"是否授戒成功。师父们打开"天网"，斋主夫妇看到"新恩弟子"是十指相扣，就皆大欢喜，也就证明了师父们辛苦帮忙自己的孩子授戒成功。"正戒师父"就拿"三元考召印"盖在"新恩弟子"的十指相扣处，让"新恩弟子"打开双手，并拿"三元考召印"盖在跪在"天网"上的"新恩弟子"的双脚上、背上、额头上，然后拿"三元考召印"在"新恩弟子"的面前写字"召"字，再画圆，口中发出"嘶"的声音。

"正戒师父""引教师父"和"保举师父"跪拜斋主及其家人，跪拜每一个人；斋主跪拜八位有名份的师父，斋主和"同坛师父"敬酒给各位师父，感谢他们帮忙进行度戒。

（十一）赐食

"戒度师父""监度师父"和"引教师父"分别给"初真弟子"喂食。"同坛师父"先取来一碗清水和三包糯米粑交与"戒度师父"，"戒度师父"再把两包糯米粑分与"监度师父"和"保举师父"每人一个，最后自己留一包。水代表是奶水，糯米粑代表浊奶。此时"新恩弟子"仍面对"坛"坐在凳子上，"保举师父"站在"初真弟子"左侧，用自己的道衣盖在"新恩弟子"头上，先喂清水，再喂糯米粑，共喂三次，然后取一块糯米粑放在香案上，其余的给"新恩弟子"；之后"引教师父"站在"新恩弟子"的右侧，用自己的道衣盖在"新恩弟子"头上，先喂清水，再喂糯米粑，共喂三次，然后取一块糯米粑放在香案上，其余的给"新恩弟子"；最后是"正戒师父"站在"新恩弟子"面前，先喂清水，再喂糯米粑，共喂三次，然后取一块糯米粑放在香案上，其余的给"新恩弟子"。"保举师父"代表的是"左乳"，"引教师父"代表的是"右乳"，"正戒师父"代表"左右乳"。

（十二）合阴阳牒

先读完《阳牒》，其中最为重要的是："十度""十戒""十愿""十问"和"十授"的内容，让弟子在这度戒仪式最为隆重、最为重要的时刻注意到这些戒律，不但要求弟子学习，更应像遵守法律一样遵守这些戒律。

"十度"：一度三元职箓；二度师帅随身；三度三元保佑；四度法箓光辉；五度五星常照；六度禄马明强；七度九禄上达；八度财马归天；九度九郎保护；十度驱邪灭鬼。

"十戒"：一戒者弟子△不得乱杀牲灵畜类；二戒者弟子△不得叫天叫地毁骂日月三光；三戒者弟子△不得辱骂父母、六亲九眷；四戒者弟子△不得想真为假、贪财爱色；五戒者弟子△不得想生意死、处行上下；六戒者弟子△不得欺贫爱富、欺弱怕强；七戒者弟子△不得媾邪，生意得钱，邪心害人；八戒者弟子△不得凶怒凌人；九戒者子△不得怕虎蛇、风雨逆行；十戒者弟子△不得毁骂师圣，仗势保身。

"十愿"：一愿一灵不昧；二愿二气交结；三愿三元降格；四愿四圣发兵；五愿五师保卫；六愿六神正请；七愿七魄安泰；八愿八卦卫形；九愿九穹开通；十愿十善完成。

"十问"：一问弟子△洪水发涨人请你去不去？二问弟子△黑风暗雨人请你去不去？三问弟子△大蛇拦路人请你去不去？四问弟子△三更半夜人请你去不去？五问弟子△急救病患人请你去不去？六问弟子△恶虎在路人请你去不去？七问弟子△过山过水人请你去不去？八问弟子△贫贱人家人请你去不去？九问弟子△远路过界人请你去不去？十问弟子△小筵小会人请你去不去？

"十授"：一授三元坛额；二授三元职箓；三授三元筶子；四授三元宝印；五授三元法筒；六授三元法衣；七授三元佛像；八授三元法事；九授三元行教；十授三元扶助。

读罢《阳牒》的内容后，师父们合阴阳牒，并且赐福禄与"新恩弟子"。"引教师父"把自己之前写的"阴牒"和"阳牒"的最后一页合起来，用毛笔在上画"之"字形，形状与梯田的形状相似，然后盖上"三元考召印"，把"阴牒"烧掉，留起"阳牒"，把"阴牒"的纸灰、三十六个铜币和一些大米一起放到一竹筒里，道方的七位师父全部围起来用力认真地上下摇晃竹筒，顺序是："画字师父""保见师父""证见师父""同坛师父""保举师父""监度师父"和"戒度师父"。"戒度师父"取一条白色细纱布，一端放在"新恩弟子"腰部，"新恩弟子"用双手拿着，另一端系在"引教师父"的腰中，然后，把竹筒中的纸灰、铜币和大米都倒在这白色细纱布上，然后分别捡出是"阳面"和"阴面"的铜币，"阳面"的给予"新恩弟子"，"阴面"的给师父，但是，"新恩弟子"铜币的数量必须比师父的铜币的数量要多才行，如比师父得少，必须重新再做一次这个环节，直到"新恩弟子"铜币的数量比师父的多才行。这些纸灰、铜币和大米代表着给"新恩弟子"的田地、钱财和兵马。

之后把白色细纱布剪断，代表脐带剪断，用一段白色细纱布捻成细绳，把"新恩弟子"得到的铜币串在这细绳上，然后用白色细纱布把铜币和"阳牒"裹起来；七位师父围着"初真弟子"，再背对着"新恩弟子"，把"阳牒"递给弟子。顺序是："画字师父""保见师父""证见师父""同坛师父""保举师父""监度师父"和"戒度师父"。此时还有"新恩弟子"的父亲在场。

然后是"合毛笔"。"正戒师父""引教师父""保举师父"和"同坛师父"围着"新恩弟子"，先由"正戒师父"拿毛笔背对"新恩弟子"，"新恩弟子"手拿毛笔帽，把毛笔帽套在毛笔上，然后"新恩弟子"把毛笔递给"引教师父"。顺序是"正戒师父""引教师父""保举师父"和"同坛师父"，"合笔"的含义是："师父把笔传给弟子，弟子以后可以写字。"最后"同坛师父"把毛笔插放在白色细纱布裹起来的"阳牒"中，最后将"阳牒"放在"新恩弟子"胸口处。"合毛笔"象征师父把笔、书、纸，以及文化都一一传授给弟子。

"合笔"后，四位师父围着"新恩弟子"诵读"仰启政谢九庙神仙证盟付"给"新恩弟子"《阴阳牒》，阴化阳留，"新恩弟子"永远收照，万里传名，并把阴间师父、内神和外神仙的名字都念出来。

（十三）"阳公"打猎

在"新恩弟子"与师父们合"阴阳牒"时，"阳公"来"五台山"周围打猎，以表庆贺"新恩弟子"授戒成功，并且考取状元也成功了。"阳公"一般由"同坛师父"来充当"阳公"。他头戴木制面具，面具上黏贴一些彩纸，红色彩纸主要黏在头部，在面具的面部主要是一些小块的彩纸；一手拿弓箭，一手拿铃铛，在腰间系有箭筒，用竹筒做成，内放一些小型的弓箭，身穿破旧的衣服，手戴手套，一身打扮下来，让众人觉得非常可笑。"阳公"不停地围着在合"阴阳牒"的"新恩弟子"走动，并一直有节奏地摇晃手中的铃铛，走路的姿势较为滑稽，口中不时发出"嘿嘿嘿嘿"的声音，并且用弓箭"射杀"周围的小孩子、用弓箭向"阳母"和其他人做"性交"的动作，引得众人哈哈大笑。

（十四）"阳母"庆贺

在"新恩弟子"与师父们合"阴阳牒"时，"阳母"来"五台山"为

"新恩弟子"庆贺，庆祝"新恩弟子"考取了新官，从此扬名天下，寿长路平，阴阳通泰。"阳母"是男扮女装，由"证见师父"来装扮充当"阳母"，"证见师父"身穿传统女性盛装，头戴带银饰的头帕，项戴银项圈，背上背一个"假孩子"，手拿"斩鬼刀"。

"阳母"去"五台山"前，要在"坛院"唱《川光科》中"阳母在坛院唱"部分："庄向五台宗师案，三元差妹专游春。专到逍筵应天府，应天府里看官员。应天新官考名殿，保佑师儿命寿长。新官奉得状元顶，三朝施主到龛前。"

然后去"天庭所"唱《川光科》中"到天庭所唱"部分："住在天枢府里到，宗师案内放游春。抽手恭恩天庭府，君妻开路放廉遮。五台山面五路远，宗师烦着妹游春，师儿考名仲官任，阴阳通泰好逍遥。"

最后站在"五台山"旁，面对在合"阴阳牒"的"新恩弟子"，唱《川光科》中"到五台山唱"部分："相见新官五台锋，齐保新官寿美年。从此师儿十方路，三朝又请到龛前。四家呈金近来请，三元容相四边朝。保举师儿十方达，名扬交广寿平安。"

（十五）回坛

"新恩弟子"从"天网"中起身回"坛院"。"正戒师父"把"天网"用"斩鬼刀"砍断，然后"同坛师父"引路，接下来的顺序是："正戒师父"，"引教师父"带领"新恩弟子"，"保举师父"，最后是"阳母"和"阳公"，一旁有"宗师"在敲打鼓和击打铜锣，"引教师父"一直挥动手中的"手巾"，"新恩弟子"跟着其后也一直挥动手中的"手巾"，一行人先绕"五台山"转三圈，"天庭所"转三圈，最后来到正堂"坛院"门口停下。

"阳母"在回到"坛院"门口时又唱"回坛唱"部分："妹专游春应天府，五台山顶考官员。考得新官状元相，抽手宗师左右扶。三元案前妹抽手，师父到齐望肠钱。保举新官十方应，从今通泰达天机。"

（十六）宣门外榜

一行人来到正堂"坛院"门口停下，宣"门外榜"。在之前，在正堂"坛院"门口的右侧，写有"门外榜"。大家要把"门外榜"读完，才能进入"坛院"，但是现在基本上没有人写"门外榜"，只是大家一起诵读《意者书》上的内容。读完后，"新恩弟子"面对"门外榜"，双手拉起身上的法服，"戒度师父"手中取少许大米，从门口黏贴"门外榜"的地方滑下，然后把大米放落到"新恩弟子"的法服中，象征从"门外榜"请了千万神兵、马下降"坛院"，保佑"新恩弟子"。

（十七）入坛教训

在"坛院"门口，师父们带领"新恩弟子"边走边读《救患科》中"踏三台唱"部分，大概含义为："弟子来到坛前，惊动了上元唐相、中元葛相、下元周相出坛心，弟子前来接圣神、圣宫、圣见，一步踏天司，二步踏天中，三步踏三台，三台生我来，三台养我来，三台护我来。与我调神神来降，与我调圣圣来临……戒度成师得化财。"

一行人进入"坛院"，"引教师父"念："玉女双双来接引，引入斋坛中，散花献。"后，进行入坛教训。师父们带"新恩弟子"进入"坛院"后，由道边的"监度师父"充当师边的"保举师父"就完成了任务，继而脱下"法服"。"引教师父"带领"新恩弟子"，还有"阳母"和"阳公"跟随其后。"引教师父"手拿"东顶"，"新恩弟子"手拿"阳牒"，"阳母"双手抱着"假孩子"，"阳公"一手拿弓，一手摇晃铃铛，不时做出"性交"动作，旁人看到不停大笑。一行人在"坛院"中走三圈，双手向自己的左右方向甩"三元舞"的动作，"引教师父"口中诵读《师教科》，大概内容是："三元师父出坛，新恩弟子来接圣军、圣宫、圣意。"

然后"引教师父""新恩弟子"在"坛院"中围个圆圈，二人双手捧着手巾，跟着鼓、锣等音乐节奏，先蹲下，向自己的左右两边甩，然后起身，再次向自己的左右两边甩。这样的动作依次从东西南北中五方做起。

"引教师父""新恩弟子"在"坛院"中仍围个圆圈，此时，"新恩弟子"和"引教师父"手中拿的是刚才裹在头上的"绿白"，跟着鼓、锣等音乐节奏，先蹲下，向自己的左右两边甩，然后起身，再次向自己的左右两边甩。这样的动作依次从东西南北中五方做起。

然后，"引教师父"和"新恩弟子"把"绿白"再裹在头部，"引教师父"带"新恩弟子"，双手拿"手巾"，走8字形，面对东西南北中五方，双肩跟着音乐节奏左右不断从高到低下降，一直到蹲下去不能再降低为止，然后再站起来。

在"引教师父"带领"新恩弟子"做"入坛教训"最后三个小步骤时，"阳公"和"阳母"会向斋主和四位大师父等乞讨要钱，大概有1—

10元。"阳公"和"阳母"相比，最后要得的钱，阳公多得一些，阳母少些，阳公给"新恩弟子"少许。

（十八）退川光

"引教师父"带"新恩弟子"，双手拿"手巾"和两炷香，走8字形，面对东西南北中五方，双肩跟着音乐节奏左右不断从高到低下降，一直到蹲下去不能再降低为止，然后再站起来。然后，把香插放在"引教师父"的香炉中，然后唱：《救患科》中"退光唱"，大概内容为："弟子已经授戒成功，在师父和众神祇的调教下已经文武双全，现在拜送'川光神'变做一只凤凰回宫去。"

（十九）庆贺三元

"引教师父"带领"新恩弟子"在"坛院"转圈，读《川光科》中的"庆贺三元"部分，大概内容为："今日是弟子授戒之日，三元从神庙下降坛院，保佑弟子万年春，消灾、散祸、福来，三元就回宫中去。"田平人认为，"新恩弟子"从此就有了三元师父的庇佑拥护，他长大后就会有人请作师父。

（二十）收十倒罡

"引教师父"带"新恩弟子"，双手拿一根"倒罡棒"和"斩鬼刀"，面向"坛"方向，走8字形，走三圈，用手中的"倒罡棒"向自己的前方左右挥动，并向前快速走动，口中发出"啾啾啾啾"的声音，稽首一拜；依次面向东西南北中五方重复以上动作。这样的动作要重复三次，收十倒罡，因时间较久，动作较快并且激烈，"新恩弟子"会满头大汗，气喘吁吁。

"收十倒罡"跳罡后，"引教师父"会教"新恩弟子"把手中的"倒罡棒"插入"坛"上面部分自己的位置上，然后再拔出放到"坛"下面自己的香炉旁。

"保举师父"带领"新恩弟子"去"天庭所"，把"法服"脱掉，并把"绿白"从"新恩弟子"头上去掉。起师授戒结束。

以上每一个小步骤都需要一个师父或"宗师"在看"秘书"，心中默念"法"，并一手拿一卷起的草纸，在默念"秘书"的同时，轻轻用草纸掠过"秘书"的相应部分，这样会把全部内容一字不落在心中默念。

八　安坛

师父们默念"秘语"（法），焚烧草纸，这咒语大意为：请阴间师父来帮忙，三元、三清，也念到画小人的草纸上的阳间师父来帮忙。"同坛师父"在"坛"后的四位大师父的香炉中插上三炷点燃的香，并在"功曹案"的香炉中插上三炷点燃的香。然后才开始安坛仪式过程。

（一）取"法服"

一位师公捧着双手分别拿"绿白""法衣"和"手巾"，跟着鼓、小铜锣和铃铛的音乐节奏开始在正堂快走8字形三圈，然后，面向"坛"，双肩跟着音乐节奏左右不断从高到低下降，一直到蹲下去不能再降低为止，再站起来，重复三次；以上两个动作重复三次。最后师公穿上"法服"，把"绿白"裹在头上，双手拿"手巾"。

（二）调三台

读《安坛科》完，动作和"入坛受训"一样，但此时不带"新恩弟子"一起。师公双手拿"手巾"，走"8"字形，面对东西南北中五方，双肩跟着音乐节奏左右不断从高到低下降，一直到蹲下去不能再降低为止，然后再站起来。

在旁边的"宗师"唱"踏三台唱"部分，大概含义为："弟子来到坛前，惊动了上元唐相、中元葛相、下元周相出坛心，弟子前来接圣神、圣宫、圣见，一步踏天司，二步踏天中，三步踏三台，三台生我来，三台养我来，三台护我来。与我调神神来降，与我调圣圣来临……戒度成师得化财。"

（三）唱"安坛川光"

师公和宗师一起唱《杂川光科》中"安坛川光"部分：

> 曲子乐了鼓同同，川光童子降坛中。
> 早间你是阳人相，如今托化鬼阴人。
> 头上便带丹砂纸，龙女手巾两半封。
> 衫袖里头偷弹指，巳时得守面前来。
> 欲要去先又无路，退回三步请川光。
> 要去梅山拜法主，要去雪山拜九郎。

梅山出有三条路，一条光现两条荒。

请光莫达①上条路，上条大路到天关。

请光莫达下条路，下条置秀酆都山。

请光直达中条路，中条大路到南容。

忽然去到南容庙，三师三相坐所中。

上元唐相着黄色，中元葛相着衫红。

下元周相着青色，三师穿着不相同。

我便低头跪下拜，三师殿上起真容。

三师拍台高声喝，谁人惊动我阴人。

小吾连忙当天奏，法官听我说当间。

我是下界香童子，请光下界救龙民。

若是法官不放我，下凡财马实难通。

三师得闻如此语，放光与我度神童。

取出川光是两个，一个姓韦个姓同。

两个川光着两样，一个着青个着黄。

黄个揭旗前面引，青个后底揭灯光。

前面也光后也亮，正同海内过龙王。

引光引来朱砂岭，朱砂梁得弟身红。

引光引过琵琶岭，琵琶岭鼓闹同同。

引光引过黄苑岭，黄苑相斗正点红。

引光引过九条岭，九条岭底九条冲。

九条冲底九条水，九条水底九条龙。

九条龙儿齐运水，齐齐运水上坛中。

引光不用多言唱，后头兵马闹同同。

拜送川光郎童子，八仙门外接阴宫。

（四）请神

与“动鼓”程序一样请神目，先请阴间师父，再请外神、内神来降赴坛院。

---

① 《杂川光科》中写的是“打”字，笔者在此用“达”代替。

（五）收十

师公双手拿"倒罡棒"向东南西北中五方各做稽首一拜，念咒"香烧炉前米去请法坛庙内请阴人请你收十个二司收十二司又来临"。

九　赍度

师父们默念"秘语"（法），焚烧草纸，这咒语大意为：请阴间师父来帮忙，三元、三清，也念到画小人的草纸上的阳间师父来帮忙。"同坛师父"在"坛"后的四位大师父的香炉中插上三炷点燃的香，并在"功曹案"的香炉中插上三炷点燃的香。然后才开始赍度仪式过程。

因举办了度戒仪式，打杀了不少的牲灵，祈求九庙六府神祇上保民安，下祈吉泰。

（一）取"法服"

一位师公中捧着双手分别拿"绿白""法衣"和"手巾"，跟着鼓、小铜锣和铃铛的音乐节奏开始在正堂快走8字形三圈；然后，面向"坛"，双肩跟着音乐节奏左右不断从高到低下降，一直到蹲下去不能再降低为止，再站起来，重复三次；以上两个动作重复三次。最后师公穿上"法衣"，把"绿白"裹在头上，双手拿"手巾"。

扶神。师公跪在"坛"前，勾起头，双手拿"东顶"握住胸前，然后跟着音乐节奏，双手把"东顶"指向"坛"，重复三次。

给神圣上香。师公拿三炷香，跟着音乐节奏拿香先向"坛"晃动点三下，然后再向自己的左右两侧晃动点三下，向"下八坛"晃动点三下，之后双手拿香向"坛"跪拜一次；最后师公每人喝一口"甘露水"；这样的动作重复三次，师公把各自的香插放在"坛"后自己的香炉中去。

上马。每个人手中拿一炷没有点燃的香，折成三节，像"马"字，然后把一张10厘米×10厘米大小的草纸插到这炷香中，跟着音乐节奏拿这炷香先向"坛"晃动点三下，再向自己的左右两侧晃动点三下，向"下八坛"晃动点三下，之后双手拿香向"坛"跪拜一次；这样的动作重复一次，师公把各自的香插放在"坛"后自己的香炉中去；师公拿一炷没有点燃的香跟着音乐节奏拿这炷香先向"坛"晃动三下，再向自己的左右两侧晃动三下，然后双手拿香向"坛"跪拜一次；这样的动作重复一次，师公把各自的香插放在"坛"后自己的香炉中去。

上灯。"同坛师父"递与师公一盏用棉纸做成的油灯，然后师公拿一盏油灯跟着音乐节奏拿这一盏油灯先向"坛"晃动点三下，再向自己的左右两侧晃动点三下，向"下八坛"晃动点三下，双手拿香向"坛"跪拜一次；然后师公每人喝一口"甘露水"；这样的动作重复三次。师公把各自的一盏油灯扑灭后插放在"坛"后自己的香炉中去；最后三位师公每人拿一炷没点燃的香，向"坛"跪拜三次，才站起来。

扶神。师公跪在"坛"前，勾起头，双手拿"东顶"握住胸前，然后，跟着音乐节奏，双手把"东顶"指向"坛"，重复三次。

师公起身，在正堂跟着鼓、小铜锣和铃铛的音乐节奏快走8字形三圈，但是这次走8字形要从刚才走8字形的反方向走起；然后，面向"坛"，双肩跟着音乐节奏左右不断从高到低下降，一直到蹲下去不能再降低为止，再站起来，重复三次；以上两个动作重复三次。最后稽首一拜，跪在"坛"前。

（二）请圣神目

师公拿三炷香点燃后，插放在"坛"后自己的香炉中。面向"坛"，站在"坛院"，三位师公一起诵读《救患科》"请圣"中的"请圣神目"部分。与"动鼓"程序一样请神目，先请阴间师父，再请外神、内神来降赴坛院。

师公面向"坛"，站在"坛院"，诵读《意者书》，一直读到"动鼓发牒功曹奏传大庙小庙诸圣开知连时焚香祝贺楼台五斗种花说散招兵入宅拥护坛场白道架桥接归案重敖香花伍供之义召龙解秽洒净坛场个时正当请圣证盟……打杀牲灵"。

师公面向"坛"，站在"坛院"，诵读《救患科》中神祇神目及其所在的庙。

三拜三请圣神，用筶子来请，双阴筶子时就说明圣神降临，车马放在街边巷内，众神来的"坛院"，用一双米子化为一对端正儿郎、飞流姐妹到门口迎接，众神坐下，三拜圣神，一拜政谢阴宫来临，二拜远路来临，三拜保民安；再三拜，一拜得福，二拜消灾和消除病患，三拜祸沉九地福起十方。

（三）献伍供

"正戒师父""引教师父"和"保举师父"三位师公面向"坛"，站在

"坛院"，说唱《救患科》中"献伍供"部分，先献香，此时三位师公插放三炷香在"坛"后自己的香炉中，献香后，献花，献灯，献茶，献酒，献食，献菜，献盐，献街，献钱，献马，献旗，献鼓，献锣，献台。

（四）调三台

师公双手拿"手巾"，走8字形，面对东西南北中五方，双肩跟着音乐节奏左右不断从高到低下降，一直到蹲下去不能再降低为止，然后再站起来。

在旁边的"宗师"唱"踏三台唱"部分，大概含义为："弟子来到坛前，惊动了上元唐相、中元葛相、下元周相出坛心，弟子前来接圣神、圣宫、圣见，一步踏天司，二步踏天中，三步踏三台，三台生我来，三台养我来，三台护我来。与我调神神来降，与我调圣圣来临。"

（五）唱赍度川光

唱"赍度川光"部分。

> 曲子乐了了鼓潺潺，川光度禄将牲坛。
> 六合头巾有双顶，后针衫袖又重新。
> 我是川光来度禄，我来度禄过花丹。
> 我便来临歌筵会，牲灵超度无休烦。
> 我正来临歌筵上，牲灵若缚在灯坛。
> 牲灵超度出宝殿，扶提树上挂衫裙。
> 牲灵送归祖宗案，回头不见拎在坛。
> 牲灵送归天枢院，天枢院内闹潺潺。
> 牲灵送归西天去，西天有个鬼门关。
> 鬼门关了难得过，众牲眼泪落潺潺。
> 法官把印来超度，神灵哥哥见爹娘。
> 在阳毛衣绵如绵，死来都着纸衣裳。
> 因为才郎染病患，便把牲灵去替当。
> 得你牲灵去替度，个堂四季免灾殃。
> 川光不敢多言唱，牲灵超度急潺潺。
> 拜送川光上马去，监官打杀在灯坛。

（六）请神

重复请神。与"动鼓"程序一样请神目，先请阴间师父，再请外神、内神来降赴"白道桥"。

（七）请二殿监厨火官

取一个簸箕，上放一碗米，上插放三炷香，放三盏酒，主人家放两元钱，在簸箕旁放一个"倒罢棒"，一位师公敲打鼓，请来两位"宗师"来充当"二殿殿监厨火官"。

先唱《师教科》中"殿监厨火官"部分：

二位"宗师"蹲在簸箕旁，师公诵读《师教科》中的"请殿监厨火官来临"，有"看米""砍木""起屋""盖房""烧火""入宅""买猪""喂猪""煮水""杀猪""烫猪""破猪""洗脏""割肉""请师""办宴""祭鬼""砍肉""煮肉""请客""排宴""饮酒""吃肉""分肉""送客""送师""收什"。每到一个小的环节，如师公诵读到"看米"时，请来的两位"监厨火官"就拿起一个铃铛，跟着鼓声，半蹲原地转圈跳，跳后面向师公，双肩跟着音乐节奏左右不断从高到低下降，一直到蹲下去不能再降低为止。

（八）收什

师公双手拿"倒罢棒"向东南西北中五方各做稽首一拜，念咒"香烧炉前米去请法坛庙内请阴人请你收十个二司收十二司又来临"。

以上每一个小步骤都需要一个师父或"宗师"在看"秘书"，心中默念"法"，并一手拿一卷起的草纸，在默念"秘书"的同时，轻轻用草纸掠过"秘书"的相应部分，这样会把全部内容一字不落在心中默念。

十　荤筵

师父们默念"秘语"（法），焚烧草纸，这咒语大意为：请阴间师父来帮忙，三元、三清，也念到画小人的草纸上的阳间师父来帮忙。"同坛师父"在"坛"后的四位大师父的香炉中插上三炷点燃的香，并在"功曹案"的香炉中插上三炷点燃的香。然后才开始荤筵仪式过程。

（一）取"法服"

一位师公双手分别拿"绿白""法衣"和"手巾"，跟着鼓、小铜锣和铃铛的音乐节奏开始在正堂快走8字形三圈，然后，面向"坛"，双肩跟着音乐节奏左右不断从高到低下降，一直到蹲下去不能再降低为止，再站起来，重复三次；以上两个动作重复三次。最后师公穿上"法衣"，把"绿白"裹在头上，双手拿"手巾"。

（二）调三台

师公双手拿"手巾"，走8字形，面对东西南北中五方，双肩跟着音乐节奏左右不断从高到低下降，一直到蹲下去不能再降低为止，然后再站起来。

在旁边的"宗师"唱"踏三台唱"部分，大概含义为："弟子来到坛前，惊动了上元唐相、中元葛相、下元周相出坛心，弟子前来接圣神、圣官、圣见，一步踏天司，二步踏天中，三步踏三台，三台生我来，三台养我来，三台护我来。与我调神神来降，与我调圣圣来临。"

（三）倒罢川光

一位师公在"坛院"手拿"手巾"，跟着鼓声音乐节奏，在"坛院"转圈，并一直在甩动手中的"手巾"。

一旁的"宗师"在敲打的鼓，并唱《救患科》中的"倒罢川光"部分，大概内容："个时正当午未时，众官差我倒枪旗。想我入筵人不识，正是三元鬼神祇。引接东方众社庙，众皇母久领香司。一来传言郎说王，二者传言信士知。不来传言郎说主，官临到步办母知。台盆不净把水洗，台盆不汗职取干。台盆不正瓦子杂，手遨不动是劳时。香若无烟多添炭，花若无鲜盆水洗。若无灯草兄早逻，应时急到办母知。茶也办茶酒办酒，四角台盆办酒儿……上元教你戴面相，中元教你着衫衣。下元教你执笤子，定生定死报人知。一文二武接阴司，文官手执羊毛笔，武官马上倒枪旗。新官上任锣鼓响，旧官退任泪啼飞。劳烦泰山今鼓手，八仙门外接阴人。"

（四）请神证盟已经倒度荦筵了

与"动鼓"程序一样请神目，先请阴间师父，再请外神、内神来降赴坛院。

（五）老应先锋唱

师公们一起唱"老应先锋唱"部分，老应先锋是小神，家先鬼中的一位。

翻手你打扬手鼓，复手又打鼓同同。
听打鼓声调了响，罗应先锋赴席前。
先锋鬼了鬼先锋，身着汗衫应肉红。
手中拎条棍子棒，随村随峒猎鸡公。
鸡公逃得面色黑，鸡母逃得面色红。
只叹鸡儿走不得，鸡儿着打火棒中。
上村偷鸡下村杀，便把鸡腿落人农。
落得人农出开去，便共人娘都柏松。
今日到坛保灯主，铜锅煮雪患消除。
退相神灵归了去，门前又接后神临。

（六）虎牌早报唱

师公们一起唱"虎牌早报唱"部分。

翻手你打扬手鼓，复手又打鼓天台。
听打鼓声调了响，虎牌早报入延来。
宣牌原是黄桑木，丙子其年先有来。
第一宣牌来早报，设道官来官就来。
第二虎牌来早报，急急祖宗下马来。
祖宗来领郎财马，保郎寿命登龙台。
退相神灵归了去，门前又接后神临。

（七）马前喝号唱

师公们一起唱"马前喝号唱"部分。

翻手你打扬手鼓，复手又打鼓纷纷。
听打鼓声调了响，马前喝号到坛心。
不恶不作马前鬼，不刁不做马前人。
我到朝门打一喝，皇帝坐朝打失魂。
我到街门打一喝，六案曹司人看人。
我到墟中打一喝，买米夫娘打失斤。

我到埠头打一喝，洗身夫娘打失裙。
　　一半得裙半得裤，一半空身坐荒根。
　　一半走入荒根坐，葬骨悚然动到心。
　　我到村边打一喝，社皇执简就来寻。
　　我到坛前打一喝，祖宗兵马起森森。
　　祖宗来领郎财马，保郎合宅寿千春。
　　退相神灵归了去，门前又接后神临。

（八）排盆校椅

师公们一起唱"排盆校椅"部分。

　　翻手你打扬手鼓，复手又打鼓分飞。
　　听打鼓声调了响，排盆校椅入筵来。
　　今早你在祖宗庙，功曹口欽去传来。
　　上筵领受监荤酒，从头唱出圣根哉。
　　三百铜钱买校椅，五百铜钱买虎皮。
　　买得虎皮及校椅，又能好看又威仪。
　　你去东方排校椅，接去社皇入席间。
　　你去南方排校椅，接去九庙众神祈。
　　你去西方排校椅，接去师官入席间。
　　你去北方排校椅，接去雷祖众神祈。
　　你去中央排校椅，接去祖宗入席间。
　　祖宗来领郎财马，保郎寿命登龙眉。
　　退相神灵归了去，门前又接后神临。

（九）请政谢神上位坐

　　去政谢神，也叫内神的神庙去请各位政谢神祗。内神居住的神庙有：通州华盖大庙，川州川境大庙，扬州大殿，广府大堂，昆仑大庙，昆仑小庙，擎粮注生院内，大罗南容大庙，明山马槽六律大庙，菁草七宝庙堂，弥罗顺天玄穹宫，螯山螯州花山大庙，峨山花山大庙，铁山越州大庙。
　　请政谢神上位坐，神目有：先奏请天、地、日月三光，没有自己的神庙，剩余的外神依次居住在上述神庙有：政谢宅堂土地福德万岁老人，政谢五方参相治病迷惑仙娘，政谢东主家先△公△婆△家三代祖迺先灵，政谢本音通天玄灵五祖司命灶君，政谢合家正醮求寿斗府三宫长生大帝，政谢父子本尧三元（清）大道无机大罗妙佑六御高真（三元、三清），政谢游行广化三界医药仙官，政谢开天盘古大皇，政谢金阙昊天玉皇上帝，政谢上宫南曹九朝帝母太白天娘，政谢本侍家堂香火北府李大元帅。

（十）擎粮托伞

师公们一起唱"擎粮托伞"部分。

> 启首打双扬手鼓，复手又打鼓纷纷。
> 听打鼓声调了响，擎粮托伞到坛心。
> 伞纸便是丹抄纸，南山石上竹生林。
> 女人出路不带伞，男人出路把伞寻。
> 专望连天落大雨，情娘无伞就来寻。
> 左手便拎官人伞，右手便拎娘腿根。
> 官人马上吟吟笑，二人肉气必相寻。
> 退相神灵归了去，门前又接后神临。

（十一）穿靴踏袜

师公们一起唱"穿靴踏袜"部分。

> 翻手你打扬手鼓，复手又打鼓天台。
> 听打鼓声调了响，穿靴踏袜入筵来。
> 上筵领受主茶酒，从头唱出圣根哉。
> 靴了靴了鞋了鞋，靴有三般两养靴。
> 穿靴汗靴不踏地，皮靴踏地污泥台。
> 官人穿靴坐轿上，百姓农夫踏草靴。
> 秀才举监踏白靴，嫦娥美女踏莲靴。
> 师公调鬼便出脚，僧公道士踏朝靴。
> 今日才郎还前愿，我便穿靴入席来。
> 祖宗来领郎财马，保郎寿命得彭台。

（十二）摇风打扇

师公们一起唱"摇风打扇"部分。

> 翻手你打扬手鼓，复手又打鼓同同。
> 听打鼓声调了响，摇风打扇到坛心。
> 买鳖得龟头同样，买鹅得鸭脚下同。
> 纸扇竹扇清风扇，竹莽摇来都是风。
> 有钱买得官人女，相来肉气一般同。
> 有钱买得打新妇，十二月天得毙风。
> 无钱买得瘦新妇，年年调鬼弄郎穷。
> 今日到坛保灯主，冷尖熟患上天官。

（十三）轿夫十六

师公们一起唱"轿夫十六"部分。

> 启手打双扬手鼓，复手又打鼓天台。
> 听打鼓声调了响，轿夫十六到坛中。
> 父母长生八兄弟，四人扛轿四人抬。
> 人家有钱得官做，我屋无钱就着抬。
> 官人便抬堂上坐，四人兄弟坐厕街。
> 今日还筵斗着你，斗着你台就着抬。
> 化相神灵归了去，门前又接后神临。

（十四）拎旗架桥迓迎政谢

师公手拿一炷香，上插放一张草纸，口中诵读《救患科》中的"拎旗架桥迓迎政谢"部分，内容为："此桥何人启意，此桥设主启意，此桥何人修造，此桥鲁班修造，此桥何人证盟，此桥三元证盟，此桥何彩画，此桥丹青彩画，此桥何人架上，此桥坛官九娘架上……"

诵读完后，把这一炷香插放在自己"坛"后的香炉中。

（十五）读《意者书》

把《意者书》一字不漏全部读完。

（十六）请家堂二位政谢领荦筵

重复请神。与"动鼓"程序一样请神目，先请阴间师父，再请外神、内神。

（十七）收魂渎命

师公们一起唱《救患科》中"收魂渎命"部分，大概内容是："政谢神和外神一起把三魂七魄都收回来。"

其中有一句重要的话："天上全无一个鬼，地下全无一个神。"

（十八）执书把薄仙官

师公先唱《救患科》中"执书把薄仙官唱"部分。

> 翻手你打扬手鼓，复手又打鼓叮咚。
> 听打鼓声调了响，善恶二殿赴侧堂。
> 上筵领受主茶酒，从头唱出圣根言。
> 父母长生你伶俐，送相入学读书文。
> 眼见书字心通晓，读得经书写字高。
> 不用手提三尺刀，笔头正是杀人刀。
> 若是许筵你上薄，还筵把薄你购销。
> 购销个堂财马达，这堂财马达三天。
> 钩了薄书我归去，九冬十载不回头。

蓝靛瑶认为"执书把薄仙官"是一位掌管阳界人的寿命的神仙，如你许愿，必须还愿，才能够父母长生，你有聪明伶俐，否则"执书把薄仙官"会把你的寿命给缩短。所以，一般蓝靛瑶在生病或遇到不幸之事，会请师父们来供神，并写下"许愿书"，到了这个时候，如果一切平安顺利，就把"许愿书"给撕掉，最后在"拆坛"后一起焚烧掉。

（十九）推财进宝

师公先唱《救患科》中"执书把薄仙官唱"部分。

> 翻手你打扬手鼓，复手又打鼓连连。
> 听打鼓声调了响，运财力士到坛心。
> 上筵领受主茶酒，从头唱出圣根言。

> 挑担正是我有力，身中力大甚强人。
> 一餐吃得九箩饭，三百牯牛吃半边。
> 今朝行过库门前，库司声声叫纳钱。
> 我便答言库子道，寅卯二时好纳钱。
> 行过库门钱索断，库子库孙共我串。
> 库子也是我同判，库孙也是我同年。
> 今朝行过库门来，库子声声叫纳钱。
> 扒过库门钱索断，库子库孙共我排。
> 库子也是我同判，库孙晔是我同怀。
> 钱纳归在琼林库，使钱使者便开知。
> 今日罢散灯筵会，众官差我去推财。
> 退财进宝回官去，六国九州我进财。

师公诵读这部分后，斋主来到师公面前，双手拉上衣的一个衣角，师公再念各种财神的名字，每念一个财神的名字，就揉一个草纸团放在斋主的上衣衣角，意思是给斋主推财进宝。

（二十）游魂无影

师公先唱《救患科》中"游魂无影"部分。

> 翻手你打扬手鼓，复手又打鼓漉漉。
> 听打鼓声调了响，有名无姓降灯坛。
> 早间你在九州庙，香烟迟迟去傅知。
> 入筵领受主茶酒，坐坛唱出圣当间。
> 不是你筵你就领，不的不名你就来。
> 请筵你得文钱使，若是荤筵得碗汤。
> 得块骨头你也吃，得纸一张你也回。
> 得个铜钱你也散，得个骨头你也回。
> 若是得酒你也饮，个时饭饱你也回。
> 到坛也祈保灯主，主家有患起漉漉。
> 游魂无影归了去，收兵揽将出坛场。

蓝靛瑶认为“游魂无影”是孤魂野鬼，孤魂野鬼会经常来捣乱，所以在进行度戒仪式时，焚烧些“财马”给孤魂野鬼，让他们远离“坛院”。

（二十一）送神旗，请每一位来领

授戒完毕了，送阴间师父，再请外神、内神，各路神仙返回仙界，神圣们从哪个神庙来，送回哪个神庙里去。

师公拿一炷香并上插一张草纸，代表“送神旗”，把全部的神圣名字诵读一遍，念到一个神圣的名字，师公就用手中的“送神旗”向“坛”的方向挥动下。师公们唱“奉送唱”部分，大意为：“把各位神祇都一一送回各自的神庙中去。”

（二十二）收兵

师公口念收兵之法，内容为：“天灵灵，地灵灵，天黑帝收兵，一收天罗，二收地网，三收三灾，四收四季，五收五犬，六收六害，七收七伤，八收八难，九收九州，十收十悬，诸司兵马，将不离兵，兵不离将，砌砌蹡蹡归位齐全。”

念完后，就把刚才的“送神旗”折断。

以上每一个小步骤都需要一个师父或“宗师”在看“秘书”，心中默念“法”，并一手拿一卷起的草纸，在默念“秘书”的同时，轻轻用草纸掠过“秘书”的相应部分，这样会把全部内容一字不落在心中默念。

十一　倒罢

师父们默念“秘语”（法），焚烧草纸，这咒语大意为：请阴间师父来帮忙，三元、三清，也念到画小人的草纸上的阳间师父来帮忙。“同坛师父”在“坛”后的四位大师父的香炉中插上三炷点燃的香，并在“功曹案”的香炉中插上三炷点燃的香。然后才开始倒罢仪式过程。

“引教师父”，双手拿一根“倒罢棒”和“斩鬼刀”，面向“坛”方向，走8字形，走三圈，用手中的“倒罢棒”向自己的前方左右挥动，并向前快速走动，口中发出“啾啾啾啾”的声音，稽首一拜；依次面向东西南北中五方重复以上动作。这样的动作要重复三次，收十倒罢，因时间较久，动作较快并且激烈，“新恩弟子”会满头大汗，气喘吁吁。

“收十倒罢”跳罢后，“引教师父”把手中的“倒罢棒”插入“坛”上面部分自己的位置上，然后再拔出放到“坛”下面自己的香炉旁。

以上每一个小步骤都需要一个师父或"宗师"在看"秘书",心中默念"法",并一手拿一卷起的草纸,在默念"秘书"的同时,轻轻用草纸掠过"秘书"的相应部分,这样会把全部内容、一字不落都在心中默念。

至此,师边所有的仪式都已结束。整个度戒仪式结束后,还需道边和师边的师父一起把坛院拆掉焚烧。

"戒度师父"手拿"斩鬼刀"指向"天桥",口中念"咒",然后把"天桥"的白色棉布折叠好交与斋主。

首先,要收"五老"。"戒度师父"口念"斋坛罢散,还当奉还",去东南西北中五方收"五老",口念:"奉送东方(东南西北中)斋坛罢散,还当奉还,身居不住,合家难留。"大概内容:谢谢"五老"庇佑这场仪式,现在这场仪式已经结束了,不能久留各位,还请各位回到天宫。

其次,拆卸"坛院"。四位大师父,用"法印"在"坛"上写自己的师父的红纸上盖印,然后把自己的"斩鬼刀"从"坛"上取下,再取下自己写自己的师父的红纸(真虚函)(参受旗),师父们一起把整个"坛"和"坛院"中所有东西都拆了,但"同坛师父"自己拆"五台山"。在拆坛的同时师父们说"拆坛句":"启建酧恩花堂会,还恩帝母此红筵。昔日许筵今日答,讫消愿?上青天。伏望三师同作证,保祇男女寿千年。拆破华坛门外化,麒麟贵子再重添。"然后,把在整个度戒过程所用的东西都焚烧掉,一张纸都不留,这叫作化"财马"。在化"财马"时说"化财马句":"坛官九娘同骑马,部送财马门外呈。南方丙丁放火化,变少成多纳帝前。"

接下来,四位大师父烧"真虚函"。在焚烧"财马"后,四位大师父在同样的地点同时焚烧"真虚函"和一些草纸,同时师父们都表示:谢谢师父来帮助他们完成这场仪式,请他们回去"大罗天"自己的庙里,并且给他们一些报酬。然后四位师父取斋主的银质手镯在火上,意思是给师父们报酬。

然后举行供神仪式。"同坛师父"在正堂摆好桌子,祭品至少要有五只以上的鸡,猪肉一块,猪肝,猪心,在杀猪时用草纸蘸些猪血,放几张带有猪血的草纸(一张带血的草纸代表一头猪),三炷香,草纸,三杯酒,像日常的供神一样,谢谢这些神圣来庇佑这场仪式。

最后,大家一起吃"解斋水"。两位道公上二楼"经坛",在"经坛"

上的香案上放一碗清水，一碗猪肉，还有酒水。一道公手击打钹，一道公手拿酒杯中装"甘露水"，取"解斋水"，待大家喝了"解斋水"后方可吃荤了。

先洒净"经坛"。手拿"甘露水"的道公，跟随音乐的节奏向东南西北中五方洒"甘露水"，用"东顶"去蘸下"甘露水"，就向五方的空中去洒，代表用"甘露水"把五方洗净来迎接各方神圣。大概的意思是五龙天师的法水把"坛院"洒洗干净，消除秽气，祸去福来，消灾祈福。

道公读《初真科》中第三部分。

这样"解斋水"就完成了，就请二楼的受戒弟子和斋主来喝"解斋水"，然后方可吃肉喝酒。

"同坛师父"就带"解斋水"来到正堂中，请八位师父、"宗师"和"从士"来喝"解斋水"，然后方可吃肉喝酒。

全部师父和"弟子"在正堂走，"弟子"端一个香炉，摆一桌子，放一盏油灯、一碗肉、一些草纸、八个酒杯，走"之"字形，然后朝正堂方向稽首拜。然后大家围着桌子吃肉，吃酒。

主人家给师父们答谢肉。"同坛师父"和"证见师父"在正堂门口摆一张长桌子，先给"监度师父"和"引教师父"及其带来的"宗师"和"从士"，"监度师父"和"引教师父"分别得到一个猪前腿，"宗师"和"从士"各得到2—3根猪排骨肉（共有大概3千克），"同坛师父"和"证见师父"先递给"监度师父"和"引教师父"装有四杯酒的酒盘，"同坛师父"和"证见师父"分别手拿一双筷子和"斩鬼刀"，在酒杯上和猪肉上动动筷子，意思是让自己的师父先吃，再回四杯酒给"同坛师父"和"证见师父"，并谢谢斋主给的这些报酬；然后给"戒度师父"和"正戒师父"，"同坛师父"和"证见师父"先递给"戒度师父"和"正戒师父"装有四杯酒的酒盘，"同坛师父"和"证见师父"分别得到一个猪头和一个猪前腿，其"宗师"和"从士"各得到2—3根猪排骨肉（大概有3千克），"同坛师父"和"证见师父"分别手拿一双筷子和"斩鬼刀"，在酒杯上和猪肉上动动筷子，并把筷子插到猪鼻子中，意思是让自己的师父先吃，再回四杯酒给"同坛师父"和"证见师父"，并谢谢斋主给的这些报酬。

师父们在正堂坐好吃饭，在吃饭前，"弟子"和斋主先跪在正堂谢谢这些师父来帮忙做这场仪式。

"戒度师父"和"正戒师父"交代"弟子"注意事项，要戒一天：不能用冷水洗手洗脸，不杀生；不折叠树枝树叶；尊敬老人；以后要跟师父们学习，好好帮助别人打斋等。

吃饭中间，师父们会教弟子"安教数"。具体是，一个手指，代表父亲；两个手指，代表母亲；三个手指，代表三元（是否也代表三清，还没有搞清楚）；四个手指，代表四帅（赵帅、邓帅、马帅、关帅）；五个手指，代表五雷；六个手指，代表六神；七个手指，代表七真；八个手指，代表八卦；九个手指，代表九帝；十个手指，代表十师真禅；整个拳头，代表祖师。

以上部分章节是对度戒仪式的一个概述。可以肯定的是，还有很多精彩的细节未能还原。对于人类学学者来说，研究一个族群独特的社会文化，这些仪式的细节是重要的线索和内容。

第七章　度戒仪式的象征与解释

通过观看度戒仪式的舞台剧，我们详细地看到了度戒仪式的过程，对于度戒仪式有了全面的了解和认识。但是，度戒仪式到底是什么仪式？有人说度戒仪式不是蓝靛瑶男子成年礼，也有人说是。本章通过解读度戒仪式的象征体系、度戒仪式与成年礼，以及度戒仪式的传承来揭开度戒仪式神秘的面纱。

第一节　度戒仪式的象征体系

通过本书第三章、第四章和第五章中度戒仪式的实践过程，我们可以看得到度戒仪式内容繁多冗长，程序复杂多变，参与的人物众多，所需古籍文本非常之多，持续时间长。但是，如果细细观察仪式的程序、内容和古籍文本，我们可以发现度戒仪式的众多象征体系。特纳认为：每一种仪式都是由象征符号布局的，是一种"乐谱"，而象征符号则是它的音符；是把一种已知和未知联系起来的东西。[①] 蓝靛瑶度戒仪式的象征符号体系包括的内容较多，将它分开归类，才更容易理解。在下文中，笔者从度戒仪式的空间象征体系和象征符号出发，进一步来理解度戒仪式。

一　度戒仪式的空间象征体系

人类学家特纳对于象征体系的理解认为，需要进行三层的分析才能得到较完美的意义，"一是外在的形式和可观察到的特点；二是仪式专业人

---

① Victor Turner, *The Forest of Symbols*: *Aspects of Ndembu Ritual*, Ithaca, New York: Cornell University Press, 1967, p. 48.

士和非专业人士的解释；三是主要由人类学家挖掘出来的意味深长的语境"①。按照这样的标准，笔者对度戒仪式的空间象征体系进行分析。

（1）宇宙观：三界

度戒仪式空间的可见特征就是把蓝靛瑶的院落分为几个主要的空间：一是"坛院"；二是"天庭所"；三是"五台山"；四是院落剩余的空间。这些空间通过师父们人为的方式进行分割，师父们通过五颜六色的彩纸和文字将整个现实存在的院落空间"分割"，形成一个完整的"宇宙"。

蓝靛瑶人给出的解释较为简单。他们认为"坛院"是师父们举行仪式的地方，这个地方是一个神圣的世界；而"五台山"则是检验师父们法力的主要地点。除此之外，其他空间都是次要的。

蓝靛瑶人认为坛院是供神的主要地点，坛具有相对于汉人牌位一样的作用。基本上大部分度戒仪式都在坛院中举行，坛院就是一个大的舞台，师父们一直进行仪式，各司其职。仪式有时是神圣的，禁忌非常之多，人们紧张而严肃；但是在部分仪式阶段，是非常轻松愉快的，甚至观众也可以参与进去。在笔者田野工作期间，共参与了八场度戒仪式。在这些仪式中，蓝靛瑶民众经常开玩笑地说："在坛院中，你要小心，一不小心就会碰上玉皇大帝，碰上盘皇，这里神仙太多了，他们一起来到了坛院。"但是，在一些固定的仪式中，普通民众也知道这些仪式可以参与并且尽情开心。如在动鼓期间，两位师父扮演夫妻进行房事的时候，在公开场合进行隐秘的私事，伴随着两位师父夸张的动作，一旁人会哈哈大笑；另外跳功曹舞时，在师父的带领下，一些年轻人或者喜欢热闹的人一起跳。而谈起"五台山"时，大家都会说："弟子要去五台山，是考验弟子的耐力和师父的法力的时候了。弟子度戒是否成功，就看这个环节了。如果弟子度戒没有成功，那就说明师父的法力不强，并且弟子一辈子的生活会很糟糕。"

仪式传承人给出更进一步的解释：神仙们从各自的神庙来到坛院，在坛院享用各种供品，并且证盟度戒仪式。这些神庙都集中在"天庭所"之中，每一位神祇都有自己的神庙，也有多位神仙居住在同一神庙之中。坛院上这些写有"院"和"府"的字眼象征着神仙居住的神庙，例如，写有

---

① Victor Turner, *The Forest of Symbols: Aspects of Ndembu Ritual*, Ithaca, New York: Cornell University Press, 1967, p. 20.

"大赤天"的字条象征着"太清"的居住地点；而写有"案"的是象征给神仙的香火案，如"斗府案"象征供奉"政谢合家正醮求寿斗府三宫长生大帝"的香火案。师父通过仪式把神仙们从天界请到人间来享用供品和证盟仪式。

而坛院外的空间有一处重要的地方，就是"天庭所"。"天庭所"在"坛院"门外不远处，与"坛"隔门相望，非常之简单，用三根竹子搭建，并写有"天庭所"。所有神祇的神庙都在"天庭所"，并且天庭所与世俗世界之间由"迷河"隔离开来，并且"迷河"之上有"迷河桥"来联系天庭与世俗世界。"天庭所"象征是天界，虽然是非常之简单，但代表的空间非常之大。天庭所最为主要的几个地点是：金星、月府和日宫。

家先居住的地点是"土府"。师父们给出的解释是这样的：人在去世后，在现实中死者被家人埋葬，经过家人举行的"送亡"仪式后，死者进入了"地狱"，在蓝靛瑶的观念中，人生前犯下了罪行，需要在死后一一赎罪，所以被关进"地狱"之中进行服刑赎罪，一般时间是一年左右，最少半年以上，在这一段时间内，死者不能被家人后代供奉，并且也没有能力庇佑家人后代；在家人为其举行"超度"仪式之后，死者就"破狱"而出，成为家先，进入"土府"居住，并且成为政谢神中的一员，有能力来庇佑家人后代，并且可以被家人后代请到家中来供奉，在家正堂为其设立香炉。如果，死者去世后，没有人为其埋葬和举行"送亡"仪式，就会成为祸害村民的孤魂野鬼（坏鬼）；如举行"送亡"仪式后，家人后代没有为其举行"超度"仪式，死者会一直待在"地狱"之中，蓝靛瑶认为被关在"地狱"中的死者都是"鬼"。如果家人后代长时间没有为在"地狱"中的死者举行"超度"仪式，死者会想办法偷偷从"地狱"中逃出来到人间祸害家人及周围村民。①

通过仪式空间的布局（参看图7-1）和仪式传承人、普通民众对其空间象征的解释，我们可以进一步认识到蓝靛瑶的宇宙观。蓝靛瑶把宇宙分为三界：上界、人界和阴界（上界、中界、下界）；与其对应的空间上是：

---

① 在田平的蓝靛瑶认为，很多时候家人生病就是自己没有为死者举行"超度"仪式，死者逃出"地狱"来人间给家人带来病患，作为一种信号，让家人为其举行"超度"仪式；也有可能是其他人家的死者或孤魂野鬼逃出"地狱"给其带来病患。

天、地和地下。但是在有些古籍文本中也出现了天、地和水的观念，需更多的资料和田野来考证天、地、水的观念与上界、人界和阴界的区别。另外，一些仪式古籍文本，有时把神祇们所在的空间称为"阴宫"，而把人生活的空间称为"阳间"，这表明蓝靛瑶把空间分为"阴"与"阳"。上文中鬼怪所在的空间"阴界"是否属于"阴宫"的一部分，这有待更多的资料进一步来考证。

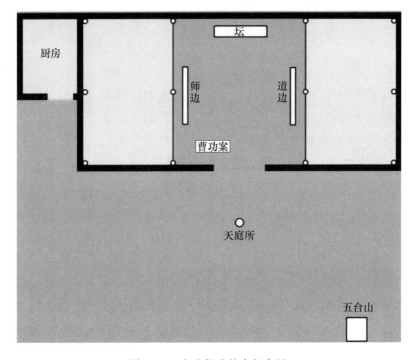

图 7 - 1　度戒仪式的空间布局

资料来源：笔者绘制而成，厦门大学建筑学系林滇祺进行美化，谨致谢忱。

上界是众神祇居住生活的空间，也就是上文中的"天庭所"，在距离人间非常遥远的地方。蓝靛瑶认为上界也是天界，在天界中有不同的神庙，重要的神祇都有各自的神庙，并且一座神庙之中有一个位置最高的神祇，管辖着另外几位地位较低的小神。人界是现实生活的空间，也就是天界之下，地面之上。人生活的空间生活着众生和各种动物植物等。人界与上界由"迷河"相隔，众神祇来到人间必须通过"迷河"。阴间是各种鬼怪生活的空间，在蓝靛瑶的宇宙观中，这个空间在地面之下，阴间实际上也就是地狱，是各种鬼怪被关押的空间，一般看管得非常严，但有时鬼也会逃出地狱来到人间进行破坏。

在度戒仪式的古籍文本中，每次的请神、拜谢和送神时都会面向五方：东、西、南、北和中央。蓝靛瑶认为自己所站立的位置就为中央。

总而言之，蓝靛瑶的宇宙观是由三界和五方组成。众神祇生活居住在上界，而现实中的民众生活居住在人界，各种鬼怪被关在阴间地狱之中。众神祇可以从上界来到人间和地狱，来去自如；人只能居住在人界，没有能力到达上界和阴界；被关的鬼有时也可能逃出地狱来到人间，通人界和阴界两界。既然人不能去到另外的两界，那么谁来把神、人、鬼的三界联系起来？起到中介作用的人就是精通瑶族宗教文化的师父们。师人通过各种仪式、诵读科书和默念秘书来与众神祇和鬼沟通，这些师父们在蓝靛瑶社会中的地位非常高。

图 7 - 2　蓝靛瑶宇宙观

资料来源：笔者绘制而成，由厦门大学建筑学系林滇祺进行美化，谨致谢忱。

（2）从空间位置上看神祇的地位

度戒仪式过程中，我们可以从外在的特征看出，"坛"在正堂中最好的位置上，而左班神、右班神在正堂两边的侧墙上，功曹案在正堂门后位置，舞碡堂在厨房的空间中。

蓝靛瑶的仪式传承人对此的解释是：众神祇被召请下降到人界时，就分别来到人为分配的空间位置上，并且庇佑整个仪式的空间，防止各种鬼怪来现场破坏仪式。并且仪式传承人指出，从空间位置上可以看出神祇的地位的高低。在正堂空间"坛院"中的神祇比在"坛院"外的神祇地位要高。在"坛院"中神祇的地位也不同，"坛"上的神祇比"坛院"两侧"左班神"和"右班神"①的地位高，而"左班神"和"右班神"比"功曹神"的地位高。

应天府								
还愿府						混元府		
九郎府						九龙府		
日午院	青灯院	三元院	授簪院	披簪院	擎粮府	土府院	大赤天	禹餘天	清微天
	引教师父及其父亲和师父们	正戒师父及其父亲和师父们				戒度师父及其父亲和师父们	监度师父及其父亲和师父们		
香火案	帝母案	盘皇案	玉皇案	三界案	本龛案	斗府案	家先案	土地案	迷惑案

图 7-3 "坛"上神祇的位置

现在进一步来分析"坛"上的众神祇（图 7-3）。最上面的是"应天府、混元府、九龙府"与"应天府、还愿府、九郎府"，蓝靛瑶的师父们认为这是道边和师边最高三位神祇的府。道边地位最高的三位神祇是三清：玉清、上清、太清，师边地位最高的三位神祇是三元：上元、中元、下元。他们六位神祇分别对应六府。但是，问及师父们："为什么玉清和上元都在'应天府'？"却没有一人给出让人信服的答案，大部分师父说："之前的老人都这样写，一代传一代，大家认为都这样写才对，我们不管住不住在一个地方。"

"坛"上接下来的部分是十个地方，从右到左依次为"清微天、禹余天、太赤天、土府院、擎粮府、披簪院、授戒院、三元院、青灯院、日午

---

① "左班神"与"右班神"各自都包括一系列的神祇，不是一个单独神祇的名称。

院"。蓝靛瑶的师父说"清微天、禹余天、太赤天"是三清的神府所在地点，同样"三元院"是三元的神府所在地点。"土府院"是家先们的神府，"擎粮府"是"政谢合家正醮求寿斗府三宫长生大帝"的神府，而剩余的"日午院、青灯院、授戒院、披簪院"则没有对应神祇。问及师父们，他们的回答同样是：前人这么写，我们就按照前人一模一样地写下来。我的理解是这样，日午院、青灯院、授戒院和披簪院是代表举行度戒的地方，原因是：日午、青灯、授戒都是度戒仪式的名称，如整个度戒仪式师边的名称就为："日午青灯"；而授戒又是师边其中最为重要的一个仪式。

"坛"接下来的位置是留给四位大师父（"戒度师父""监度师父""引教师父"和"正戒师父"）其父亲的法名，并且在父亲法名的左右两边写其自己举行度戒仪式时的八位师父的法名。蓝靛瑶师父给出的解释是：师父让自己的父亲和其师父们的法力来协助自己完满举行这场仪式。从空间位置上来看，四位大师父的父亲及其师父们的地位仅次于三元三清的位置。

"坛"最下方的位置留给内神（政谢神），从右到左依次为："迷惑案""土地案""家先案""斗府案""本龛案""三界案""玉皇案""盘皇案""帝母案""香火案"。这十个案是十位政谢神的位置，政谢神是蓝靛瑶神祇体系中是最为重要的神祇。另外，还有一位神祇灶君的位置在厨房，蓝靛瑶用"舞碍堂"来象征灶君的位置。笔者将十一位神祇总结如下表7-1。

表7-1　　　　　　　　　　　　　　内神神目及其神庙

序号	坛上神案	神目（全称）
1	迷惑案	政谢五方参相治病迷惑仙娘
2	土地案	政谢宅堂土地福德万岁老人
3	家先案	政谢东主家先△公△婆△家三代祖洒先灵
4	斗府案	政谢合家正醮求寿斗府三宫长生大帝
5	本龛案	政谢父子本龛三元（清）大道无机大罗妙佑六御高真（三元、三清）
6	三界案	政谢游行广化三界医药仙官
7	玉皇案	政谢金阙昊天玉皇上帝

序号	坛上神案	神目（全称）
8	盘皇案	政谢开天盘古大皇
9	帝母案	政谢上宫南曹九朝帝母太白天娘
10	香火案	政谢本侍家堂香火北府李大元帅
11	舞碍堂	政谢本音通天玄灵五祖司命灶君

这些内容写完后，还要在"坛"上粘贴细长条的红纸，红纸上写的是受戒弟子四位大师父的法名，象征师父们的地位是较高的，可见在度戒仪式过程中，师父认为自己的师父具有与神祇一样的地位和法力。

地位仅次于以上神祇的是：左班神、右班神。左班神和右班神是包括六十多位神祇的总称，其中左班神包括六十二位神祇，右班神包括六十四位神祇。蓝靛瑶师父们给出的解释是，这些神祇是一些小神，他们的位置没有政谢神（内神）重要。

在正堂门后的是"功曹案"，象征"符吏功曹使者"的位置。符吏功曹使者在蓝靛瑶神祇体系中是非常重要的一位，负责传递文书和信息，师父们在人界祈求神祇从上界下降到人界的坛院中来，靠的是符吏功曹使者传递信息，蓝靛瑶师父认为符吏功曹使者是神祇体系中官职最小的神祇。符吏功曹使者分为三界四值功曹：上界年值符吏功曹、中界月值符吏功曹、下界日值符吏功曹、阳界时值符吏功曹。

从空间位置来看，我们看不到"九庙神"（外神）的位置，但是，在仪式过程中，"九庙神"也是重要的神祇，蓝靛瑶师父认为九庙神是外神，在度戒仪式中不用把外神的神府写在坛院之中。在下文笔者会详细介绍九庙神。

从上面的分析和解释出发，我们进一步总结得出：三元、三清是蓝靛瑶信仰体系中地位最高的神祇，其次是政谢神，接下来是左班神和右班神，最后是符吏功曹使者。虽然从仪式的空间位置中找不到有九庙神的位置，但是，在蓝靛瑶古籍文本中和具体的仪式过程中，九庙神是非常重要的神祇体系，是与政谢神（内神）对应的神祇体系。另外，师父们及其父亲、师父的地位也是非常高的，师父们虽不是神祇，但是，地位却与神祇的位置相对，甚至是比神祇还高。通过仪式、古籍文本和与师父的日常谈话，可以发现，蓝靛瑶的师父不但将"三元"和"三清"作为最高的神祇，同时也作为他们的师父，可见，在蓝靛瑶社会中，人们认为师父的地位与最高神祇的地位一样，不但在神圣的空间中是这样，而且也体现了师父在蓝靛瑶社会中的地位。师父的重要性、神秘性和神圣性都在空间位置和社会地位中体现得淋漓尽致。

（3）神圣与世俗：家

日常生活中的家，只有小部分空间是神圣的，就是正堂神龛上两个香炉的位置，一个香炉供奉家先，一个香炉供奉土地神；而在度戒仪式过程中，师父通过标明神祇居住的神庙的方式，把家的空间划成了神圣的空间，院落中也有两个地点是神圣的："天庭所"和"五台山"。在度戒仪式过程中，蓝靛瑶家屋正堂为"坛院"，二楼为"经坛"和受戒弟子休息之处，厨房中有灶君神祇，院落中的"天庭所"和"五台山"也同样是神圣不可侵犯的，而"天庭所"则是神圣与世俗空间上的分界线，明显的象征是在"天庭所"下面放一个盛有清水的碗，碗上放两个小木棒，一碗清水象征着迷河，木棒象征着通往"坛院"的迷河桥。在度戒仪式开始时，师父们会把大桥拆卸掉，这样鬼怪和坏人就进入不了"坛院"，也无法破坏仪式。如同一张具有法力的大网笼罩在院落的空间之上，保护院落不受其他外力的影响和破坏。

在度戒仪式过程和空间中，神圣与世俗是交融的。度戒仪式的过程从开始到结束都会有观众在一旁观看，有些仪式观众可以参与进来，有些仪式观众则不能参与进来。普通观众象征世俗，师父们代表着神圣，此时的家的空间就成为神圣与世俗交融的空间。受戒弟子在度戒仪式的过程中，时而参与其中，时而独自在二楼休息，受戒弟子作为一个阈限者，其身份模糊不清，也可以看成是一个神圣与世俗的混合单位。

度戒仪式就如同一场精彩的戏剧，而院落就是一个剧场，主要的场景是"坛院"，而"五台山"则是仪式最高潮的活动舞台。度戒仪式由不同的情节组成，而不同的情节又有不同的人物，在院落的不同舞台进行着不同的戏剧。戏剧的主演是：受戒弟子和师父们，受戒弟子虽然并不是全程参与每一个仪式，但是他却是贯穿整个剧场的主线，所有的仪式都是为了受戒弟子受戒成功而进行的，师父们则是这台戏剧最重要的演员，他们担负着重要责任——让受戒弟子受戒成功。受戒弟子受戒是否成功关系着弟子一生的命运，受戒弟子如没有受戒成功，师父们（特别是四位大师父）就难辞其咎，所以，师父们在这场戏剧中要十分用心，无论多么辛苦和劳累，都要熬夜坚持下来，不能有丝毫松懈。

二 度戒仪式的象征符号

度戒仪式是由象征符号组成的文化精华，并且每一个象征符号都有多重指涉而非单一指涉。度戒仪式由蓝靛瑶的习俗组成，把在世俗生活中散布于各个场域与情境中的东西浓缩入少量几个象征行为和物件中，并成为整合许多世俗习惯和自然规则的象征和代表。我们只有把这些象征符号放在整个度戒仪式场域的语境中，才能得到全面的答案和解释。在此，笔者把度戒仪式中的象征符号分为支配性象征符号和工具性象征符号。

（一）支配性象征符号

"仪式符号本身能够划分为结构性成分，它们倾向于自身就是目的和可变的成分。"① 特纳认为这些仪式符号就是"支配性的象征符号"，支配性的象征符号不单单是实现某个特定仪式所指向目标的手段，更为重要的是，这些支配性的象征符号代表着价值，而这些价值本身又被认为是仪式的目的。② 在度戒仪式过程中，主要的支配性象征符号有：经坛、坛院、五台山、功曹案、天庭所、秘书、阴阳牒、师父。

"经坛"设在二楼弟子在度戒仪式中休息的床头附近。"经坛"设有"应天府""混元府"和"九龙府"；并写有："诸品经""金章经""三官经""琅嬛经""血湖经""救苦经""玉枢经""消灾经""度人经""下卷玉皇尊典经""中卷玉皇尊典经"和"上卷玉皇尊典经"；并写有"道边"师父的法名，并且还有其父亲和师父的法名；另外还有"炼丹殿""下法坛""右班前""武当山""鹤鸣山"和"左班前"。

与正堂的"坛院"相比较，"经坛"是小型的、浓缩的坛院。在此举行是"授经书仪式"，把师父的三十六部经书——授予受戒弟子。文化传承人认为"经坛"是各种经书集中的地方，在这里最为重要的是各种经

① Victor Turner, *The Forest of Symbols*: *Aspects of Ndembu Ritual*, Ithaca, New York: Cornell University Press, 1967, p. 45.

② Victor Turner, *The Forest of Symbols*: *Aspects of Ndembu Ritual*, Ithaca, New York: Cornell University Press, 1967, p. 20.

书。经书象征着田地，同时又象征块块金银，经书中的字象征珍珠金银宝贝。其中最为重要的三部经书是："上卷玉皇尊典经"象征金星，其中字象征金银块；"中卷玉皇尊典经"象征日宫，其中字是珍珠金银宝贝；"下卷玉皇尊典经"象征月府和龙身，字象征龙鳞龙甲。

诵读度人经象征田地中插禾苗成为金银，谷米成为珍珠；诵读消灾经，诵者灾难消散，字成为金银，保初真弟子受道长生福寿；诵读玉枢经，字诵读为金银，禾米成为宝贝，初真弟子受道至日长生福寿也；诵读救苦经，诵者如日照霜雪消融，象征把父母的罪行消减散去；诵读琅嬛经，象征经书的字成为珍珠金银宝贝；诵读三官经，象征金星、日宫和月府库内全部为金银宝贝，天、地和水府以及唐葛周三相已经发兵前往弟子家；诵读金章经，象征把经书中的字诵变为金银宝贝后，供奉五斗金木水火土；诵读诸品经，象征把经书中的字诵变为金银宝贝后，供奉众神祇。

除了一些文化传承人给出的象征，笔者认为"经坛"是度戒仪式最初的关键地点，具有重要功能，在此把师父所有的经书给予受戒弟子，并赠予珠宝金银，添寿赐福与弟子。最为重要的是经书是受戒弟子从事宗教活动，特别是为师父和日常供神的师人提供最为基础的条件，取经经历，拥有经书，这些宗教资本可以让弟子享有最为基础的资格、资本和能力。

"坛院"在度戒仪式中是最重要的支配性象征符号，并且包含了多个象征符号。"坛院"包括了"坛""发""榜""功曹案"。而坛院象征上界神祇居住的神庙，如"应天府""混元府""土地榜"，并且这些神祇都按照神祇的地位一一安排位置。在一般人看来，这些神祇的神庙就是一张红纸而已，但是这些红纸象征众神祇的神庙，度戒师父通过仪式化的程序，把这些纸张神圣化。此时，坛院如同把众神祇的神庙从上界一一搬到人界，坛院就是神圣与世俗交融的世界，师父们在坛院的舞台上尽心尽力地举行仪式，众神祇在一旁默默看着仪式，检验师父的法力和专心。坛院安排完毕后，度戒仪式才能开始。度戒仪式大部分都在坛院进行，此时的坛院就是上界里一个个具体的神庙，师父通过诵读科书和默念秘语等方式，把众神祇从上界一一请到人界坛院对应的神庙中来享用供品和证盟这场度戒仪式，最后再把众神祇从人界一一送回到上界中去。但是，坛院主要是三元、三清、内神和功曹使者的位置，而没有外神所居住的位置。"功曹案"象征是"功曹使者"的神庙，功曹案在坛院的位置是比较特殊的——在坛院门口，在坛院中是最不起眼的位置，但却有独立的地位，这说明了功曹使者的作用在仪式中是比较特殊的，下文中会详细阐述。

"五台山"也是度戒仪式中一个非常重要的支配性象征符号，是检验整个度戒仪式是否成功的场所。文化传承人对五台山的象征含义没有过多地解释，他们认为五台山就是天司、天堂、天台，换言之，五台山象征的是"上界"，如受戒弟子成功登上五台山，就象征登上了上界，意味着师父们已经通过诵经和默念秘语等仪式赐予了受戒弟子能够进入上界的能力。但如把五台山放到整个度戒仪式的过程来看的话，可以明显看出五台山的象征不止如此。从度戒仪式整体过程中来看，五台山在整个度戒仪式过程中不但是检验度戒仪式是否成功的高台，而且象征关卡，从五台山落下来后，象征着受戒弟子在师父体内的重生，师父们喂食"奶水"与弟子；从五台山落下来后，弟子象征为龙蛋，龙从龙蛋中孵出；从五台山落下来后，象征着受戒弟子考取了状元并新官上任，荣归故里，大家都纷纷前来庆祝；更为重要的是，受戒弟子成功从五台山上落下来后，就成了蓝靛瑶认可的"师人"，以后就有举行宗教仪式的能力和资格，当然很多举行仪式的能力还需在今后不断学习才行，若你没有从五台山上成功掉落下来，就意味着你没有从事蓝靛瑶宗教仪式的资格，以及没有作为别人举行度戒仪式时的师父的能力。

"师父"在其受戒弟子的度戒仪式中是最为重要的角色，在度戒仪式的象征体系中是具有核心地位的支配性象征符号。"仪式是乐谱，象征符号是音符，而度戒仪式的师父就是乐队，乐队在坛院这个舞台上尽情地表演。"这是对师父们的绝佳比喻。师父们在度戒仪式的不同仪式中象征着不同的事物，下面笔者就阐释其重要象征。在烧香请师仪式时，受戒弟子来到师父家中，举行仪式后，就象征师父已经把受戒弟子受孕在体内，此时，师父象征母亲；烧香请师仪式只有受戒弟子及其父亲才能看到，而村民观众都看不到，但在度戒仪式的动鼓仪式中，则有更生动形象夸张的仪式：两个师父分别扮演父亲和母亲，在坛院正堂睡觉并模仿夫妻性交的动作，引得观众哈哈大笑，这个仪式用夸张的形象来表示师父是受戒弟子的父母。在这个仪式中开始受孕在师父体内；在上五台山仪式时，师父象征母亲，并且非常形象的是师父与受戒弟子腰间用一条白色布带相连，而这条白色布带象征为脐带，然后师父把白色布带解开，象征把母子之间的脐带剪断，在掉落五台山仪式中，受戒弟子从五台山掉落下来，表示受戒弟子从师父体内重生，师父用糯米和清水喂食受戒弟子，而糯米和清水都代表奶水。在受戒弟子掉落五台山仪式后，师父戴上恐怖的面具并穿上夸张破旧的衣服象征"阳公"，庆贺受戒弟子授戒成功和考取功名成功，他用夸张的动作行为引起观众的笑声和参与，夸张的动作主要是性交动作，此时，阳公象征了受戒弟子的父亲。另外，还有师父扮演"阳母"，阳母是男扮女装，象征受戒弟子母亲的角色，并且身上背有布娃娃，这布娃娃象征重生的受戒弟子，阳公不时用手中的弓箭去挑逗阳母，引得观众哈哈大笑。师父扮演乞丐阳公、男扮女装为阳母，并通过较滑稽搞笑的夸张动作，来表达深刻的象征内涵。

另外，师父在度戒仪式中最重要的象征是官员，如在招兵仪式中，师父象征大总兵都督官，有时代表参相官，有时自称为"士臣"。在一些仪式中，师父代表三元、三清。在搭建五台山时和架白道桥仪式中师父象征鲁班。而在一些仪式中，师父需唱众神祇的山歌，此时师父象征众神祇，师父是人神之间的通灵者。可见，师父在整个度戒仪式中的作用和责任是多么重大。

仪式中越是重要象征符号形式往往越简单，因为简单的形式能够与普遍化的特性相联系。度戒仪式中的"阴阳牒"和法名具有这样的特征，但往往具有重要的意义和作用。

"阴阳牒"是度戒仪式留给受戒弟子最重要的文本，师边和道边都会留一份"阴阳牒"给受戒弟子，《阴牒》焚烧，受戒弟子保留《阳牒》。首先，"阴阳牒"象征戒律（行为手册、教科书），无论是师边的，还是道边的"阴阳牒"中最为重要的文本内容是十度、十戒、十问、十愿，这些类似于戒律的文本内容，要求弟子按照戒律来规范自己，在日常生活中按照戒律作为行为准则并且不能违犯戒律。其次，《阳牒》象征护身符，《阳牒》庇佑受戒弟子平安、消除病患、功禄随身，并且受戒弟子成为师人后，神力如同有神灵在身一样强大，为民救患保安、求花祈嗣、殄瘟超亡、收魂赎命，并且可以通过《阳牒》把法教相传给自己的弟子。最后，《阳牒》是表明受戒弟子举行了度戒仪式的证鉴，以及是受戒弟子在阴间找到自己家先群体的证鉴。没有《阳牒》就意味着没有度戒，《阳牒》如同一个毕业证书一样，证明受戒弟子有度戒仪式的经历。在受戒弟子去世后,《阳牒》象征为证物和通行证,《阳牒》与之前焚烧掉的《阴牒》进行对比,如果二者相同,则说明是其族群中的一员,弟子就会成为家先群体中的一员,享用后代的供奉并庇佑后代。但如没有《阳牒》,就不能进入家先群体,成为孤魂野鬼,会伤害村民。可见,"阴阳牒"虽简单,但浓缩的意义和象征则最为重要。蓝靛瑶对于《阳牒》的保存非常之重视,一般不轻易示人,日常生活中因天气潮湿,会拿出来晾晒,此时,他们如同藏宝人把自己的宝物拿出来了一样小心翼翼,会轻轻翻动每一页,看有没有被虫蛀,用手轻轻抚摸这纸张,如同抚摸自己孩子的面颊一样轻柔。晾晒完毕后,把《阳牒》放在家中最隐蔽和最安全的地方保存起来。

"法名"是受戒弟子在度戒仪式中得到最为重要的名字,师边取一个法名,道边取一个法名。在现代度戒仪式中,师父给予受戒弟子的只有《阳牒》《意者书》和法名。法名象征族群认同的符号,也象征通行证。拥有了法名,才成了一个合格的蓝靛瑶人。在日常生活中,蓝靛瑶男子没有法名,其家先在阴间不能保佑他和家人,如果本人或家人生病,或有其他不顺利的事情,家人就会请师人来供神,但是如果家中男子没有法名,这位师父供神是没有效果的,因为没有法名,家先和神祇不知道你是谁,就无法找到你。换言之,只有通过法名,上界神祇们才能认识人间的众人。而在蓝靛瑶男子去世后,他没有得到其祖先的通行证——"法名"及"阴阳牒",就找不到祖先的群体,而漂泊在祖先群体之外,成为祸害人们的孤魂野鬼;在阴间,因其没有法名,成了孤魂野鬼,他既不能保佑自己的后代,后代也无法供奉他。

另外,法名象征法力。象征师父本人来到现场,象征法力,本人没有神力,只有念其法名才行。蓝靛瑶认为神祇、家先和师父的法力可以通过法名来传递显灵,如在度戒仪式的过程中,把神祇、家先和度戒师父的法名写在坛上即可,通过默念秘语,他们的法力就会到达现场。蓝靛瑶认为神祇同样有法名,并且神祇的法名不止一个,也有三四个,甚至拥有更多的法名,如灶君拥有三个法名:李通天、李通真和张道海。[①] 在各种仪式

---

① 在师父学习各种仪式的过程中,除了对一般的供神仪式步骤精通之外,还非常熟练地记住众神祇的法名(蓝靛瑶人认为法名也是众神祇的真名),这是最基础的功力,在蓝靛瑶眼里,谁能够准确无误地记住众神祇的法名,神祇就能准确来到现场,增加师人的法力。很多时候,蓝靛瑶认为师人的法力不够,其中最重要的原因是这些师人没有准确地记住众神祇的法名。

中，每次少不了的是师父手拿一张写有主人家三代家先的法名纸，师人有时不能准确记住主人家家先的法名，就请主人家把这些法名一一写在纸上，师人在仪式过程中按照事先写好的法名一一准确无误地读出来，这样家先们才知道后代子孙需要他们了，如没有诵读这些家先的法名，仪式是没有任何效果的。在蓝靛瑶的仪式中，参与者使用名字时，从不用自己的书名、小名和从子名，必须使用自己的法名。①

（二）工具性象征符号

特纳认为仪式有明确表达的目标，工具性象征符号可以说是达到这些目标的途径；换言之，"工具性象征符号是充当实现特定仪式的明确或含蓄的目的的手段"②，而在度戒仪式中有很多工具性象征符号，这些工具性象征符号具有典型的特征：为了仪式的明确或含蓄的目的。

"大米"是度戒仪式中必不可少的物品，同时在不同仪式中具有不同的象征含义。在师父出门前，在家举行的仪式中，要向空中撒三次大米象征千军万马在师父的身边，协助师父举行仪式。在坛院进行的请圣仪式中，大米象征十八岁的漂亮男女去接师父，同时也象征接神的马料。有时大米象征燕子寻青霄路黄金桥去上月府、日宫、金星等众神祇的神庙。把大米放在酒杯中，象征着把家人所有的魂魄都放在酒杯中，而不受鬼的骚扰。有时五粒米象征五海龙，把整个坛院的污垢洗得干干净净。有时米象征金沙银食，在受戒弟子掉落五台山的仪式中，糯米包象征了母亲的奶水。

"香火"也是度戒仪式中必不可少的工具性象征符号。度戒仪式中一般常用三炷香，象征三根菩提树果，无量五色鲜果，红彤彤、黄艳艳、香喷喷，随神来摘吃，使神个个吃得饱满。有时一炷香象征金校树、银校

---

① 蓝靛瑶的命名体系是"从子称"，大概如下：婴儿出生后，父母都会为其取小名，男婴取名为：da△，女婴取名：sa△（△代表一个蓝靛瑶音）；并且其男婴的父母的名字也要修改，其名字要在自己的婴儿的小名后加 fa 或 ji 即可，其男婴的祖父祖母的名字也要修改，在婴儿的小名前加 gelao 或 gebu，如有曾祖父母，其名字也要修改，所有蓝靛瑶人一辈子有多次改名字的机会。如男婴的名字为 dayin，其父的名字则改为 yinfa，其母亲的名字则改为 yinji，其祖父的名字则改为 gelaoyin，其祖母的名字则改为 gebuyin。年轻夫妇结婚后生子前，都可以叫其小名，一旦生育了孩子，必须要叫他们的新名字，否则，是对其不尊重。

② Victor Turner, *The Forest of Symbols*: *Aspects of Ndembu Ritual*, Ithaca, New York: Cornell University Press, 1967, p. 45.

树、菩提树或者熟透的仙桃果，使众神祇受纳饱满。有时香火象征青霄路，架上月府、日宫、金星等众神祇的神庙。有时香火象征床，让鬼睡在上面不能动弹，这样鬼就不能来到仪式现场进行破坏。有时香火象征师父、三元和三清。有时师父手拿香火向五方点点，或向大米、纸等物品点点，象征把这些物品变得具有神圣性，这表明香火象征具有无限的法力，可以让物品变成神圣的物品。

"草纸"也是度戒仪式中不可缺少的供品，在蓝靛瑶的仪式中被称为"财马"，主要象征金银财宝等物品供奉给众神祇。

"鸡"不但是度戒仪式必需的供品，还主要象征周家十八岁端庄的、漂亮的男女，主要作用是迎接和陪伴众神祇。"鸡蛋"象征珍贵的珠宝，有时象征小鸡来献众神祇。

"猪肉"象征朱家端庄的、漂亮的十八岁男女，主要作用是迎接和陪伴众神祇。有时猪肉象征柔软的马蹄皮，献给神作垫床睡。有时猪肝或猪心象征一只猪命来献众神祇。

"清水"在度戒仪式中，通过师父的仪式行为把其变为具有神圣性的"甘露水"，象征为五海之水。甘露水的作用是把度戒仪式现场坛院内所有的污秽清洗干净，来迎接众神祇的到来。在受戒弟子掉落五台山后的喂食仪式中，清水象征奶水来喂食刚刚出生的婴儿。"酒水"象征正月立春时的春雨，象征菩提树流出来的琼浆，有时象征蜂蜜糖水，有时象征奶水。把草纸的纸灰放入酒杯的清水中，象征张天师的灵丹药、仙丹药，能祛除各种病患。

"科书"和"秘书"是度戒仪式中重要的文本资料，起到非常重要的作用。这些文本资料主要象征块块金银，又象征田地。其中的字象征珍珠金银宝贝。上卷玉皇尊典象征金星，字是金银块，中卷玉皇尊典象征日宫，字是珍珠金银宝贝，下卷玉皇尊典象征月府、龙身，字是龙鳞龙甲，字是宝贝。诵读这些经书可保受戒弟子长生福寿。

"筶子"是度戒仪式中最为重要的法器之一，在蓝靛瑶所有的供神仪式中都会用到筶子。筶子象征张天师的耳朵，其作用非常之重要，筶子是判断是否通知到众神祇、众神祇是否愿证盟这场仪式、是否到达现场的象征。筶子先要打出"阴筶"，表明已经通知到了阴间的众神祇；然后，要打出"保筶"，象征众神祇同意主家的恭请，愿意证盟这场仪式和保佑主家；最后，需要打出"阳筶"，象征神祇已经来到阳间主家。这样的顺序不能乱，必须先打出"阴筶"，接着打出"保筶"，最后打出"阳筶"。这个仪式是非常重要的部分，这个顺序不能乱，必须按照这样的顺序才表明效果达到了，这是考验师父法力和能力的最重要环节。有的师父在打筶子环节，打不出自己想要的状态。笔者在田野中亲自看到过，一位师父在度戒仪式中需要打出"保筶"的状态，谁知他自己用了15分钟也没有打出"保筶"的状态，紧张得满头大汗，因为蓝靛瑶认为没有打出"保筶"意味着众神祇因为种种原因，不愿来到这场仪式现场证盟这场仪式，主人家在旁边也紧张得说不来话。女主人一直在说："这是怎么回事？这是怎么回事？"一直到后来，这位师父也没有打出"保筶"的状态，还是另外一位师父出来解救现场，简单两下就打出"保筶"状态，顿时，原来的师父和主人家紧张的情绪得到缓解。后来村民在谈笑时经常提到这件事情，说某师父的法力不高，"保筶"都打不出来。可见，打筶打出自己想要的状态也是成为一位大家认可的师父所需的基本素质。

在"架天桥"仪式中，白色的布匹象征天桥，从东方架下来成大乘路。此桥从东方寅卯地长生府架上月府、日宫、金星。"架天桥"的主要目的是让所有的神仙、天兵天将、家先等都通过"天桥"来到"坛院"庇护这场度戒仪式。

"法服"象征金甲、银甲、铜甲等盔甲，防御各种鬼的侵犯。另外，法服也象征龙衣，意为受戒弟子新官上任。

象征符号是度戒仪式中的最基本的单位，承载了整个仪式的主要特征。在象征符号的意义结构中，支配性象征符号把社会的道德规范和社会行为标准与强制的和神圣的戒律联系在一起，用仪式的方式把戒律神圣化，而这些戒律与社会生活的方方面面都联系起来。度戒仪式有着要明确表达的目标，工具性象征符号可以说是达到这些目标的途径，各种各样的目的，通过这些工具性象征符号一一解决。度戒仪式的象征符号除了指向各式各样的具体事物和物品外，还指向了社会生活的基本要求和人们共享的宇宙观、价值观，蓝靛瑶社会生活依靠这些象征符号的意义一代一代延续下去。度戒仪式的象征符号把神圣世界、自然世界和社会现实世界紧紧地糅合在一起。但是，在田野中，笔者也发现了一个困难的问题：对于这些象征符号所表现、传递事物和象征的意义，蓝靛瑶对此能够理解吗？他们对此也会有这么多的解释吗？答案是否定的。笔者会在下文中有详细的论述。

第二节 度戒仪式与成年礼

一 把生理青春期与社会青春期区分开来

在现实社会中，生理青春期与社会青春期极少有重合，它们有本质的差异。生理青春期是一个人身体上生理上的成熟，在生理上有明显的标志。如女子的初潮和男子的初次射精。社会青春期是一个人从儿童向成年转变过程中的社会变化，或正式入会。并为之举行仪式来标志这种变化。从某种意义上来说，通过这些仪式，把儿童转变为"社会人"，融入成人社会，成为社会中真正的一员。仪式的社会文化的秩序是重要的部分，而不是简单的、合乎情理的生理上的改变，他们这些社会意义上的地位变化与生理上的改变有很少的关联。

阿诺德·凡·杰内普（Arnold Van Gennep，1873—1957）在其作品中用有较多篇幅指出这两个重要的概念：社会青春期和生理青春期的重要性及其本质的差异，并指出这两个概念是理解成丁礼和入会仪式的关键。[①]他首先指出女孩的社会青春期和生理青春期不同。在罗马，女孩十二岁就可以合法结婚，而此时大部分女孩在生理上还没有初潮，也就是说生理上还没有达到青春期；而在巴黎，女孩十六岁就可以合法结婚，而巴黎女孩的平均生理青春期是十四岁零四个月（也有人认为是十五岁零四个月），而且在富裕家庭比工人家庭还要早些。阿诺德·凡·杰内普认为男孩的生理青春期比女孩的更复杂，人们不容易判断男子的初次射精，而男子生理成熟期的特征：胡须、阴毛等，不同族群和个体也有极大的差异。

阿诺德·凡·杰内普进一步指出："男性和女性的身体青春期都一样非常难以确定具体的日期，这些困难也说明极少数的民族志学者和探险者来触及此问题。"[②] 正因为如此，更不能用生理青春期来代替和概括从童年

---

① Arnold Van Gennep, *The Rites of Passage*, trans. by Monika B. Vizedom and Gabrielle L. Caffee, Chicago: The University of Chicago Press, 1960, pp. 65 – 74.

② Arnold Van Gennep, *The Rites of Passage*, trans. by Monika B. Vizedom and Gabrielle L. Caffee, Chicago: The University of Chicago Press, 1960, pp. 67 – 68.

到青春期过渡的所有仪式活动，所以，区分社会青春期和生理青春期是非常必要的。

在蓝靛瑶的度戒仪式研究中，首先也要明白和区分社会青春期和生理青春期这两个重要的概念，否则也会陷入把社会青春期完全等于生理青春期的错误泥潭中。

我们从本书的第三章"度戒仪式的准备工作"中可以看出，绝大部分蓝靛瑶男子举行度戒的年龄在生理青春期之前。蓝靛瑶男子举行度戒仪式的年龄大部分在十岁到十八岁，在此期间只有在十岁、十一岁、十二岁、十六岁、十七岁和十八岁这六年中才能举行。但是，在田平，村人更为喜欢孩子在十岁、十一岁和十二岁这三年举行度戒仪式，这个年龄的孩子都在上小学，距离生理青春期还有较远的一段时间，甚至这些孩子还不懂两性知识。也有村人为自己的孩子选择在十六岁、十七岁和十八岁这三年中举行度戒仪式，但是，通过笔者的田野调查来看，在这三年中举行度戒仪式的家庭数量非常少。

在以往的研究中，黄贵权等在其文章《瑶族度戒是瑶族男性成年礼说异议》一文中认为度戒仪式没有成年礼的意义，[①] 通过以上对度戒仪式的分析，我们发现一些观点值得商榷。黄贵权等学者首先指出："我们认为，仪式的接收者接受仪式时是成年时（进入青春期时），仪式的举行是为了使接收者成为成人社会的正式成员，使之有择偶、婚配等资格和使之有担负起各种社会义务的责任，这才是成年礼内在的最本质的特征，这才是确定一种仪式有没有成年礼实际意义的关键。"[②]

黄贵权等学者进一步指出："瑶族度戒的成年礼特征只能作为我们了解古代瑶族度戒情形的线索，而不能作为确定瑶族度戒具有成年礼实际意义的依据。"[③] 在田平的蓝靛瑶的度戒仪式具有很重要的社会意义。在田平，度戒仪式不但是田平最基础的仪式、也是重要的过渡仪式，更是核心的仪式。在田平，男子只有举行了度戒仪式，才能参加各种宗教活动；才有资格开始学习各种宗教知识；才有师父传授蓝靛瑶宗教文化；才有机会

---

① 黄贵权、李清毅：《瑶族度戒是瑶族男性成年礼说异议》，《新亚学术集刊》1994 年第 12 期。
② 黄贵权、李清毅：《瑶族度戒是瑶族男性成年礼说异议》，《新亚学术集刊》1994 年第 12 期。
③ 黄贵权、李清毅：《瑶族度戒是瑶族男性成年礼说异议》，《新亚学术集刊》1994 年第 12 期。

学习到蓝靛瑶最核心和深奥的仪式文化；才能拥有族群认同的标准——法名和"阴阳牒"，这些都有神圣性，是与神祇的"结合标志"，是蓝靛瑶共同体成员的标记。

有了法名之后，人活着之时，先人和神祇才知道在阳间有这个人，才能庇佑其人；人去世之后，在阴间世界要凭借着"阴阳牒"才能找到祖先的群体，成为后人供奉的神祇，享受后人的供品和庇佑后人，而不是到处游荡并害人的孤魂野鬼。这些都说明了度戒仪式具有重要的社会意义，而不是生理上青春期意义。所以说，对于蓝靛瑶男子来说，孩子举行度戒仪式时，他们年龄在十岁左右，此时虽然没有达到生理上青春期，更不能结婚和负担重大的社会责任，但是度戒仪式具有重要的社会意义，使他们成为蓝靛瑶群中合格的社会人。

通过对度戒仪式的分析，我们可以看出度戒仪式对于蓝靛瑶男子来说是社会位置明显和重要的变化。在蓝靛瑶社会，经过度戒仪式后，蓝靛瑶男子就是一个合格的蓝靛瑶人，如没有参加度戒仪式，则被认为是不完整的，甚至是不合格的。度戒仪式同时强调这种社会地位的明显转变，男子从无社会地位的状态向具有社会地位的状态过渡，具有社会青春期典型的特征。

二 度戒仪式：作为生命仪礼

通过对度戒仪式的过程的详细分析，我们发现度戒仪式中有较多明显的"象征"来表现结合、分割的"意义"。而阿诺德·凡·杰内普对于生命仪礼的研究形成了经典的"过渡仪式"模式，他把人类复杂的仪式行为总结出普同的仪式模式，这非常不易并具有重要的学术价值。但是，把这个不太精确的模式放到实际的田野中来检验的话，会发现较多问题。

阿诺德·凡·杰内普没有把仪式行为（acts）与仪式阶段（stages 或 phases）分清楚。阿诺德·凡·杰内普主张的仪式模式是"三种仪式行为出现的顺序，而非仪礼中具有三个仪式阶段"①。但是，众多学者把这三种

---

① 余光弘：《A. Van Gennep 生命仪礼理论的重新评价》，《"中央研究院"民族学研究所集刊》1985 年第 60 期。

仪式行为误解为仪式的三个阶段，这主要是阿诺德·凡·杰内普把过渡期间（transitional period）与过渡仪式（rite of transition）混淆造成的。①

　　余光弘对于阿诺德·凡·杰内普的通过仪式进行了全面的分析和评价。他主要的结论为：在实际的田野中，我们很难找到"过渡仪式"，而在一个生命仪礼从开始到结束的整个时间对仪式中的新员（novice）来说，都是过渡时期（transitional period）。他还把生命仪礼的模式修订为：结合仪式──分割仪式──结合仪式，结合仪式与分割仪式可能交替重复出现数次，并且开头和结尾的仪式一定是结合仪式。另外，在生命仪礼中，边际人物（liminal persona）是多范畴的，不单单包括新员一位，还包括其父母以及仪式的参与者。②

　　在此，我们把阿诺德·凡·杰内普的仪式模式和余光弘修改的模式放到田平蓝靛瑶的度戒仪式中来进行检验和对话，看能否有新的发现。

　　根据前面对度戒仪式的论述，在此，把度戒分为简单的步骤，以便更容易更清晰理解度戒仪式中的结合和分割。在度戒仪式中结合和分割的仪式非常之明显，并且二者在不断地转变。

　　烧香请师仪式中有非常明显的结合和分割仪式。在田平，请师烧香破纸有其固定的顺序，首先去"同坛师父"家，再去师边的"引教师父"家，接着去道边的"监度师父"家，接着去师边的"正戒师父"家，最后去道边的"戒度师父"家。从师父家回到弟子自己家时，弟子就需独自一人居住在二楼上单独的、临时的住处，并要遵守各种禁忌，不能吃肉、不能吃猪油，甚至不能吃青菜，只能吃白米加少许的糖，出门不能裸露头部，不但要戴上帽子，出门还要打伞等。我们可以明显看出，去师父家举行"烧香请师"的仪式是明显的"结合仪式"，从师父家回来后自己独居在二楼临时居所时是明显的"分割仪式"。去每一位师父家，都象征着师父把弟子孕育在自己的体内，这明显是结合。烧香请师过程也是结合仪式与分割仪式不断交替出现的过程，具体的仪式行为是：结合仪式──分割仪式──结合仪式──分割仪式──结合仪式──分割仪式──结合仪

　　① 余光弘：《A. Van Gennep 生命仪礼理论的重新评价》，《"中央研究院"民族学研究所集刊》1985 年第 60 期。
　　② 余光弘：《A. Van Gennep 生命仪礼理论的重新评价》，《"中央研究院"民族学研究所集刊》1985 年第 60 期。

式——分割仪式——结合仪式。

烧香请师仪式后，就是道边与师边师父们为弟子举行的仪式，这些仪式仍由典型的结合仪式和分割仪式所构成。仪式的开始是道边和师边的师父一起带领弟子及其父亲在坛院举行"动鼓"仪式，这是明显的"结合仪式"，动鼓仪式结束后，弟子就需在二楼的临时居所休息，这是明显的"分割仪式"。接下来，需把道边和师边所举行的仪式分别开来，以便更清晰地分出结合仪式和分割仪式。师边在举行"起师授戒"仪式时，需要弟子从二楼的临时居所下来与师父一起进行仪式，这是明显的"结合仪式"，在这些仪式结束后，弟子则需回到二楼的临时居所，这是明显的"分割仪式"。道边举行"度戒仪式"时，需要弟子从二楼的临时居所下来参与其中，这是明显的"结合仪式"，这个仪式结束后，弟子则需回到二楼的临时居所，这是明显的"分割仪式"。在"落五台山"仪式结束后，弟子就回归社会，就不需在二楼的临时居所休息，可以在自己日常的地方休息，并且出门无须戴帽子和打雨伞，这就是明显的"结合仪式"。在道方和师方在弟子家一起进行的度戒仪式过程中也是结合仪式与分割仪式不断交替出现，具体的仪式行为是：结合仪式——分割仪式——……——分割仪式——结合仪式。

阿诺德·凡·杰内普自己提出的"边缘仪式"（"过渡仪式"），"不仅在量上相对地稀少，在性质上一极为暧昧不明，不若前述结合仪式及分割仪式一般明白易解。"[1] 并且在阿诺德·凡·杰内普的《通过仪式》一书中指明的过渡仪式只有四种：过门坎仪式[2]，身体毁损和涂饰[3]，抬杠或被抬杠。[4] 这个数量与明显的结合仪式和分割仪式的数量相比，相差甚远。反观这四种"过渡仪式"，其特点是仪式的时间很短甚至是瞬间的，如新娘跨门仪式，这个仪式就是一个动作，也就是瞬间的动作，是分割仪式和

① 余光弘：《A. Van Gennep 生命仪礼理论的重新评价》，《"中央研究院"民族学研究所集刊》1985 年第 60 期。

② Arnold Van Gennep, *The Rites of Passage*, trans. by Monika B. Vizedom and Gabrielle L. Caffee, Chicago：The University of Chicago Press, 1960, p. 20.

③ Arnold Van Gennep, *The Rites of Passage*, trans. by Monika B. Vizedom and Gabrielle L. Caffee, Chicago：The University of Chicago Press, 1960, p. 81.

④ Arnold Van Gennep, *The Rites of Passage*, trans. by Monika B. Vizedom and Gabrielle L. Caffee, Chicago：The University of Chicago Press, 1960, pp. 185 – 187.

结合仪式的临界点，与娘家分割，与夫家结合。跨门仪式的边缘的含义和性质不容忽视，但是"分割"和"结合"的含义比"过渡"的含义更清晰明确。① 阿诺德·凡·杰内普认为抬杠或被抬杠具有过渡的意义，是因被杠者处于中间位置：上不着天，下不着地。但是被抬杠者处在一个特殊的位置，与大众分割和区分开来的含义更为明确。②

从上述可见，结合仪式和分割仪式组成了整个度戒仪式。在"上五台山"仪式中，弟子处于"五台山"上，是处于"上不着天，下不着地"的状态，但是，此时弟子身穿颜色鲜艳的法服和头戴"官帽"，这样明显的特征表明弟子此时是特殊的，与大众区分和分割开来的含义更为明确，因后面"落五台山团圆"仪式是明确的结合仪式，回归社群。除了上五台山仪式，在整个度戒仪式中，再也找不出具有过渡性质的仪式。

总之，过渡仪式在度戒仪式过程中并不存在。但是，我们从整个度戒仪式过程来看，整个过程都属于"过渡时期"，而并不是阿诺德·凡·杰内普所谓的"过渡行为"。详见表7-2。所谓的"过渡仪式"在度戒仪式中并没有发现，即使"上五台山"仪式具有一定意义上的过渡性质，但是分割意义大于过渡意义。而阿诺德·凡·杰内普所提出的生命礼仪模式：分割仪式、过渡仪式（边缘仪式）、结合仪式，结合度戒仪式的具体过程和分析，我的结论与余光弘教授提出的修正一致，余光弘教授把阿诺德·凡·杰内普所提出的生命礼仪模式修正："结合仪式、分割仪式……分割仪式、结合仪式；换言之，生命礼仪的模式是结合仪式与分割仪式的交替出现，而其开设与结尾的仪式都是结合仪式。"③ 从度戒仪式的过程来看，结合仪式与分割仪式都有很明显的标志和象征，但是分割仪式在整个度戒仪式过程中占有较大优势。换言之，分割仪式所占的时间较长，因弟子在度戒过程中，除了在师父的带领下进行一些仪式，其他大部分时间都必须待在二楼的临时居所。

---

① 余光弘：《A. Van Gennep 生命仪礼理论的重新评价》，《"中央研究院"民族学研究所集刊》1985 年第 60 期。

② 余光弘：《A. Van Gennep 生命仪礼理论的重新评价》，《"中央研究院"民族学研究所集刊》1985 年第 60 期。

③ 余光弘：《A. Van Gennep 生命仪礼理论的重新评价》，《"中央研究院"民族学研究所集刊》1985 年第 60 期。

表7-2　度戒仪式的过程分析

仪式前	边缘时期（过渡时期）																
仪式前	**仪式中**											**仪式后**					
	烧香请师										取经仪式		道边和师边在新恩弟子家举行的仪式				
仪式或弟子所处位置	去"同坛师父"家	独自在楼上	"引教"师父家	独自在楼上	"监度"师父家	独自在楼上	"正戒"师父家	独自在楼上	"戒度"师父家	独自在楼上		独自在楼上	师边/道边　动鼓	独自在楼上	起师授戒／度戒	上"五台山"／落"五台山"	
仪式的分类		结合仪式	分割仪式	结合仪式	分割仪式	结合仪式	分割仪式	结合仪式	分割仪式	结合仪式	分割仪式	结合仪式	分割仪式	结合	分割仪式	结合	分割／结合
神圣与世俗	世俗	神圣												世俗			
使用法名的情况	无法名	获得法名										使用法名		使用法名			
与家先亲密程度	远	近												更近			
社会责任	轻	中												重			
从事宗教活动的资格	无	无												有			

资料来源：根据田野资料汇集而成。

三　度戒仪式中的边缘人物

进一步对度戒仪式分析，我们发现，从烧香请师开始，整个仪式就进入过渡时期，弟子成了神圣的边缘人物（liminal persona），在度戒仪式后，弟子就融入了蓝靛瑶成人社会，成为其中一员。但是，仔细观察，可以发现，在整个的过渡期间，边缘人物不单单是弟子一人，还有弟子的家人，特别是父母；另外还有弟子的师父们、村人，甚至来观看仪式的观众都是这个过渡时期的边缘人物。

当然，弟子在度戒仪式中是最为重要的边缘人物。弟子从懵懂的孩童在社会意义上转变为一个有责任的成年人，要用自己的力量来为家庭和社会做出自己的贡献；弟子在经过了度戒仪式之后，拥有了在阳间和阴间都非常重要的法名，得到了蓝靛瑶同胞的认同并成了族群中真正的一员。在阳间，用法名让神祇和家先知道自己是谁并且可以通过仪式来庇佑自己；在阴间，通过法名和信物（阴牒）找到阴间中自己的族群成为被后人供奉的神祇，而不是成为游荡族群之外的孤魂野鬼。通过度戒仪式，弟子拥有了从事宗教活动的基本资格。在之前，弟子不能从事任何宗教活动，而在度戒仪式之后，弟子可以跟随自己的师父学习宗教知识。弟子拥有了较强的宗教能力后，可以成为他人的师父和从事日常中仪式的师人。如果弟子的仪式能力或法力很强的话，其社会地位就会很高。

另外，通过度戒仪式后，弟子拥有了自己学习族群宗教知识的平台。首先，是师父们对弟子有直接的责任，如果弟子要学习宗教知识，师父有必要的教授责任；其次，师父要为弟子提供各种宗教知识的文本资料——科书、秘书和经书等；复次，师父要为弟子教授在文本和现实中看不到的秘语（法语），这些需师父口口相传的，一般人都不能给他者讲，按照蓝靛瑶的传统文化来讲，如轻易给他者（不是自己的徒弟）讲述或教授秘语（法语），他的法力会减弱甚至消失；最后，师父也需协助弟子提供或制作各种法器。此外，师父要为弟子提供各种学习的机会，如师父带领弟子举行各种仪式，并且在仪式中让弟子承担一些责任。这些学习的平台，也公开地建立了非血缘关系的社会网络，扩大了弟子的社会关系网，这让弟子在以后生活中，在这小规模的社会中成长非常之有利。

对于父母来说，不但解决了自己孩子的人生大事，也同时解决了自己人生中一件大事——度戒仪式。在蓝靛瑶社会文化中，作为父母，一辈子必须要为自己的儿子做的一件事就是度戒仪式①，只有这样才算是完成自己的责任，让儿子成为其社会中的一员，也完成了自己传宗接代的任务。在蓝靛瑶社会中，为孩子举行度戒仪式的父母的社会地位比没有为自己儿子举行度戒仪式的社会地位高，大家都会看得起他们，认为他们有能力，为自己的儿子举行了体面的仪式，同时也完成了祖宗们的传宗接代的任务。让自己的儿子成为整个蓝靛瑶社会文化体系下一名合格的蓝靛瑶人，父母在世最为重要的任务也就完成了。父母为其儿子举行了度戒仪式后，社会地位有明显的提高，其社会意义之重大是不言而喻的。

对于师父们来说，其社会地位也有明显的改变。从此师父们有了一个弟子，之前师父和弟子之间所有的称号都成了历史，而弟子与他们就成了徒弟与师父的关系，弟子则改口称其为师父，而不能叫他们之前的亲属称谓，如师父之前是弟子的叔叔或舅舅，在度戒仪式之后，弟子就不能再叫他叔叔或舅舅了，就需称他们为师父。另外弟子与师父的责任也有新的改变。弟子更要尊重师父，如见面让路等。师父要向弟子提供一些必要的帮助，如提供秘书、科书、经书，还要教弟子学习秘语法语等，并带领弟子参加一些仪式，如大型的供神仪式或者作为"从士"参加其他人的度戒仪式，如弟子长大后有机会作为他人的师父，举行度戒仪式时，要首选自己的师父作为自己的"宗师"。

在度戒仪式中，村人作为观赏者，同时也是边缘人物。村人知道某人已经举行了度戒仪式，就会对其产生一种认同，认为这男子真正成了蓝靛瑶人，并且长大后，就有资格学习蓝靛瑶宗教知识，不断锻炼自己的技能，成为师人，或成为他人的师父，其社会地位就会随着自己宗教知识的增加而提升，不但对蓝靛瑶的各种仪式都了如指掌，而且还会给众人打卦看病，这样的话，他就会成为村人敬仰的对象，其社会地位就非常之高，并且村人会经常请他作为师人或作为师父来举行仪式，随着能力的提升，他就会成为村中的领袖人物。如男子没有举行度戒仪式，村人不会认同，并且看不起男子及其家人，认为父辈甚至整个家庭没有能力为孩子举行一场度戒仪式，这样的话，整个家庭在村中的社会地位就会很低。在度戒仪

---

① 在蓝靛瑶的社会文化中，父母同样重视女儿，为女儿会举行隆重的结婚仪式。

式中，村人用族群的标准检验师父和家人举行的仪式是否正宗，是否按照规范的程序，师父们的法力是否高强。在仪式中，如果师父们举行的诵读科书的发音、音调、仪式程序或动作不对，或者不是很专业，作为观众的村人则会嘲笑，并认为这样的仪式是不合格的或达不到应有的法力，对于弟子及其全家都不好。在度戒仪式的过程中，经常会有人说，"某师父跳得太难看了，他不会跳呀，就是来骗肉的。""这样的动作不标准。"有人说："某师父根本不会读科书，读的音都不知道是什么，来骗肉的。"

动作的标准与否，与仪式的效果有很大的关系，而村人则是检验师父们能力的最好评委。仪式很标准，弟子就可以学到很标准的动作和程序，以后做了师父，能力会很强，或以后成了师人时，能力会很强，地位很高，知名度很高，请他来看病或做师父的人会很多。村人非常看重仪式是否规范，毕竟大家生活在一个小型的社区，彼此熟悉程度很高，会知道谁的能力强，谁的法力强，大家对于这位师父的认可程度与日常宗教生活都有很强的联系。

第三节　度戒仪式的传承

在前文中笔者提过一个问题：对于度戒仪式象征符号所表现、传递的事物和象征的意义，蓝靛瑶对此能够理解吗？笔者认为答案是否定的。只有少数仪式传承人了解一些度戒仪式所表达的意义，多数蓝靛瑶对此不理解，甚至不知道度戒仪式在表达、传递什么内容。

对此，在田野工作期间，笔者专门请教了一些文化传承人，问他们关于度戒仪式意义的问题，部分人知道一些，大部分人不知道度戒仪式有何意义。仪式传承人都不知道度戒仪式的意义，民众更不知度戒仪式的意义，但认为其非常重要。大部分蓝靛瑶人都会说："度戒仪式自古以来都有，祖辈传给我们，我们按照老辈们传下来的书和步骤来做就行了，祖辈怎么做，我们就怎么做就行了，其他的就不管了。"由此可见，正确的、规范的动作比意义和信仰重要。换言之，只要按蓝靛瑶认可的正确的步骤和程序举行度戒仪式，那么这个蓝靛瑶男子就是合格和完整的蓝靛瑶人，无论他是否知道其中的含义和信仰。这与众多的人类学者所遇到的难题一样:"在仪式中最为清楚的是如何进行仪式,而不是仪式的意义。"①

一　规范的度戒仪式

在蓝靛瑶眼中,度戒仪式是天经地义的事情。笔者在田野工作中每每与田平的村民聊起度戒仪式,问其为什么要举行度戒仪式,得到的回答大多是:这是每一个蓝靛瑶都要过的"关",通过"关"之后,会得到一个法名。进一步问其度戒仪式都有什么象征和意义,得到的回答大多是:没有什么象征和意义,你是蓝靛瑶男人的话,就得举行度戒仪式,不举行就不行,祖祖辈辈都是这样下来的,我们也不知道为什么,反正举行就对了。

度戒仪式在蓝靛瑶社会是必不可少的仪式,蓝靛瑶所言的度戒仪式是正确的、规范的仪式,举行不正确、不规范的仪式在蓝靛瑶社会不允许的,会影响到度戒仪式的效果,一个糟糕的度戒仪式甚至会给受戒弟子的前程带来厄运。② 那么,在蓝靛瑶的眼中,规范的度戒仪式是什么?在以上章节中,笔者把田平村蓝靛瑶的规范的度戒仪式呈现在大家的眼前,在此,笔者进行简单的总结和补充。

规范的度戒仪式是蓝靛瑶认为明确的、指定的、清晰的、公共的、社会的仪式,必须与祖辈所举行的一样才是标准的和正确的。具体表现在以下几点:受戒弟子举行仪式的年龄和时间的规范,仪式举行的时间、地点、步骤的规范,仪式的操作者及其所有的法器、法服和仪式用书的规范。

蓝靛瑶眼中认可的规范的度戒仪式,从选择确定师父到确定具体的日

---

① Gilbert Lewis, *Day of Shining Red: An Essay on Understanding Ritual*, Cambridge: Cambridge University Press, 1982, p. 19.

② 笔者在田野中亲身看到了两件事情,就是因为师父们没有按照规范的度戒仪式来进行,影响到仪式效果,遭到了作为观众的村民和另外一些师父的指责。一是在一次度戒仪式过程中,在选择确定"动鼓"仪式的时间时,负责这件事的师父没有按照受戒弟子的生辰八字来选择动鼓时间,结果在仪式过程中就出现了多次失火现象,作为观众的村民和另外一些参与仪式的师父就指责负责选择确定时间的师父没有按照"规范"的仪式要求来进行,导致了多次失火。二是有一村民一生命运坎坷,村民经常与他开玩笑地说:"多灾多难的原因,是因为你度戒仪式中掉落五台山时,双手十指松开了吧?"蓝靛瑶人认为在掉落五台山仪式中,受戒弟子的十指必须是交叉握紧,如果是松开的状态则表示受戒没有成功,会影响到受戒弟子一辈子的命运。

子，从规范的度戒仪式现场的布置到度戒仪式中的具体的每一个仪式，到最后才拆坛化财马和谢师，这都有具体的规范程序，没有这些规范仪式，蓝靛瑶认为就不是正确的度戒仪式，这就是为什么笔者在本书的前几章节都详细阐述度戒仪式方方面面的原因。

其中，关于师父的规范的方面，不但有严格数量上的确定，并且对于每一个师父的职责都有详细的分工。在一些书籍中所言的道公和师公的数量是不确定的："道家设道公五至七人，师家设师公一至二人，共同主持度戒仪式。"① 这在田平蓝靛瑶的度戒仪式中根本是看不到的。田平的蓝靛瑶举行度戒仪式中道公和师公有名分的师父不但数量是固定的②，并且各司其职，绝不会数量不确定。在老山的蓝靛瑶的风情陈列馆中介绍：蓝靛瑶度戒的师父越多越好。③ 师父职责也是规范的，某一些仪式必须是某一个固定的师父来进行，如同坛师父在整个仪式过程中的职责就是整个度戒仪式的管家，需要他在师父与度戒弟子家之间协调并且协助双方共同办好这场度戒仪式。另外，在田平的蓝靛瑶中没有"师代表文，道代表武"的说法："年龄到了之后，是度道还是度师，谁度道，谁度师，要以一家人中男孩多少而定。一般说，有独儿子的既要度道又要度师，以示文武双全；有两个男孩的必须是一个度道，一个度师，表示一文一武；有三个男孩以上的多数度道，少数度师，至少有一个度师的。"④ 在田平甚至是更大县城区域中都没有这种情况。受戒弟子举行度戒仪式一般都是道边和师边同时进行，只是在经济困难时期有人单独举行一边的度戒仪式，现在早已经没有出现过只是单独举行一边的度戒仪式。

度戒仪式是否标准，由蓝靛瑶社会中的评判者来判断。评判者主要是度戒仪式的观众、受戒弟子的家人和亲人以及仪式的表演者。在田野中，大部分蓝靛瑶用自己的行动表明：作为最重要的评判者，他们虽然无法说出何为规范的仪式的理由，但是他们知道什么是对的，什么是不对的，他

---

① 赵廷光：《瑶族祖先崇拜与瑶族文化》，中央民族大学出版社 2002 年版，第 104 页。

② 请参见本书的第三章，关于师父的数量和职责有详细的介绍。

③ 笔者在田平进行田野工作期间，特意去老山红色党建陈列馆参观，老山红色党建陈列馆是在县政府的指导下建设而成的。在关于老山当地的蓝靛瑶文化的介绍文字中有"在蓝靛瑶度戒仪式中，师父越多越好"的相关文字，这与当地蓝靛瑶的实际情况有着本质的差异。

④ 赵廷光：《瑶族祖先崇拜与瑶族文化》，中央民族大学出版社 2002 年版，第 104 页。

们是一群要求极高的观众。

在度戒仪式的过程中，全村的人都会来到仪式现场，作为观众来看度戒仪式，有老人、年轻人、女人、男人，还有孩子们。在度戒仪式现场，经常会听到这样的话语：某师父跳得太难看了，他不会跳呀，就是来骗肉的；这样的动作不标准；某师父根本不会读科书，读的音都不知道是什么，来骗肉的吧？某师父什么都不会，把整个度戒仪式都给搞砸了，还出来做师父？

另外，受戒弟子的亲戚也会从别的村落来到仪式现场，来帮忙，或来捧场，他们同样都会作为仪式的观众，在一旁观看师父们的表演，同时也会评判度戒仪式是否标准，是否合乎大众的标准。受戒弟子的父母也是度戒仪式最重要的评判者，他们是判断度戒仪式是否成功的"裁判"，其标准就是在掉落五台山后受戒弟子的双手是否十指交叉并扣住自己的膝盖，否则，就意味着度戒仪式的失败。

还有度戒仪式中师父也是评判者。在度戒仪式中，经常会看到师父们的争执，仪式到底该如何来进行，是该这样做，还是该那样做。如本书中提到的在度戒仪式中失火的现象，很多师父都在抱怨确定动鼓仪式时间的师父，认为他没有确定动鼓时间的技艺，就不要来做这样的师父，导致整个度戒仪式过程都不顺利，甚至对受戒弟子不利。这些师父不但在度戒仪式现场会有争吵，而且在仪式结束后，大家在聊天的过程中也会说某师父在某家所举行度戒仪式时的不标准。

二　规范的宗教用书

度戒仪式中所用到的宗教用书主要包括有：经书、秘书、科书、山歌书和看日子的书。这些书都是规范的手抄本，规范体现在形式、内容、传承、价格。

（一）规范的形式

度戒仪式所用的宗教用书手抄本在形式上与中国传统的书籍装订形式一样。书的内容是抄写在白色棉纸和黄色草纸上，使用白色棉纸更多些，这些纸张在蓝靛瑶社区都较为常见并且价格便宜，这样使用起来较为方便，用这些纸张抄写的书能存放很长时间，笔者在田野中见到过时间最为久远的手抄本是道光十三年（1837 年）抄写的书，保持得非常完好。在田野工作中经常会见到"中华民国"初年的手抄本，并且都在使用。规范的手抄本的封面是用较厚的牛皮纸来制作而成的，然后用白色的线绳从书的右边装订起来。并且其中的内容是纵行排列的。有时，在翻看这些书籍时，白色棉纸不容易翻动，蓝靛瑶会在手抄本的没有装订的一端，浸染一些猪血，这样的话，等猪血干后，这些棉纸就会变的较硬，在阅读时较容易翻动。

（二）规范的内容

度戒仪式中所用的手抄本主要包括：经书、科书、秘书和斋坛歌书。"经书"，即度戒仪式中在经坛中所举行的"取经仪式"中所用到的经书，与笔者在田野工作中所见到的经书的内容都是一样的，如同现代工厂生产出来的产品一样。蓝靛瑶认为有三十六部经书，这些经书只是在仪式中带领受戒弟子用草纸裹上香来"复印"的经书，即把经书的每一页都从上到下画一下，表示把这页经书已经诵读完并且取回到自己的家中。经书只有在度戒仪式中用一些，日常的仪式中很少用到，这些经书的作用如同看家宝贝一样，只是在仪式中一现身就永远不再出现。

"科书"，即在度戒仪式中师人需要大声诵读出来的宗教文本，这些文本中有神祇的神目、神话故事传说、咒语和符等，这些书籍是可以公开传阅的。这些科书不但在度戒仪式中用到，而且在日常的仪式中也经常会用到，并且这些文本是蓝靛瑶师人最重要的文本，很多师人对其科书的内容了如指掌，很多内容倒背如流。我在田野工作中所见到科书的内容都是一样的。

"秘书"，即在度戒仪式过程中，每一个步骤都需有人默念其中的秘语，如在度戒仪式过程中，没有默念这种秘语，那这个仪式就没有任何"法力"。笔者也详细研读过报道人的各种秘书，其中的大意就是想象某种物品有何种法力，但是观其整本秘书，却发现整本秘书没有系统的逻辑，整本书的段落拼凑在一起，如同一件衣服全部用补丁一块一块地缝合在一起的一样。这种文本是仪式中最重要的文本，师人的宝贝，一般不轻易示人，并且是不公开传阅的，如果是师父和弟子的关系，可以抄写一份，但需要一定的成本，各种秘书的价格都在秘书的末尾部分有明确的定价。笔者在田野工作所见到的秘书的内容都是一样的。

"斋坛歌书"，在度戒仪式中所用到的斋坛歌书只有一本。主要记载度戒仪式中对歌的内容，并且也分为道边对答和师边对答。这些对歌在度戒仪式的各个仪式中都有其对应的斋坛歌，是由女子先唱，然后道边和师边的师父们与其对唱，其内容都是按照斋坛歌书中的内容来唱。

（三）规范的传承规则

度戒仪式中所用到的手抄本书籍的传承有一定的规则，如不能修改内容，手抄本通过师徒和父子相传，并需要开光，不能偷抄偷用，否则在仪式中这些手抄本没有什么法力，甚至会产生更大的灾难。

度戒仪式中所用到的手抄本的传承是不能修改的。蓝靛瑶认为所有的手抄本书籍，不但包括度戒仪式中所用到的，也包括蓝靛瑶所有仪式中所用到的，都不能修改其内容，前师的文本是什么样的，弟子抄写时也必须是什么样的，也就是把前师的手抄本"复印"下来即可，不管其文本是对，是错，一定得这么做，"否则眼睛会瞎掉"。

笔者在蓝靛瑶度戒仪式所用的手抄本中发现了佐证：在道边和师边所用的一些手抄本中的秘书、阴阳牒和意者书中都会有举行仪式的受戒弟子所居住的地址，其中有一些手抄本中写有这样的字样：大清安南越国安平府渭川州奋武社该管△水表高岭村居住。直到现在基本上所有的文本中仍写这些字，但是也有个别师父与时俱进，把这个地址改为：中华人民共和国云南省文山州麻栗坡县猛硐乡△水表高岭村，但水表高岭村仍没有修改。另外，还有些蓝靛瑶自己创造的字和错别字，仪式传承人比葫芦画瓢，一代传一代，并没有把自己创造的字和错别字给修改过来。蓝靛瑶自己创造的文字较为常用的有：伝（代表我）、𡿨爷（代表爹娘二字）、迌迌（代表美妙）。另外，错别字就更多，蓝靛瑶先人是一个迁徙频繁的民族，所以孩子上学是一个问题，同时，蓝靛瑶居住在大山深处、高山之上，去上学是一件困难的事情，所以说，蓝靛瑶先人进入学堂和学校都是一件奢侈的事情，写一些错别字也是很正常的。笔者在看这些手抄本时，也会看到很多错别字，笔者问报道人，为什么不修改这些错别字，他们都会说："这是祖辈传下来的东西，即使错了，也不能修改，修改的话，眼睛会瞎掉。"

度戒仪式用书的手抄本主要是通过师徒之间和祖辈把手抄本传给后代来传承的。在师徒传承过程中，弟子必须先找自己的师父帮自己抄写度戒仪式用书，如师父不方便抄写，弟子也可以自己抄写。这些手抄本就这样一代传一代，表明手抄本的历史，从某前师传承给某弟子或后代。弟子从师父手中得到手抄本是需要一定报酬的，蓝靛瑶称为"功德钱"，在20世纪80年代左右，蓝靛瑶还是用老银圆来作为功德钱，现在都用现金来作为功德钱，把老银圆折合为银圆。秘书传承时需要较多的功德钱，其他手抄本需要较少的功德钱。每一本手抄本的最后一页都会写有具体需要付多少功德钱给师父，如果是师父帮抄写的是一个价格，如果是弟子抄写只需一般的价格，并且还需拿鸡肉和白酒来给祭师开光。另外，如果有弟子没有经过师父的准许，偷偷抄写或偷偷地使用手抄本，后果是非常严重的，仪式不但不灵，并且还可能有"亡凶"。下面笔者罗列两本手抄本中最后一页中的文字。

"天运上元甲子七十二年壬子岁春月中旬抄完。此秘原是前师盘显佑给付弟子盘应徹，今有（又）① 投度弟子李法长，（李法长）投取重付投度弟子周院贤，（周院贤）投取再给付投度弟子赵道权，（赵道权）再有（又）给付投度弟子盘金珠，（盘金珠）再有给付投度弟子盘院堂，（盘院堂）给付弟子盘胜都。自古之法，法要相传，古有传法之祖。人人愿度，必有度人之师。诚心投取，保佑承行上达。其秘照依前师度后付与香钱，若师父抄与，功德纹银谢师父一两二钱足数，若弟子自抄者，功德六钱，猪一口谢师即吉，念即应灵灵上达。若无功德乱用不灵返师亡凶。若有口好言甜心歪不可乱传。"

"字报弟子今世多有明（名）师，但烦（凡）依次天机不是我造，此是老君秘语也。有本成金，无本难寻。千金天机莫与下贱（者）或有真戒投度不吝照依前师度，后师要银白六两正足，若弟子自抄者半价，猪酒在外祭师开光吉存在手中。一念灵灵通天达地，十方保命长生也。若无功德无心偷念不灵返师亡也。天机不可泄露乱传。道在人为修在己，法由我积福在天。"

度戒仪式中所用到的手抄本在蓝靛瑶社会中的重要性不言而喻。这些

---

① 其中括号中的字是笔者加上的，有的是代替错别字，有的是增加一字。另外，手抄本中没有标点符号，标点符号也是笔者加上的。

手抄本是师父们进行仪式的重要文本和手册，师父通过手中的步骤和内容来进行规范的仪式。在蓝靛瑶社会中，如果一位师父没有完整的度戒仪式用书，即使大家认为他的法力很高，人们也不会经常请他做师父。原因是在度戒仪式后，弟子需要学习各种仪式，在学习的过程中，需要"教材"，这些手抄本就是最为重要的教材，弟子学习仪式，首先要向师父抄写师父的仪式用书，如师父没有，弟子就需向其他人来学习，这在蓝靛瑶社会中会被认为师父是不合格的。这些手抄本，对于师父来说，是成为师父最为根本的基础，没有手抄本，自己不能完成规范的度戒仪式，因为度戒仪式的内容太多，师父一个人记不住这么多内容，所以在度戒仪式过程中，很多时候，师父记不起了时，都需要看看自己的手抄本，并且有些仪式中还需师父拿着手抄本来诵读。没有这些手抄本，师父就不能举行高质量的规范度戒仪式。在蓝靛瑶社会中，举行度戒仪式，师父不能够借用其他人的手抄本，并且有些秘书，是不能乱传的，必须经过祭师开光后，举行仪式时才有法力，才有效果。《马关县志》载：瑶族"有书，父子自相传习，看其行列笔画似为汉人所著，但流传既久，转抄讹谬，字体文义殊难萦解，彼复宝而秘之，不轻示人，愈不可纠正矣"。"不轻示人"，那么更不轻易传给他人，这些手抄本是一位师父一辈子的心血。

在度戒仪式中所用到的手抄本数量多，并且费时和费力。度戒仪式中所需的主要的手抄本大概有30本[1]，有些手抄本的内容较多，有些手抄本的内容较少。抄写这些手抄本需时较长，因为大家白天还需要去从事农忙，只能抽出晚上的空闲时间来抄写，并且手抄本需用毛笔来抄写，如果是一个人的话，一本手抄本需用一个月的时间来抄写，如内容较多的话，需时更长。大部分蓝靛瑶都没有上过学，通过抄写经书来自学，也有一些蓝靛瑶人自己购买了字典，边抄写边学习，这样的话，对于这些手抄本的文本内容理解起来很困难，加上平日中不经常写字，写起来速度很慢，抄写手抄本的仪式用书就较为费力。在一些年代较久远的手抄本上也发现有雇用一些文人来帮助抄写的情况，付其工费，这样手抄本的字体相对优美很多。对于蓝靛瑶来说，这些手抄本，不但是精神上的财富，也是一笔巨

---

[1] 笔者的一个报道人是田平德高望重的师人，他在度戒仪式中既可以做道公，又可以做师公，平日可以帮人做各种仪式。他的手抄本共有50本。

大的物质财富。一个年轻人说他父亲的仪式用书价值数万元，他是这样计算的，他父亲有重要的 50 本手抄本，按每本价值 3 块银圆的话（有些珍贵秘书的价格在 10 块银圆左右），共 150 块银圆，现在每块银圆价值 300元，折合 45000 元。其中还有较多历史悠久的手抄本，年代较为久远，有一定的价值。

　　蓝靛瑶很多手抄本中的封底都写着这样的字样："有者轻如纸，无者重如山。有本如金，无本难求。"可见这些手抄本是如此珍贵，蓝靛瑶把这些手抄本都视为宝贝，一般情况下都把这些手抄本放在一个干净塑料袋中，然后用线绳把塑料袋包扎完好，存放在较为秘密的地方，不轻易被人发现，更不轻易示人。在天气较好的情况下，当地人会从二楼的箱子中小心翼翼地取出晾晒，轻轻解开线绳，用手把塑料袋上灰尘轻轻抚掉，动作就像对待一个出生不久的婴儿一样小心翼翼。师人拿出来晾晒时，轻轻地翻动每一页来晒太阳，在把一页翻到平面时，师父会用手掌轻轻抚摸过去，如同像长者抚摸孩子的脸颊一样温柔和小心翼翼，生怕弄疼了孩子似的。有时手抄本因长时间没有被翻看，再加上天气的潮湿，书中很多页都粘连在一起，这些纸张都是白色棉纸或黄色草纸，极易被弄破，师父会用食指和大拇指轻轻捏住一页，轻轻地抖动，力度要刚刚好，不能把手抄本的纸张给弄破了。如还没有把粘连在一起的两页打开，师人会用嘴对着纸张轻轻吹动，较轻的白色棉纸会随着风慢慢张开，如同花瓣绽放一样优美。师人那种耐性和细腻在日常生活中极少看到。打开，晾晒，收起，包扎好，放到秘密之处。有时，师人自己也抽空看看这些宗教仪式用书，学习温故，自己在阅读中享受着别样的幸福。

三　标准的执行者和传承者

　　如此规范的度戒仪式是由师父来执行和传承，蓝靛瑶的社会如同现代化工厂一样，在规范的流程下"制造"出了规范的"产品"——仪式传承人，这些仪式传承人在度戒仪式中被弟子称为师父。规范的师父是如何被制造出来的呢？一是蓝靛瑶男子才能成为师父，女子则不行；二是男子要举行过规范的度戒仪式，并且成功掉落五台山；三是弟子要抄写、学习各种度戒仪式用书；有了一定的基础，师父或家人要教授弟子学习一些小型的供神仪式；四是，作为从士跟随师父在度戒仪式中，感受学习各种技艺；最后，自己要举行一些小型的仪式，等到自己的技艺达到了一定水平，自己就充当度戒仪式的师父，经过无数次仪式的磨炼，成为真正的师父。蓝靛瑶认为，被人请作为师父的次数越多，举行的度戒仪式越多，就表明这位师父的法力越高，更容易被请来举行日常仪式，如：治病仪式、供神仪式等。如此一来，随着师父的仪式技艺越来越高，社会地位也越来越高，大家都更为尊敬、敬仰他，在蓝靛瑶小型的社会中影响力越来越大，慢慢地成为社区的领袖，维系仪式的传承和社会文化的统一和延续。

蓝靛瑶男子进行成功的度戒仪式是作为师父的规范程序中的最为重要的基础。没有经过度戒仪式，无论你拥有多少手抄本的仪式用书，都没有用，没有资格学习度戒仪式的各种技艺，也没有资格来从事其他的宗教活动。

蓝靛瑶男子成功通过了度戒仪式后，就开始跟随师父抄写、学习度戒仪式手抄本用书。一般来说，师父会让弟子先从简单容易的手抄本开始，慢慢进入内容较难又比较重要的手抄本。另外，蓝靛瑶男子抄写手抄本较为艰辛。时间上，都是晚上，白天累一天，晚上还要抄写，抄写也罢，师父大都没有上过学，对于手抄本上的内容囫囵吞枣，有些字不认识也不理解，比葫芦画瓢，写了很多错别字；另外，生活条件非常差，而且没有白炽灯，都是在油灯下抄写，灯光很暗。田平是 20 世纪 80 年代才有的电灯，现在田平很多人家的灯泡都是灰暗的，是瓦数较低的灯泡，所以看书非常吃力，更何况在之前没有电灯的时代，可以看出师父们抄书的艰辛和困难。再者是没有书桌。现在的田平，很少人家有书桌，小孩子写作业都是在饭桌上写，现在很多师父抄写仪式用书还是在饭桌上抄写，我们可以想象得出在之前日子里师父也是趴在饭桌上。

其使人眼前浮现出这样一个场景：在漆黑的夜晚，外面下着雨，一个蓝靛瑶年轻人在昏暗的油灯下，趴在饭桌上，手中拿着一支毛笔，全身心抄写仪式用书，外面的雷声和闪电也丝毫没有影响到他的进程，虽然内容中有些错别字。写累了，他把书籍和笔墨放好，准备休息，满屋子飘着墨香，想着马上就抄好了仪式用书，他微微一笑，听到妻子说，还有一大块田没有犁，想到第二天繁杂的体力劳动还在等着他，便倒头就睡。

抄写度戒仪式用书，是一个漫长的过程，有些蓝靛瑶上了年纪还在抄一些自己没有的度戒仪式用书，年轻的蓝靛瑶男子在抄写度戒仪式用书的同时，他们也会跟随师父或父亲学习一些简单的供神仪式。前文所述，日常的供神仪式是度戒仪式的基础，其中也有部分重复的内容，并且师边的神祇与日常的供神仪式一样。年轻的蓝靛瑶男子掌握了日常的供神仪式后，就会作为从士跟随师父们来度戒仪式现场，在现场感受和学习度戒仪式的技艺。在现场，可以看到师父们的规范仪式步骤，可以听到师父诵读科书的声音，可以学习击打各种法器，可以感觉到神圣与世俗的差异，感受到作为师父的责任、辛苦、快乐。更为重要的是在"蓝靛瑶大学"中学习度戒仪式，在度戒仪式的过程中，遇到不明白的可以直接问师父，师父会耐心解答。在一场度戒仪式中，笔者听到一位师父对从士说："这就是蓝靛瑶大学，有心的话，可以学习到各种知识，学习吧，年轻人。"

蓝靛瑶人学习度戒仪式，有从师边开始学起的，也有从道边开始学起的。从前文可以看出，度戒仪式中师边的知识较为系统，并且所用到的书籍较少，主要的有10本，内容较容易理解记忆，舞蹈动作较多，更容易直接观察学习，容易掌握。道边不但书籍多，而且诵读的内容多，神祇体系较为复杂，不容易掌握。所以，在开始学习度戒仪式时，较多人先从师边开始学习，也有从道边开始的。在蓝靛瑶现实中，一位师父能把道边或师边一边的知识完全掌握已经很难了，所以，能够完全掌握道边和师边的人非常少。

在跟随师父经历多次度戒仪式，年轻的蓝靛瑶男子能够完全掌握度戒仪式的技艺后，他就会尝试做师父，但需要请自己的师父作为宗师在一边不断指导着，以免出现差错。在蓝靛瑶社会中，成为一位合格的蓝靛瑶师父，需要多年的学习，这也与当事人的兴趣、时间和记忆力有关，一般要十年的学习才能够完全成为合格的师父。在笔者田野工作期间，见到一位年轻的蓝靛瑶男子，才30岁就已经完全掌握度戒仪式的技艺，从他在度戒仪式中的表现和村人对于他的评价来看，他完全出师了，但他也非常谦虚地说他还有不会的地方，还需师父带领他。

成为一位合格的度戒仪式的师父，也要学习一些日常供神和治病的仪式，会经常被村民邀请做仪式。越来越多的村民请他进行仪式，他的技艺越来越高，名声越来越大。村民喜欢选择一些权威的、精通蓝靛瑶宗教文化的、地位较高的仪式传承人来举行度戒仪式和日常仪式。

成为大家认可的师父，不但在蓝靛瑶小型社区的社会地位较高，有较多的公共事务的话语权，还有一些举行仪式的报酬。在蓝靛瑶小型的社区中，经常有人请你去做师父，而给师父的报酬是鸡肉、猪肉等，现在还有人给一些香火钱和功德钱，所以师父家中不缺少食物。师父拥有了法力，自己也可以举行各种各样的仪式，可以保护自己和家人不受鬼的骚扰，并且可以举行仪式解除病患，这样就不用请别人来进行日常的仪式。师人拥有这样大的能力，在蓝靛瑶小型的社区中，会经常博得女性的好感，女性都希望嫁给师人。从蓝靛瑶度戒仪式的手抄本中能发现这样的文本内容："鸡腿猪肝家常有，龛前常吊腿猪儿；有女但嫁作师人，不休染病不休饥；半夜女儿来看见，妇家哭骂母娘时；闹骂爹娘莫留妹，声声要嫁作师人；僧公道士妹不嫁，声声要嫁作师人。"

我的一位报道人是退休的小学教师，在退休前没有专门学习蓝靛瑶传统的仪式，在退休后开始学习各种日常供神仪式和度戒仪式。我看他那么大年纪，学习蓝靛瑶传统的文化比年轻人吃力。

> 我就问他："大伯，您退休了不好好休息，怎么学习起度戒仪式来呢？"
>
> 老人家微微一笑说："退休了，时间多了，学习点东西，总比天天闲着舒服呀！"
>
> 我说："是呀，让自己忙些，心情会更好。"
>
> 老人家小声说："掌握了度戒仪式，成为师父后，我不但心情更好，而且感觉自己更受到他人的尊重。村里人很多请我来供神，请我做度戒仪式时的师父和宗师，我自己也更加自信了。除了这些，每次帮人做完仪式后，我可以得到一些报酬，有时会有些现金，鸡肉和猪肉是经常有。"
>
> 我问："学习仪式困难吗？"
>
> 老人家说："年纪大了，记忆力不好，有些吃力，但是我有一套方法，就是把重要的步骤和内容记在小本子上，可以随身携带看，方便翻阅。我也有字典，不懂的字，可以查字典，看看是什么意思，帮助我理解。我首先学习一些小型的仪式过程；其次学习度戒仪式中道边的仪式；现在正在学习师边的仪式。年纪大了，精力有限，还要帮孩子做些农活，晚上有时想看看电视，学习得慢，不像现在的年轻

人，上过学，识字多，头脑灵活，学习起来特别快!"

这个真实的个案说明成为一位合格的师人是蓝靛瑶男子终生的梦想。在传统的蓝靛瑶社会，生活在崇山峻岭，与外界交流较少，蓝靛瑶男子在生产生活之余，最大的梦想和快乐是来学习度戒仪式，成为一名合格的师人，作为蓝靛瑶男子的师父并为村民服务，以此延续着蓝靛瑶文化。

第八章　度戒仪式与宗教信仰

从度戒仪式中，我们可以很清楚地看出蓝靛瑶神祇体系的内容、形式和内涵，进一步分析蓝靛瑶宗教信仰的特点，同时兼论蓝靛瑶宗教信仰与道教的关系。

在以上的章节中，在度戒仪式实践的过程中，我们可以发现蓝靛瑶的仪式中最明显的特征之一就是神祇数量较多，度戒仪式中的众多神祇代表蓝靛瑶整个信仰体系中的神祇。

首先，度戒仪式是蓝靛瑶认为最重要的仪式，并且是蓝靛瑶所有仪式中最隆重的仪式。蓝靛瑶认为度戒仪式、婚礼和丧葬仪式是蓝靛瑶最重要的三个仪式，但是无论是在规模、重要性和花费的方面来看，度戒仪式在蓝靛瑶人一生中都是首当其冲的仪式，其他仪式都是在度戒仪式的基础上的，没有度戒仪式，没有法名，男子就很少有谈婚论嫁的资格和条件，更没有什么资格来举行丧葬仪式。在仪式章节的论述和仪式实践中，我们可以看到蓝靛瑶对度戒仪式的重视态度，从仪式的规模和花费来看，度戒仪式可以说是蓝靛瑶最重要、最隆重的仪式之一。

其次，度戒仪式是蓝靛瑶社会生活的基础。我们已经分析了度戒仪式在社会中的重要性，度戒仪式不仅重要，还是在蓝靛瑶社会生存的基础，打一个比喻，度戒仪式如同通行证一样，没有这张通行证，男子就无法进入蓝靛瑶社会的城堡之中，即使是偷偷地蒙混进入蓝靛瑶社会的城堡，在城堡中也无法从事各项宗教活动，在有生之年他将游离在日常生活之外，而更为被蓝靛瑶担心的是他死去后就成为危害村民的孤魂野鬼，没有举行度戒的人如何能生活在蓝靛瑶的社会中？

复次，度戒仪式是其他仪式的基础。蓝靛瑶的大部分仪式都是根据度戒仪式来进行的，很多仪式犹如小型的度戒仪式，或者是度戒仪式的一部分。如果细细地观察蓝靛瑶的各种仪式，所有的仪式与完整的度戒仪式都有明显的相同之处，甚至很多仪式只是把度戒仪式的一部分内容拿出来成为一个单独的仪式。在日常的一些治病仪式或祈福仪式中，我们都会发现这种情况，并且这些仪式中所有的宗教书籍与度戒仪式中所用的书籍是一模一样的，没有改变，都是同一本书。

最后，度戒仪式中的神祇体系是蓝靛瑶日常生活中所信奉的神祇体系。在蓝靛瑶的房屋内，人们会很容易地发现蓝靛瑶的正堂中的明显位置有供奉"三元"的现象，在日常的供神仪式中的神祇体系与度戒师边的神祇体系也是一模一样的，没有任何的区别。而丧葬仪式中的神祇体系与度戒道边的神祇体系是一模一样的，没有任何的区别。

从前章节我们知道度戒仪式的规模可分为：小型、中型和大型。在本书中，笔者所分析的度戒仪式是中型的，大型的度戒仪式只是比中型的多了一些仪式，并且仪式中的神祇数量更多一些。但是，日常生活中或一些基本的仪式中所用到的神祇的数量比中型的度戒仪式中的神祇数量还要少，所以笔者用中型的度戒仪式为例来说明和解释蓝靛瑶宗教信仰体系的问题。

第一节　宗教神祇体系

在度戒仪式中，道边和师边所供奉的神祇有较大的差异。两边的所供奉的神祇在数量上、称谓上都有较多的区别。在度戒仪式实践中，笔者已经把道边和师边的所供奉的神祇都罗列出来，在此，笔者用表格的形式来总结，这样能更清晰地了解神祇体系。

一　师边的神祇体系

通过以上的叙述和分析，我们知道师边的神祇体系分为外神和内神。并且内神和外神都有自己下辖的神祇。详情请见表 8 - 1、表 8 - 2、表 8 - 3、表 8 - 4、表 8 - 5。

表 8 – 1 外神神目及其神庙

序号	神目	神庙
1	本师三元	大罗南容大庙
2	本佩梅山法主大圣	雪山法坛信州龙虎山前黑风峒内武当山前香山大庙
3	本村管民李社大皇	太康吉州菁草扶桑昆仑大庙
4	上宫中天政法雷电民主三官威德雷主雷祖长生大帝	雷州金鹅云头廷霄府内雷州金峨大庙
5	冯敕贤圣四官都长	红泥尚仙西国参堂北门浪波浪滩大庙
6	游行祖境南朝高祖万寿公王	挂灯敕城东感大庙
7	新圣太昌皇帝	西京北京横茶北楼大庙
8	菁山本境△大鬼王	祠堂上香大庙
9	当年瘟王△大鬼王	岳州疑灵大庙

资料来源：根据蓝靛瑶书籍和田野资料汇集而成。

表 8 – 2 内神神目及其神庙

序号	神目	神庙
1	天、地、日月三光	
2	政谢宅堂土地福德万岁老人	通州华盖大庙
3	政谢五方参相治病迷惑仙娘	川州川境大庙
4	政谢东主家先△公△婆△家三代祖洒先灵	扬州大殿、广府大堂
5	政谢本音通天玄灵五祖司命灶君	昆仑大庙、昆仑小庙
6	政谢合家正醮求寿斗府三宫长生大帝	擎粮注生院内
7	政谢父子本宪三元（清）大道无机大罗妙佑六御高真（三元、三清）	大罗南容大庙
8	政谢游行广化三界医药仙官	明山马槽六律大庙
9	政谢开天盘古大皇	菁草七宝庙堂
10	政谢金阙昊天玉皇上帝	弥罗顺天玄穹宫
11	政谢上宫南曹九朝帝母太白天娘	鳌山鳌州花山大庙 峨山花山大庙
12	政谢本侍家堂香火北府李大元帅	铁山越州大庙

资料来源：根据蓝靛瑶书籍和田野资料汇集而成。

表 8 - 3 外神神目及其下辖的神目

序号	外神神目	下辖的神目
1	本师三元 上元道化唐相真君（军） 中元经化葛相真君（军） 下元师化周相真君（军）	善十七官（天界神兵）、勇猛法王（地界神兵）、河泊水官（水界神兵）
2	本佩梅山法主大圣	九郎行马坛主、香官九娘、玄坛赵邓马关四大元帅、五方镇坛五雷天将、南北六神禄通官将张李罗天、北极玄天真武大帝、前教阴阳师父、前传后度一派诸位宗师
3	本村管民李社大皇	李社大王、本音通天玄灵五祖司命灶君、本州城隍補主之神、先天盘古大皇、上世神农皇帝、伏羲姐妹、三皇五帝、五姓名王
4	上宫中天政法雷电民主三官威德雷主雷祖长生大帝	云头走马雷十九官、四天风伯雨师、十二水桶十二雨牌天上雷伤地下雷陈雷伤八难雷公、雷母、雷胆小娘（雷家圣众）
5	冯敕贤圣四官都长	月华大官沈总兵官、九五二官、冯二秀才、冯进七官、冯国乐官、监察九官、都山太子冯劝舍人、李文李养李白仙官、位下金绣七娘、银绣八娘、领兵黄氏九娘（冯家一殿圣众）
6	游行祖境南朝高祖万寿公王	金轮银轮二贤太子、金铃铜钩银铃铜钩祖使岑莺岑猛岑宣老爷大王
7	新圣太昌皇帝	皇官昌官大厨朱洪武王（皇）、万岁李天王（皇）、天门德道刘四仙娘
8	菁山本境△大鬼王	远近二境大小官员、左头目、右头目、尚书相公、王公、王母、王后夫人
9	当年瘟王△大鬼王	十二年王、十二月将、瘟康太保、劝善太师、船头撑掉船尾郎娘、四百四病鬼王、二十四瘟都圣众

资料来源：根据蓝靛瑶书籍和田野资料汇集而成。

表 8 - 4 内神神目及其下辖神目

序号	外神神目	下辖的神目
1	天、地、日月三光	
2	政谢宅堂土地福德万岁老人	月年招财日时进宝仙官、鸡笼猪栏羊栏牛栏土地、房中土地、庙头土地、庙尾郎娘土家眷尉
3	政谢五方参相治病迷惑仙娘	

序号	外神神目	下辖的神目
4	政谢东主家先△公△婆△家三代祖酒先灵	引魂童子、招魂将军、苑哥三弟看牛童子、喝马儿郎、担柴运水奴婢郎娘、土府九垒真王大帝、左青龙右白虎、前朱雀后玄武
5	政谢本侍香火本音通天玄灵五祖司命灶君	东方木德灶君、南方火德灶君、西方金德灶君、北方水德灶君、中央土德灶君（灶公灶母灶子灶孙）
6	政谢合家正醮求寿斗府三宫长生大帝	南斗六司延寿星君、北斗九皇上道星君、银河万象斗汉群真、普天二十八宿星、五狱六曹各案判官、斗中撑籍功德司官、斗中擎粮陀罗二使者、斗中枝粮定料仙官、北斗玄真圣母夫人、太岁之德尊君、万天星主紫薇大帝、注掌本命元晨星君、中天大圣、十保王官、南极长生老寿星君
7	政谢父子本兔三元（清）大道无极大罗妙佑六御高真（三元、三清）	五老三官、五师四圣、正一玄坛赵邓马关四大元帅、祖师三天扶教正一静应现佑真君、北极玄天真武上帝、三元天地水府三官大帝、灵宝经籍度三师、左右黄赵二真人、正一子嗣女三师、儒教绿衣太保、文素宣王、孔子先师、三世释佛、法圣僧三宝释迦、如业前教阴阳师父、前传后度一派宗师
8	政谢游行广化三界医药仙官	金身龙全道保二爷
9	政谢开天盘古大皇	五姓名王、三隆姐妹、左相白面右相白面相公、木古一郎、调古二郎、琵琶三郎、四贤四郎、拍板五郎、横吹六郎、长沙七娘、踏坛八娘、游坛九娘、十二妹花、圣像和尚男人谈经、女人唱歌（千千神将、万万神兵）
10	政谢金阙昊天玉皇上帝	帝父帝母妙有乐园大王、帝母宝月光后元君、玉皇圣境大罗妙衡真人、侍香金童、传言散花玉女
11	政谢上宫南曹九朝帝母太白天娘	注生花根父母花林、上楼北阴天台父母、中楼六国玄妙夫人、下楼山坛孤独仙妻、上宫造楼起楼游楼贺楼看楼父母、仙姐合院郎娘、过油娘子、调粉挂镜娘子、借衣整衣娘子、东斗花王、南斗花王、北斗花王、中斗花王、十二花名二十四姑、天桥地桥父母、推进花魂父母、载花护花父母、三十六关星祖母
12	政谢本侍家堂香火北府李大元帅	左相判官、右相判官、左明日宫右明月府师父、肃皇大帝师母、尚仙圣母夫人、胆蛇龙虎大将、红兵红九李十仙官大圣、兵主九娘、动地三娘、云盖七娘、龙凤小娘、五色花娘、推财进宝仙官、结还了愿仙官、鉴灯送醮仙官、东道五场（伤）南道五场西道五场北道五场中道五场十二场兵监厨火官、鲁班大将、七十二贤祖父老爹、山瑶六洞蛮王

资料来源：根据蓝靛瑶书籍和田野资料汇集而成。

二　道边的神祇体系

与师边的神祇体系相比较，道边的神祇体系则没有清晰的分类。在此，笔者把度戒仪式中道边的每一仪式所供奉的神祇作为一个体系，通过这样的分类来展现道边的神祇体系。详情请见表8-5。

表8-5　　　　　　　　　　道边神目及其下辖神目

序号	神目	下辖的神目
1	宿启神目①	金阙帝师、六合无穷高明大帝、上清玄坛赵大元帅、上清魁绅马大元帅、雷霆主令邓大元帅、雷霆铁笔猛吏辛元帅、雷霆罚恶张天师、驱邪保德关公元帅、东岳上将温康元帅、五坛火车灵宫元帅、大昊天神勾笔元帅、洞神八卦元帅、敕召地祇司康元帅、雷岳推生送死元帅、官不信道流列元帅、道佩禄中官将吏兵、诸君天神将吏元帅、教门护道福庆灵官、九天三十六雷公兵、七十二考召神君、青面邓将军、地祇功曹左右龙虎骑兵、解秽官将诸仙灵官羽士先师一切圣众、天下都城大皇主者、醮家香火司命灶君、本州城隍主者之神、天下拜祭李社之神、南朝常吏君王、巡天太保李十五官、北府令公李大元帅、过往都司旗头对仗、五显灵官大帝相主七娘、当方九庙子敕神祇、三界圣贤勾空真宰、三界功曹运财力士等神、本祭关大李社大王、△家三代父母香魂
2	下八坛目	上元一品赐福天官大帝、中元二品赦罪地官大帝、下元三品解厄水官大帝、纠察功过鉴斋大法师
3	右班神目	北极天逢都大元帅苍天大帝、北极天献副大元帅丹天大帝、北极右圣宝德真君玄天上帝
4	左班神目	东方青灵始老九煞天君、南方赤灵真老三煞天君、西方白灵皇老七煞天君、北方黑灵玄老五煞天君、中央玄灵元老一煞天君
5	宗案神目	玉京山万皇应供上清灵宝玄中大法师真君、法禄祖师三天扶教正一静应显佑真君篇禄科间上古经籍真君、济诸凶显宝上古度师真人、太清演教妙道真人、九天大师高功妙道真人大君、火都玉杨度产真人、太清召化道德妙化真人、黄禄启教张陆社三师真君、正一系嗣女三师黄赵二真人、玄堂启教历代宗师戒度监度保举前傅后度羽化一切真人、左右侍从师君金童玉女前傅后度一派宗师

① 在蓝靛瑶的宗教书籍文本中本没有"宿启神目"这一名词，为了方便把神祇归类，笔者把度戒仪式中"宿启"环节中没有归类的神目称为"宿启神目"。

序号	神目	下辖的神目
6	信礼神目①	清微天玉清圣境元始天尊、禹余天上清真境灵宝天尊、太赤天太清仙境道德天尊、弥罗天金阙昊天玉皇上帝、太微天南极勾陈天皇上帝、紫微天北极紫微星皇上帝、碧霞天高上神宵真皇上帝、梵气天东极宫中青玄上帝、玉柱天承天后土皇大地祇、大罗天金阙左班朝元真宰、大罗天金阙右班列圣群真
7	祖师神目	东方青灵始老九气天君、南方丹灵真老三气天君、西方皓灵黄老七气天君、北方玄灵元老五气天君、中央黄灵黄老乙气天君、上元一品赐福天官大帝、中元二品赦罪地官大帝、下元三品解厄水官大帝、玉京山玄中教主灵宝大法师真君、祖师三天扶教显佑真君、武当山降魔护道北极玄天真武上帝、标记善功灵宝上古经师真君、编录科简灵宝中古籍师真君、济诸幽显灵宝下古度师真君、纠察功过灵宝监斋大法师真君、三天右相太极丈人真君、三天次相九气丈人真君、正一玄中神化静应浮佑真君、三清侍御左右黄赵二真人、三天门下操章奏财引进仙官、太上法主妙道真君、东极田蓬苍天上帝、南极天献丹天上帝、西极羽圣皓天上帝、北极佑圣玄天上帝、帝父帝母二后元君、神武八煞二大元君、前传后度一派宗师、上清玄坛四位帅真、上清正一灵官马大元帅、东极上相温元帅、上清正一雷霆邓大元帅、洞神八卦院庞刘奇毕元帅、太岁天君将启瘟康元帅、崇廷得胜武安关王元帅、五雷天君医院总管许元帅、南岳部总管元帅、生身化供胡总管元帅、地祇李铁杨张老元帅、地祇司猛常元帅吏兵、吏兵道院五雷录中雷将雷兵玉抠院、五雷法部天将天兵、上清天抠邪院神将神兵、教门护道福庆大帝、雷霆都司官将吏兵、本府城隍境主之神、本家香火道佛群真圣农上官达社大王之神、先天立极盘古皇帝、创世神农伏羲小妹、轩辕上司、盖天明皇圣帝、雷霆十三郎、中天雷司黑帝、雷腊小娘、先天盖天中天云雷部雨神、本境△大王、五显五通灵官、七祖八相朝官、圣祖圣旨使公王、金银二贤太子、北方加典主、北府令远天太贺州五海圣王、南方礼融火殃大相火部尊君、天符化瘟十二年王十二月将气候之神、当年瘟主△大鬼王、五方行瘟圣众、三界真符值日功曹、本宅香火司命灶君、住宅太岁方隅龙君、当处△村土地理域等神、值日监醮监经纠察香官典者、差来镇坛护坛大将军、虚空监察一切威灵
8	师慈神目	五方五老五气天君、三元天地水府三官大帝、玄中教主五大法师、三天扶教大法师、灵宝经籍度三师、灵宝监斋大法师、正一子嗣女三师、左右黄赵二真人、神霄雷霆莫谦判官、玉阳宫萨真君、三天门下引进仙官、奄罗羽化真人一派宗师、祖师△（保、戒、度）度师、前传后度一派宗师、东极天篷苍天上帝、北极佑圣玄天上帝、玄坛赵邓马关四大元帅、道佩录中官将吏兵、城隍社庙六府之神

---

① 在蓝靛瑶的宗教书籍文本中本没有"信礼神目"这一名词，为了方便把神祇归类，笔者把度戒仪式中"信礼"环节时的神目称为"信礼神目"。

序号	神目	下辖的神目
9	延生左班神	十方已德大道圣众、圣祖司命先天圣后、无上三十二天上帝、昊天九天生神太上大帝、九天雷声普化天尊、大圣消灾散祸天尊、大圣紫清降福天尊、大圣本公上相祖母元君、日月星辰象妙天尊、九天九气九老仙都丈人、侍御青罗妙行真人、诸经参中无殃数众、玉经四大报应真人、中天火令六星童子、南斗六司延寿星君、斗中擎粮陀罗使者、东斗注算五元星君、中斗九辰太魅星君、三百六十五度厄星君、欲色三界五帝星君、混元天地水府三官大帝、子嗣三师四帅王赵二真人、北极法至四圣真君、三天门下操章栈财、九天降关梓橦帝君、南无释迦如来尊天、南无灵感观音菩萨、九天注福定命真人、九天天曹列耀真人、花林六曹注生判官、天中七伤六难星君、天中三灾四煞星君、天中禄庆旺星君、天中贵权华盖星君、北阴酆都超生大帝、东狱泰山天齐星君、名山洞府得道真仙、水府扶桑丹林大帝、雷霆龙列当年元帅、三院天雷大将使兵、四灵五通八卦神君、福德仙官赵邓二帅、真年太岁之德尊名、天下都大城隍之神、本村管民李社大王、先天盘古三皇五帝、盖天大曹都案判官、建道三司洞府仙众、新游菁圣德灵道、本州宋藏太守相公、上界天仙德嬢大仙、五显灵官五道相公、天门北府令公李大元帅、灾天太保五通相公、金身得道六位冯官、金容总管准位先生、五瘟四圣年旺将军、本音通天司令灶君、当处土地皇城正神、岁德太阴五帝龙王、攒聚揽阁山水大神、住宅六畜仓库大神、三界运财风火骑吏
10	延生右班神	十方玄老诸君丈人、帝母天尊帝母元君、十方无极灵宝天尊、始祖五老上帝、洞玄三昧伏魔天尊、大圣长生保命天尊、大圣福生无量天尊、三清紫？至真道君、天皇地皇人皇道君、东南西北四天圣帝、五福十神太乙云君、玉经十骑神仙兵马、十华真人夜光玉女、银河万象供极星君、北斗九皇上道星君、中斗千剩万骑星君、西斗四司记名星君、四方二十八宿星君、大圣十方飞天神王、灵宝五师三省真君、玉堂教主历代宗师、三元唐葛周三相真君、三天门下引泰仙官、文武至圣文索冥王、南极三宝诸司伏像、南极摩利上帝伏天、天曹天王万福天尊、九天卫房圣母丈人、六阁五斗度厄仙众（众：指百官、群臣，众士，贵臣以外诸臣，古代泛指诸侯臣僚，各级官吏）、天司注圣本命元君、天中五形六害星君、天中一吉二宜星君、天中九厄十缠星君、天中朝元骑马星君、合家本命元辰星君、九垒土府皇后夫人、东西南北四渎圣宰、地府十方妙道真人、水府河海五湖真君、雷霆邓辛张大元帅、地祇关康启温元帅、所佩禄中诸司官将、龙虎骑吏解秽元帅、本家香火道天神君、本州城隍辅德之神、本境△大鬼王夫主之神、上司盖天明皇大帝、中天雷府雷电大帝、本坊社典庙貌神祇、本坊土地福德正神、黄昌太厨刘四仙姐、梁吴二相冥公之神、高祖公王二贤太子、新圣四宫九王王合人、当年瘟王△大鬼王、二十四气七十二候、行境监坛感列仙峯、三界四直功曹使者、坤母后土亚厨等神、住宅牛厩水手等神、三界监经醮仙官、三界虎空科察等神、三界监经一切等神

序号	神目	下辖的神目
11	度戒神目①	上启十万道经师三宝天尊、玉堂教主五大法师、北极赞教四圣真君、道佩箓中官将吏兵、北极玄天真武上帝、九天应元雷声普化天尊、南斗六司延寿星君、北斗九皇上道星君、中天十一列曜、东西中三斗三台华盖星君、周天二十八宿星君、上清十二命宫辰星君、南无救苦救难观音菩萨、奄爹演教△宗师、前传后度历代宗师、过往伴侣诸会宗师、传经传教传卯历代宗师、玄坛赵邓马关四大元师、天曹掌经功德司官、鉴经童子、对读仙官、经坛会内一切威灵、三界天地水府三官大帝、诸吏三元唐葛周三将真君、本奄道儒释三教高真、本侍香火有感福神、本音通天五祖司命灶君、本宫宅福德兴旺土地正神、本境△大王、△村正神、△家三代祖祢先灵
12	告斗神目②	玉清圣境元始天尊、上清真境灵宝天尊、太清仙境道德天尊、金阙昊天玉皇上帝、南极勾陈天皇大帝、北极紫微星皇大帝、高上神霄真皇大帝、东极宫中青玄上帝、承天后土皇大地祇、南斗六司延寿星君、北斗九皇上道星君、中天十一列曜星君、东斗五元注算星君、西斗六阴记名星君、中斗延年保命星君、周天三百六十五度星君、普天二十八宿星君、中斗擎粮陀罗使者、东岳泰山金丝接命仙官、南岳衡山金丝接命仙官、西岳华山金丝接命仙官、北岳恒山金丝接命仙官、中岳嵩山金丝接命仙官、五岳掌下案牍仙官、五岳掌下枝粮接命仙官、五岳掌下添粮考校判官、五岳掌下粮丝接命仙官、五岳掌下移文换案判官、五岳下三百六十注生注寿判官、六曹掌案牍判官、六曹添年考算仙官、六曹添粮丝命仙官、六曹注生注寿判官、六曹注延注籍判官、六曹一百二十增年判官、斗府三界功德司官、司官注福注禄仙馆、司官把历把簿案判官、案中太后斗母夫人、司官掌善恶二簿判官、司官护财掌宝判官、司官掌笔护砚仙官、司官封卯奉卯仙官、司官掌印掌案判官、司官掌籍掌库判官、司官秤轻秤重判官、司官把简定福仙官、司官磨朱磨墨仙官、司官结还了愿仙官、东生本命元辰星君、南极老寿星君、当权太岁五十九位星君、本家香火司命灶君、△家三代祖祢先灵、本村本社本境大王、过往瘟神
13	安龙神目③	三元天地水府三官大帝、五师教主三省真君、北极四圣灵应真君、中天十一列曜行度星君、南斗六司延寿星君、北斗九皇上道星君、东西中三斗星君、二十八宿解厄星君、三台华盖星君、天伦十二命宫神星君、土府降山北辰大帝、土府九垒真皇大帝、土府垢土夫人、土府天主山神、土府帝主山神、土府青乌先生、土府白鹤先生、土府阴阳二师、土府张坚周先生、土府李定解厄先生、土府国泰侣先生、土府墓主△公（妻）

---

① 在蓝靛瑶的宗教书籍文本中没有"度戒神目"这一名词，为了方便把神祇归类，笔者把度戒仪式中"度戒"环节中没有归类的神目称为"度戒神目"。
② 在蓝靛瑶的宗教书籍文本中没有"告斗神目"这一名词，为了方便把神祇归类，笔者把度戒仪式中"告斗"环节中没有归类的神目称为"告斗神目"。
③ 在蓝靛瑶的宗教书籍文本中没有"安龙神目"这一名词，为了方便把神祇归类，笔者把度戒仪式中"安龙"环节中没有归类的神目称为"安龙神目"。

续表

序号	神目	下辖的神目
13	安龙神目	正魂、墓内守墓夫人、墓内左青龙大神、墓内右白虎神君、墓中坤庚酉神君、墓中前朱雀神君、墓中后玄武神君、墓中丑未申神君、墓中五方五位龙神、墓中乙卯辰巳巽神君、墓中巳午卯酉神君、墓中辛庚亥乾山神、墓中壬子癸丑山神、墓中帝劫山神、墓中山劫帝王山神、墓中伏降二青山神、墓中内外白鹤玉神、绿中墓中伏坐宫神、墓内三男三女山神、墓内排御信士山神、墓内老寿山神、墓内二十八向山神、墓内掌薄山神、墓内信士仙官、墓内门口土地正神、墓内奏士仙官、福堂香火住宅等神、本境△△使大鬼王、△家三代祖洒先灵、墓中运财力事等神、日直功曹使者、墓门一切神祇
14	九帝神目	万道之祖，万经之祖，万师之祖，穿苍之祖，万天之祖，万星子祖，万雷之祖，万亡之祖，万生之祖

资料来源：根据蓝靛瑶书籍和田野资料汇集而成。

第二节　宗教神祇的特征

第一，神祇分为道边和师边，师边的较为简单清晰，道边神祇数目较多并不成体系。蓝靛瑶在日常的仪式和生活中以师边的神祇体系为主，道边的神祇很少被运用。

师边的神祇体系较为简单清晰，把整个神祇体系分为内神和外神，蓝靛瑶认为内神主要与自己的生活息息相关，如天地日、土地神、治病迷惑神、家先神、灶君、长生大帝、三元三清、盘古、玉皇、帝母、香火神，这些神祇的法力很强，并且负责的事情与蓝靛瑶的社会息息相关，如天地日负责所有事务、土地神负责一切生物、治病迷惑神负责给人们治病、家先神是自己的亲人、灶君负责食物、长生大帝负责人们的寿命、盘古是自己的祖先、帝母是负责给人们送子的神祇。与内神相比较而言，外神与蓝靛瑶亲密程度次之。如本师三元是负责天界、地界和水界的神兵，本佩梅山法主大圣负责各种将帅，本村管民李社大皇则负责整个村落的神祇，上宫中天政法雷电民主三官威德雷主雷祖长生大帝负责自然雷电事务，菁山本境△大鬼王是村落的各种鬼的头领，当年瘟王△大鬼王是负责当年的瘟疫的神祇。蓝靛瑶认为每一年都有对应不同的瘟王，每一年的瘟王负责不同的瘟疫，所以每一年都要念诵其每一年的瘟王的神名和真名（法名），否则仪式就没有达到应有的效果。师边的神祇都有其居住的神庙，而道边的则在仪式和宗教书籍文本中没有提到神祇所居住的神庙。

道边的神祇体系与师边神祇体系相比较而言，则显得杂乱无章。道边的神祇根据仪式的不同，对应其不同的神祇，没有一个系统的分类方法和原则，有时神祇的数量较多，有时神祇的数量较少。但道边的《洪恩秘》中也有写"政谢神"和"九庙神"的字样，没有说出具体的神祇的个数和名称，在师边"九庙神"也代表着"外神"，这也说明道边也有"内神"和"外神"。但是，道边的内神与外神没有具体化，非常含糊。道边的神祇系统有一个明显的特征是都没有说出每一位神祇所居住的神庙。道边的神祇体系中也有：家先、灶君、本境大王、瘟神，这就把道边的神祇体系与师边的神祇体系混淆在一起，给人们一种更为混乱的表现。

第一，在蓝靛瑶的日常各种供神仪式中和现实中人们供奉神祇体系与度戒仪式中师边的神祇体系是一模一样的，分为内神和外神，而三元和三清是地位最高的神祇。主要的原因是师边的神祇体系较具有条理性，并且合乎蓝靛瑶宇宙观，与道教的神祇系统相比，更容易记忆和传承。从度戒仪式中最重要的空间设计"坛院"，是师边的神祇系统来设计，如在"坛"上有：三元、三清、政谢神（内神），而外神则没有写在坛上，但仪式中需要恭请外神并且在仪式文本中也清晰地记载有外神体系。日常的各种仪式，同样是按照内神和外神的分类，其中地位最高的是三元、三清，这样的分类与度戒仪式中师边的神祇体系一模一样。这也体现了师边神祇体系的简单、合理和容易记忆的特点，符合人们的思维逻辑，这也是师边的神祇体系能作为整个蓝靛瑶神祇体系的原因。道边的神祇体系因特别复杂，并且在逻辑上没有太大的关联，记忆起来特别困难，所以在日常生活中就没有太多的发展空间，从而被淘汰掉。但在度戒仪式过程中，道边的神祇还是需按照科书和秘书的要求，一一诵念出来，不能有半点马虎。

第二，神祇的命名较为无序、凌乱和无规律，较为随意。笔者把道边和师边中神祇的后缀总结出来，详见表8-6。

从神祇的名称后缀来看，我们发现后缀太多，没有规律，并且随意性较强。许多神祇的神名与现实生活中许多称谓一样，如相公、先生、郎、娘、太子、主者、丈人、童子、使者、师，还有对应军事中职位的称呼，如吏兵、兵、骑兵、骑吏、将军、大元帅、力士，还有神圣世界中的称谓，如神、仙、官、君、王、天尊、圣、玉女等。从这些后缀可看出，蓝靛瑶对于神圣世界中的神祇的称谓与现实世界中的生活有很多的联系、模拟和夸张。

表 8-6　　　　　　　　　度戒仪式中神祇的命名后缀表

序号	类型	后缀
1	军事	吏兵、兵、骑兵、骑吏、将军、大元帅、力士
2	师	师、法师、宗师、度师
3	帝	帝、大帝、上帝
4	官	官、灵官、判官、仙官、案官
5	君	神君、灶君、天君、真君、帝君、大君
6	神	神、正神
7	王	王、君王、大王、龙王、冥王、圣王
8	仙	仙、真仙、大仙
9	真	真宰、真人
10	上界	天尊、尊天、祖、圣、圣后、菩萨、玉女、伏天圣辛、伏像、先灵
11	现实生活中的称谓	相公、先生、郎、娘、太子、主者、丈人、童子、使者

来看神祇的名称，更为杂乱，更随意。如上宫中天政法雷电民主三官威德雷主雷祖长生大帝下辖的一个小的神祇——十二水桶十二雨牌天上雷伤地下雷陈雷伤八难雷公、当年瘟王△大鬼王下辖的一个小的神祇——船头撑掉船尾郎娘、政谢东主家先△公△婆△家三代祖迺先灵下辖的一个小的神祇——苑哥三弟看牛童子、司官磨朱磨墨仙官、过往伴侣诸会宗师等等，有些神祇的名称如同生活中的角色和职位一样，随意性较大。总之，蓝靛瑶先人把这些宗教信仰与蓝靛瑶的社会生活联系得非常紧密，把生活中的人物和职位通过宗教来神圣化。

另外，一个神祇具有多个名字，名字还分为神名和真名（法名），如政谢合家正醮求寿斗府三宫长生大帝，这是其神名，而其真名（法名）则是：梁高寿、梁金丝、梁明真、食妙真，共有四个真名（法名）。如单单知道神名，而不知道其真名（法名）的话，蓝靛瑶认为这样的师父法力较弱。说不出来神祇的真名（法名）或者说不完整的话，神祇是感觉不到人们对其的供奉的，也就是说仪式没有达到其目的。因为，在蓝靛瑶的社会中认为这些真名（法名）是最为秘密的事情之一，为了尊重报道人的意见，笔者在此不将众神祇的真名（法名）一一罗列了。

第三，神祇地位排序没有规律。在度戒仪式中，道边地位最高的神祇是"三清"：清微天玉清圣境元始天尊、禹余天上清真境灵宝天尊、太赤天太清仙境道德天尊，师边地位最高的神祇是"三元"：上元道化唐相真君（军）①、中元经化葛相真君（军）、下元师化周相真君（军）。在蓝靛瑶的信仰体系中地位最高的神祇也是三清和三元，但是对于这六位神祇，在蓝靛瑶的经典书籍和传说中找不到他们的故事，他们只是六位神祇而已，并没有自己的传说。除了这六位位置最高的神祇，接下来就是内神，内神后面是外神。但是，除了这些明显的顺序之外，没有其他的排位，特别是道边的神祇，一个仪式中，供奉的神祇都是几十位，但没有确定谁的地位高，谁的地位低，文化传承人认为这些神祇的位置都是一样的重要，没有前后之分，最重要的不是位置的前后，而是师父能否把这些神祇的名字准确无误地一一背诵出来。一位优秀的仪式师父不但能把这些神祇一一精确地背诵出来，而且可以倒背如流。笔者在仪式现场亲眼看到一位师父如此，他的记忆力是周边蓝靛瑶村落周知的，大家认为他的法力较强，仪式的效果会比其他人来举行强很多，所以很多蓝靛瑶村落都请来他举行各种仪式。这种没有规律的神祇体系给成为一个优秀师父的师人增添了不小的难度。

除了内神和外神的神祇有一些具体的职责外，道边的大部分神祇都没有具体的职责，也不知道他们精确的职责。但是从一些神祇的名字上可以看出一些特点，如中元二品赦罪地官大帝，可以从这位神祇的名称看出他是赦罪的地官大帝，但是这种情况也不是很多。

另外，神祇的名称重复现象较多。如师边的内神中已经有政谢父子本龛三元（清）大道无机大罗妙佑六御高真，但是在师边的外神中仍然出现"本师三元"的称谓，并且是同样的神祇居住在大罗南容大庙同一神庙之中。道边的神祇中也有更多重复的现象。如家先、本境大王、灶君等，不但与师边的神祇体系中重复，而且与道边很多神祇重复，有些只是简单修改一两个字，但是可以明显看出是重复的。

第四，师边神祇的神名具有蓝靛瑶社会文化的特点，如家先、盘古、

---

① 有些文本中为君，也有文本为军，较为混乱。

冯敕贤圣四官都长等。蓝靛瑶认为家先就是祖先经过了在地府的赎罪后，经过后人在人界中给其进行炼度后升入上界的神祇，成为家先就可以庇佑自己的后代。度戒仪式的《救患科》中的山歌中这样唱道："养儿防老传宗代，养女娶婿怕不佳。三祖家先齐保佑，世代贵子勤养家。家先三代说得好，良年贵子送郎家。拜送祖先上马去，儿孙香烟献报答。"

另外，盘古更具有蓝靛瑶文化的特点。同样在《救患科》中的山歌中这样唱道：

> 太极先天盘古帝，开辟元年生帝身。未曾有天未有地，未有日月九星辰。先有玉皇共盘古，吾共玉皇同出身。我俩不是爹娘养，五色浮云生我身。盘古造天又立地，造成八卦立乾坤。玉皇三百六化眼，盘古三百六化身。左眼化成太阳日，右眼化成月太阴。牙齿化成金银宝，身骨化成大石身。身肉化成沙泥土，红血化成江水深。岭上荒茅是头发，深潭鱼鳖是肝心。手足化成山树木，手脚指甲化星辰。九曲明珠肚脏变，田塘都是爹脚痕。头变成天脚化地，人民生在爷中心。

从这些山歌中，我们可以看出盘古和玉皇的传说。蓝靛瑶认为盘古开天辟地，与玉皇一起创造了宇宙万物。

道边安龙仪式中的神祇都以"土府"和"墓内"为开头，如土府张坚周先生、土府李定解厄先生、土府国泰侣先生、土府墓主△公（妻）正魂、墓内守墓夫人、墓内左青龙大神。另外，还有一些居住的神庙是蓝靛瑶传说自己祖先迁徙的地方。如师边内神政谢东主家先△公△婆△家三代祖逦先灵居住的神庙为扬州大殿、广府大堂，具有典型的蓝靛瑶社会文化的特征。

第五，神祇具有道教元素和佛教元素的特点。单从蓝靛瑶神祇的名称上来看就有很多道教的元素在内，名称与道教尊奉的尊神三清、四御和六御、诸天帝、日月星辰、四方之神、三官大帝有相近之处。[1] 如度戒仪式道边中的三清：清微天玉清圣境元始天尊、禹余天上清真境灵宝天尊、太赤天太清仙境道德天尊，这与道教尊奉的三清名称完全一样。[2]

---

[1] 曾召南、石衍丰：《道教基础知识》，四川大学出版社 1988 年版，第 237—250 页。

[2] 曾召南、石衍丰：《道教基础知识》，四川大学出版社 1988 年版，第 237 页。

而度戒仪式道边中的弥罗天金阙昊天玉皇上帝、太微天南极勾陈天皇上帝、紫微天北极紫微星皇上帝和玉柱天承天后土皇大地祇则与道教中的四御有些差别，道教的四御为：昊天金阙玉皇大帝、中央紫微北极大帝、勾陈上宫天皇上帝、天后土皇地祇。①

　　度戒仪式中道边的东方青灵始老九气天君、南方丹灵真老三气天君、西方皓灵黄老七气天君、北方玄灵元老五气天君和中央黄灵黄老乙气天君，这与道教尊奉诸天帝有所不同，是修改了道教的诸天帝的名称，诸天帝为：东方青灵始天君、南方丹灵真天君、西方皓灵黄老天君、北方五灵玄老元天君和中央元灵元天君。

　　度戒仪式中道边供奉的日月星辰与道教中尊神日月星辰之神也有称谓上的不同，而度戒仪式中道边供奉的青龙、白虎、朱雀和玄武则与道教的四方之神一样。

　　度戒仪式中道边供奉的上元一品赐福天官大帝、中元二品赦罪地官大帝、下元三品解厄水官大帝与道教尊神三官大帝相似，但名称也有不同，三官大帝为：上元一品赐福天官紫微大帝、中元二品赦罪地官清虚大帝、下元三品解厄水官洞阴大帝。度戒仪式中师边供奉的神祇与道教俗神有部分相同，② 也有较多的不同之处。道教俗神有：雷公、门神、灶君、财神、土地、城隍、药王、瘟神、蚕神、文昌和关帝。度戒仪式中与道教俗神相同的神有：雷公、灶君、土地、城隍、瘟神。从度戒仪式中供奉的神祇与道教供奉的神祇名称上来看，则这些神祇有道教的影子，神祇有名称相同的，更多的是名称不同的。由此可见，东亚广义道教与多民族原生信仰兼容，"道边"无序性恰能体现"原始丰饶"。师边则是理性裁剪所致。

　　笔者认为：蓝靛瑶先人在书写蓝靛瑶仪式文本和形成蓝靛瑶的宗教信仰时，受到当时社会中道教的影响，为了把道教的元素吸纳到自己的宗教信仰之中，同时也保持自己蓝靛瑶的特色，就把道教中的神祇名称做了较大的修改，并且二者所供奉的神祇的数量和性质都有较大的不同。

　　在度戒仪式中也有佛教的元素存在。如道边的延生左班神中有南无释迦如来尊天、南无灵感观音菩萨，还有在度戒仪式古籍文本中也会出现圣

---

① 曾召南、石衍丰：《道教基础知识》，四川大学出版社1988年版，第240页。
② 曾召南、石衍丰：《道教基础知识》，四川大学出版社1988年版，第250—257页。

僧、和尚、如来、天蓬元帅和释迦等字眼，这都是佛教元素的存在。

从蓝靛瑶道边和师边的神祇来看，蓝靛瑶的神祇体系既受汉族传统宗教信仰和道教的影响，又保留蓝靛瑶本族群的宗教信仰、神话传说和英雄崇拜影响，蓝靛瑶把道教、佛教、本民族的图腾崇拜、多神崇拜糅合在一起。蓝靛瑶的神祇不但数量多、命名具有较大的随意性，还有明显的多神崇拜的特征。

第三节　蓝靛瑶宗教与道教

通过以上的蓝靛瑶供奉的神祇的特征来看，神祇的名字与道教有联系，在蓝靛瑶的神祇体系中有较多道教的影子。但是这些名字是大部分是"相似"，而不是完全相同，这是最为重要的。本节讨论的问题是蓝靛瑶的宗教与道教的关系，笔者认为：蓝靛瑶的宗教与道教有很大的关系，蓝靛瑶的宗教信仰中有较多的道教的元素，但这不能说明蓝靛瑶的宗教就是道教，这是值得商榷的。

在之前的研究中，有学者认为瑶族的宗教就是道教①，也有学者认为

---

① 认为瑶族的宗教是道教的主要代表人物有江应樑、胡起望、雅克·勒穆瓦纳（Jacques lemcine）、黄贵权、徐祖祥。

江应樑研究的是粤北的瑶族，粤北的瑶族大部分是过山瑶、排瑶，与蓝靛瑶的语言、宗教文化、服饰和饮食都有较大的区别，硕士研究生期间，笔者在粤北的连山、连南和乳源进行过短期的田野调查；博士期间，笔者在中越边境的蓝靛瑶地区进行过一年时间田野工作，笔者发现蓝靛瑶与过山瑶和排瑶的差异较大，笔者让蓝靛瑶的朋友与过山瑶的朋友在电话中用各自的母语沟通，双方都听不懂对方的母语。所以，用粤北的瑶族来代表中国整个瑶族是值得商榷的。江应樑：《广东瑶人之宗教信仰及其经咒》，载《民俗》复刊号第一卷第三期《广东北江瑶人调查报告专号》，转载于杨成志等《瑶族调查报告文集》，民族出版社2007年版，第317—353页。胡起望认为："中国南方少数民族中存在两个源远流长的宗教教派，一个是藏传佛教，另一个就是瑶传道教。应该承认瑶传道教存在的客观事实。它主要以梅山教为代表，在道教信仰中糅合了自己的始祖崇拜与原始信仰。它拥有大量有自己特点的瑶经，还有在人口中占较高比例的师公、道公，但基本上都是业余的。它有自己的仪轨与戒律，也有与道教相似的斋醮活动。在瑶族的日常习俗中也浸透了瑶传道教的信仰与意识规范。"并且胡起望特别强调这里主要指的是说勉话系的瑶族，而非蓝靛瑶族。胡起望：《论瑶传道教》，《云南社会科学》1994年第1期。

法国是研究道教的学术中心之一，其中雅克·勒穆瓦纳于1982年出版了他的代表作《瑶族神像画》。他认为瑶族的宗教就是道教，并提出了"瑶族道教"。中国学者覃光广、冯利合作把本书的第二章《瑶族的宗教：道教》翻译并公开发表。通过Jacques lemcine在文中的描述，他所研究的瑶族是过山瑶支系，与蓝靛瑶的宗教信仰有很大的区别。雅克·勒穆瓦纳：《瑶族的宗教：道教》，覃光广、冯利译，《民族译丛》1987年第2期。（转下页）

瑶族的宗教不是道教。① 在此，笔者认为首先要明确的一点是瑶族具有较多的支系，每一个支系都有自己族群典型的、不同的文化特征，不能用一个支系代表整个瑶族，同时，也不能用瑶族的文化特征来代表某一个支系。瑶族有较多的支系，这些支系中的宗教信仰有联系，但是较大的差异是主要的，有学者把部分瑶族的宗教信仰作为整个瑶族的信仰，也包括蓝靛瑶，并冠以"瑶族道教"，笔者认为这是不妥的，值得我们商榷。

笔者认为：瑶族有较多的支系，应把一些具有相同或较多相似宗教信仰的支系，放在一起来研究，找出普同的规律，看到少许的差异。但如果一个支系本身就有较独特的文化，与其他支系有较大的差异，就应单独研

（接上页）黄贵权认为蓝靛瑶所信仰的宗教是蓝靛瑶道教，与自然宗教、道教、佛教、儒教结合，并把蓝靛瑶道教分为道派和师派两个派别。但是他没有清晰地说明蓝靛瑶道教与道教的关系，为何称蓝靛瑶的宗教是蓝靛瑶道教？这个问题没有阐释清楚。（黄贵权：《靛村瑶族》，云南民族出版社 2003 年版；黄贵权：《瑶族志：香碗——云南瑶族文化与民族认同》，黄贵权：《本土民族学视野中的靛村瑶族——那洪村蓝靛瑶文化的调查与研究》，云南民族出版社 2005 年版；黄贵权：《瑶族志：香碗——云南瑶族文化与民族认同》，云南大学出版社 2009 年版）

徐祖祥认为：蓝靛瑶的宗教信仰就是道教，就是瑶族道教。他给出了详细的解释和论证。（徐祖祥：《瑶族的宗教与社会：瑶族道教及其与云南瑶族关系研究》，云南人民出版社 2006 年版）

① 认为瑶族宗教信仰不是道教的主要代表人物有：梁钊韬、竹村卓二、赵廷光、张有隽、赵家旺、杨鹤书等。梁钊韬认为，广东乳源瑶族"所受道教影响的部分，只不过是他们信仰中的躯壳而已，骨子里他们主要的特质，却是精灵崇拜、有灵崇拜和妖物崇拜，而并非是道教"。（梁钊韬：《粤北乳源瑶民的宗教信仰》，载《民俗》第二卷第一、二期合刊）竹村卓二在《东南亚山地民族志》和《瑶族的历史和文化》中对泰国的过山瑶的研究成果表明：过山瑶的仪式对于过山瑶来说是最为重要的宗教文化实践，但是没有把这些宗教信仰与道教进行比较研究。这也表明了竹村卓二认为过山瑶的宗教信仰与道教的关系非常微弱。（白鸟芳郎编著：《东南亚山地民族志》，黄来钧译，云南省历史研究所东南亚研究室，1980 年）竹村卓二、朱桂昌、金少萍译有《瑶族的历史和文化》，广西民族学院民族研究所，1986 年。赵廷光认为瑶族（文中主要指蓝靛瑶）与道教有非常密切的关系，蓝靛瑶的宗教受到道教深刻的影响。但他并没有把蓝靛瑶的宗教认为是瑶族道教。（赵廷光：《瑶族祖先崇拜与瑶族文化》，中央民族大学出版社 2002 年版）赵家旺从瑶族宗教中三清和道教的三清入手，认为各有自己的内涵和较大的差异，瑶族宗教与道教不是一回事，瑶族宗教受到道教的影响而形成和发展。（赵家旺：《瑶族度戒与道教斋戒》，载于《广东民族学院学报》1990 年第 3 期；赵家旺：《瑶族宗教与道教"三清"崇拜》，载于《广东民族学院学报》1990 年第 1 期）杨鹤书、李安民、陈淑濂认为，排瑶的宗教信仰一方面保留了本族群的信仰内容，另一方面又具有道教的内容，二者结合为一体，因此形成具有自身风格的宗教信仰，这种宗教信仰类似于道教，但有别于道教信仰。（杨鹤书、李安民、陈淑濂：《八排文化：八排瑶的文化人类学考察》，中山大学出版社 1990 年版）

究这一支系社会文化。① 例如蓝靛瑶具有典型的社会文化，在当下中国境内，与蓝靛瑶一样保持完整的传统文化的瑶族支系已经很少见了，并且蓝靛瑶的社会文化与其他支系有较大的差异。在之前的认为瑶族宗教是"瑶族道教"学者中，也有研究蓝靛瑶的学者，认为蓝靛瑶的宗教是"瑶族道教"，在此，笔者从宗教的信仰和仪式出发，从狭义上来看蓝靛瑶的宗教与道教的关系，同时与研究认为蓝靛瑶宗教就是道教的学者进行商榷。

第一，蓝靛瑶的宗教信仰与道教的信仰不同。

蓝靛瑶的宗教信仰，我们从以上的章节可以清晰地看出最为主要的内容有：神祇、家先和鬼。这与道教的宗教信仰有不同的地方，就是对于家先的崇拜和供奉，道教则没有这一点，道教信仰中只有神和鬼。

黄贵权认为：瑶族的"生死轮回"② 是与道教具有共性的方面，这是值得商榷的问题。在笔者所田野工作的田平村，蓝靛瑶认为人去世后，进入地狱进行服罪，把罪孽洗净后，后人给其炼度烧灵，才升入地府成为家先，同时也是后代供奉的神祇。这充分表明，蓝靛瑶没有生死轮回的观念。道教信仰"形解销化"，也就是"信仰人可长生不死，经过修炼成为神仙"。③

蓝靛瑶的神祇体系与道教的神祇体系不一样。道教尊奉的神祇体系包括尊神、神仙和俗神。但是蓝靛瑶的神祇体系更为复杂，分为师边和道边，师边所供奉的神祇体系：内神和外神，道边所供奉的神祇体系较为复杂，规律不强。将蓝靛瑶师边和道边加起来的神祇与道教的神祇来比较，

---

① 徐祖祥认为：学界对于云南瑶族宗教研究不足，"因此我们把云南瑶族作为一个研究体，期望能通过这项研究多少弥补这一不足"。（徐祖祥：《瑶族的宗教与社会：瑶族道教及其与云南瑶族关系研究》，云南人民出版社2006年版，第12页）笔者认为这是方法论上的不妥，瑶族有很多支系，每一支系在语言、服饰、信仰、社会组织、仪式上都有根本上的差异，语言不同，仪式不同，信仰不一样，社会组织原则更不同，把不同的支系糅合在一起，就等于混淆了各个支系最为重要的特色。如同，分别把不同的几种颜色放在一起调和，调和出来的颜色就与原来的颜色有本质上的差异。笔者硕士阶段在粤北过山瑶地区做过短期的田野调查，在博士阶段在滇东南蓝靛瑶地区做过较长时间的田野工作，发现这两个瑶族支系方方面面都完全不同，有本质的差异，语言不同，服饰不同、信仰不一，社会组织、仪式都不同，如果把过山瑶和蓝靛瑶二者糅合在一起，出来的结果肯定会有偏差。瑶族的支系千差万别，一定要把每一个支系先研究得非常清楚后，才能把支系中的不同和相同一一道来，否则，结果是可想而知的。

② 黄贵权：《瑶族志：香碗——云南瑶族文化与民族认同》，云南大学出版社2009年版，第75页。

③ 曾召南、石衍丰：《道教基础知识》，四川大学出版社1988年版，第25页。

具有较大的差异。道边尊奉最高神祇为：三清。三清在道教中有着丰富的传说故事,[①] 而蓝靛瑶尊奉的最高神祇不但有三清,还有三元,但是蓝靛瑶所供奉的三清和三元与道教的三清在来源和目的上有质的差异。蓝靛瑶的宗教古籍用书和神话传说故事中都没有三清和三元的身影,笔者推测这只是蓝靛瑶先人从道教中借用而来的。另外,蓝靛瑶的神祇体系中不但有道教的元素和影子,还有佛教和本族群的宗教元素在里面。这就明显说明蓝靛瑶的神祇体系与道教的神祇体系有着明显的差异。

蓝靛瑶神祇与道教的神祇居住地点有所不同。道教的神祇居住在"十大洞天、三十六小洞天、七十二福地"[②],而蓝靛瑶的神祇居住在神庙之中,如土地神居住在通州华盖大庙。

第二,蓝靛瑶的仪式与道教的科仪不同。

道教经典与蓝靛瑶的宗教用书不同。道教的经典繁复杂乱,被称为"三洞真经""七部经书""三十六部经",陈樱宁把道教经典分为:道家类、道通类、道功类、道术类、道济类、道余类、道史类、道集类、道教类、道经类、道诚类、道法类、道仪类、道总类。

在得到报道人同意之下,笔者把他们所有的蓝靛瑶宗教用书都拍照下来,花费了大量的时间和精力来细细研读,笔者认为蓝靛瑶宗教活动用书与道教的典籍有质的差异。如有说蓝靛瑶宗教用书与道教典籍有相似之处,那就是蓝靛瑶的"经书"与道教典籍在名字上相同或相似,但是最为重要的是,蓝靛瑶中所谓的这些"经书"在度戒仪式过程中除了作为一些象征外,不需要来诵读,也没有额外的作用,并且这些"经书"只会在度戒仪式中用到,其他的仪式则不需要用。而蓝靛瑶另外两种宗教用书就与道教的完全不同,在度戒仪式或蓝靛瑶其他的仪式中,科书和秘书是必不可少的宗教用书,并在蓝靛瑶的度戒仪式中起着最为重要的作用。蓝靛瑶宗教文本中既有中国传统文化的元素,也有蓝靛瑶群本身的文化元素,也有道教、佛教等元素。

另外,蓝靛瑶很多重要的宗教知识在文本中都找不到其踪影,要靠师父口头相传,这些口头相传都是重要的仪式程序知识,并且这些口头相传

---

① 参见汪桂平《道教知识读本》,宗教文化出版社 2000 年版,第 94 页。
② 曾召南、石衍丰:《道教基础知识》,四川大学出版社 1988 年版,第 265 页。

的知识都需弟子交一定数额的学费给师父。

道教举行科仪时的坛式与蓝靛瑶度戒仪式的"坛"不同。道教的坛式主要有：灵宝坛、玄枢坛、皇坛、星坛、虚皇坛、灵宝黄箓斋坛、灵宝炼度坛。[①] 在以上的章节可以看到蓝靛瑶度戒仪式时的"坛院"的详细情况，不但形式上不同，而且供奉的神祇也不同。

道教斋醮法坛的供器与蓝靛瑶度戒仪式的供器不同。道教有香、花、灯、水、果五种供奉[②]，而蓝靛瑶度戒仪式中，有香、灯、水，而没有花和果。另外，二者的法器也不同。道教有十八种法器，与蓝靛瑶的法器有个别相似的是：法印、铛、铙钹。但是法印上的内容是不同的。其余的法器则不同。

道教斋醮的科仪程式与蓝靛瑶度戒仪式步骤是不同的。道教的科仪程式主要有：上供、祝香、升坛、宣卫灵咒、鸣法鼓、发炉、存想、降神、迎驾、上章表、奏乐、步虚、散花、赞颂、宣词、复炉、唱礼、祝神、送神、散坛等。[③] 通过本书以上具体章节可知蓝靛瑶的度戒仪式不同，蓝靛瑶度戒仪式不但分为道边和师边同时进行不同的仪式过程，而且，整个度戒仪式过程与道教的科仪程式是不同的。但是不可否认的是二者也有一些程式的名称有些相似，如道教的鸣法鼓与蓝靛瑶的鸣法鼓二十四通、道教的上章表与蓝靛瑶的章和表，还有步虚和散花。

道教从业人士与蓝靛瑶的师人也有不同。道教有世代相袭的祭司职位，它必须有专业的训练、秘密的传授和仪式性的授职。蓝靛瑶的师人都是业余人员，最多只能算作半专业人员，蓝靛瑶的师人全部是成年男子，作为家庭中最重要的劳动力，他们日常中还需参加生产劳动，并且任务繁重，只是在晚上抽出很短的时间来抄写宗教用书，在一些仪式中学习诵读科书和仪式程序。他们都是自发地学习这些宗教知识，没有任何世袭。当然了，在蓝靛瑶小型的社区中父亲可以教授儿子很多宗教知识，但是也有很多情况弟子可以跟随自己的师父来学习宗教知识。道教的道士们有自己固定的、具体的场所——宫观，而蓝靛瑶的师人则没有。另外，蓝靛瑶的

---

　① 具体的坛式可参见张泽洪关于道教斋醮法坛格式的具体论述。张泽洪：《道教斋醮科仪研究》，巴蜀书社出版社 1999 年版，第 84—90 页。

　② 参见张泽洪《道教斋醮科仪研究》，巴蜀书社出版社 1999 年版，第 90—94 页。

　③ 参见张泽洪《道教斋醮科仪研究》，巴蜀书社出版社 1999 年版，第 110—115 页。

师人也没有像道教专门的教会团体。

道教的"道士们发展出了一套他们小心守护的正统观念和正统行为，正是为了保持其宗教的'纯洁'"①。而在蓝靛瑶的度戒仪式中，我们会发现道公和师公在仪式过程中不但在观众面前扮演夫妻行房事，还有同坛师父扮演为阳公不断做出性交的动作，师父男扮女装引得观众哈哈大笑；另外，在蓝靛瑶的宗教文本中经常会出现"师父元世②配入伏羲姐妹水门、乾公和地母交泰"等字眼。这在道教的经书中是绝对不允许出现的。

从以上分析可以看出蓝靛瑶的宗教与道教有形式、内容和本质上的不同。但是，较多学者把瑶族的宗教信仰说成是瑶族道教，那么蓝靛瑶的仪式传承人知道道教吗？在田野工作中，笔者专门就此问题问一些文化传承人，笔者问："大伯，您知道道教吗？或者听说过道教吗？"大部文化传承人都会摇摇头，甚至有些人还会说："搞不清楚什么是道教。"并且反问我："什么是道教？"也有些人无奈地说："从小到大都没有听说过道教，我只知道蓝靛瑶书籍中的'道'。"笔者个人认为此"道"而非彼"道"。当问蓝靛瑶的一般民众时，得到的结果大部分是：摇摇头，表示不知道。更不用提瑶族道教，他们更是一头雾水。但是，蓝靛瑶的各种仪式从古到今，代代相传，都没有被忘记，为何蓝靛瑶的同胞们却会把"道教"的事情忘记的一干二净？

蓝靛瑶的宗教信仰中有道教的元素，并且道教的元素占有很大的部分，如果简单地认为蓝靛瑶的宗教信仰就是道教，这是关注于表面而忽略了实质性的内容，蓝靛瑶的宗教信仰最为核心的内容是"恭请众神祇从上界来人间来证盟这场仪式，证盟师父们和家人、受戒弟子等都尽心尽力来举行仪式，希望自己的愿望能够实现"。核心是"证盟"，这与道教"济生度死"则不同。③ 道教作为一种宗教，不仅有一套系统的教义理论，而且还有其特殊的宗教活动仪式、教派组织、科仪制度和宫观建筑。④ 蓝靛

---

① ［法］索安：《西方道教研究编年史》，吕朋志、陈平等译，中华书局2002年版，第90页。
② 根据蓝靛瑶宗教用书上下文的理解，"元世"可以理解为男性神祇的性器官。在田野工作中，笔者发现大部分蓝靛瑶师人都不理解其意，但也有个别的蓝靛瑶师人理解其意。
③ 张泽洪：《道教斋醮科仪研究》，巴蜀书社出版社1999年版，第235页。
④ 汪桂平：《道教知识读本》，宗教文化出版社2000年版，第8页。

瑶宗教则与道教有着本质的区别。不可否认的是：蓝靛瑶宗教借用了道教较多的术语、内容和形式，但是蓝靛瑶的宗教糅合了本民族的宗教信仰、道教、佛教和中国传统的文化等元素，形成了具有蓝靛瑶群特征的多神宗教信仰。从狭义上来看，把蓝靛瑶宗教等同于道教，并冠以"瑶族道教"的做法是不妥的。

第九章　结论

　　本书是关于蓝靛瑶度戒仪式的研究。在中国现代生活中已经很少看到这些传统的仪式，更难去理解为什么蓝靛瑶痴迷于度戒仪式，用现代人的思维方式很容易走进困惑的沙漠之中。运用人类学全貌观（holism）的方法，介绍田平蓝靛瑶历史、人口、地理环境、战争和日常生活等社会文化现实，把度戒仪式放到田平蓝靛瑶整个社会文化背景中，才能真正理解度戒仪式，否则就无法全面来理解度戒仪式和蓝靛瑶社会，甚至可能会歪曲地理解蓝靛瑶社会文化。

　　通过了解田平蓝靛瑶的村落历史、地理环境和人口情况，我们可以发现田平蓝靛瑶迁徙的历史，在其手抄本中可发现，度戒仪式一直伴随着蓝靛瑶，虽然不能确定蓝靛瑶何时何地开始举行度戒仪式，但是，从中可以看到蓝靛瑶很早就举行度戒仪式。

　　从蓝靛瑶的迁徙历史来看度戒仪式。田平的蓝靛瑶从两广地区，迁徙到安南，最后定居在田平。可以想象出迁徙路途的遥远和艰辛，但是度戒仪式却一直保留流传至今，并在田平社会中起着非常重要的作用。回头看看田平蓝靛瑶迁徙两广地区，现在广西还有蓝靛瑶，但是公开出版的文献，研究广西蓝靛瑶度戒仪式的人很少；而田平蓝靛瑶仍严格执行先人传承下来的度戒仪式。同时也发现不同地区的蓝靛瑶举行的度戒仪式也有差异，可见在蓝靛瑶迁徙的历史中，度戒仪式也会随着历史而发生变迁。

　　蓝靛瑶"入山唯恐不深，入林唯恐不密"。田平的蓝靛瑶定居在老山，老山主峰1422米，田平现在平均海拔700米，地处中越边境，由于交通极其不便等原因，田平的蓝靛瑶社会被相对地"隔离"起来，从而使蓝靛瑶社会文化受到外界的影响较小。蓝靛瑶通过代代相传，加上度戒仪式手抄本书籍的流传，度戒仪式被完整地保存下来。这些度戒仪式的手抄本不但记载了蓝靛瑶艰辛的迁徙历史，而且把蓝靛瑶的群体智慧广传天下，世代流传。

在蓝靛瑶整个历史和地理环境大背景下分析度戒仪式能更容易认识到度戒仪式对于蓝靛瑶社会的意义，更能理解蓝靛瑶为何对度戒仪式如此的痴迷，更容易看出度戒仪式在蓝靛瑶生命长河中重要位置，更能体会蓝靛瑶花费巨资来举行度戒仪式的心情。

田平蓝靛瑶认为，蓝靛瑶每一个男子都必须要通过度戒仪式，他们也称度戒仪式为："受戒"或"过法"。在田平，女子是不举行度戒仪式的。田平蓝靛瑶认为一个男子如果没有经过度戒仪式，那他就不是蓝靛瑶的一员。更具体来说，蓝靛瑶男子没有举行度戒仪式，就没有法名，在他的日常生活中，其家先在阴间不能保佑他，而在他去世后，他没有得到祖先的通行证——"法名"及"阴阳牒"，就找不到祖先的群体，漂泊在祖先群体之外，成为祸害人们的孤魂野鬼；在阴间，因其没有法名，他既不能保佑自己后代，后代也无法供奉他。没有度戒仪式的蓝靛瑶男子，在田平蓝靛瑶社会中没有地位，在成年后，不能参加任何宗教活动，更没有资格成为其他男子度戒仪式时的师父，这些都会被人们看不起，甚至找女朋友都会困难。所以，村中几乎所有的男子都会做度戒仪式，但是也有例外情况。通过在田平一年的田野工作，笔者也由开始的"他者"，渐渐进入蓝靛瑶的社会生活，在长时间的田野工作中逐渐领略到蓝靛瑶的社会文化，最终理解蓝靛瑶精神世界，与蓝靛瑶同胞成为亲密的朋友。在笔者看来，度戒仪式是与田平蓝靛瑶社会最息息相关的仪式，有着更为深层的意义。那么度戒仪式对于蓝靛瑶社会来说真正意味着什么？

度戒仪式是蓝靛瑶人的成年礼。通过对度戒仪式的分析，我们可以很容易看出度戒仪式对于蓝靛瑶男子来说是社会位置明显和重要的变化。在蓝靛瑶社会，经过度戒仪式后，蓝靛瑶男童就是一个合格的蓝靛瑶，如没有参加度戒仪式，则被认为不是完整的，甚至是不合格的蓝靛瑶人。度戒仪式同时强调这种社会地位的明显转变，男子从无社会地位的状态向有社会地位的状态过渡，具有社会青春期典型的特征。

度戒仪式是蓝靛瑶宗教的入会仪式。在度戒仪式中，男子作为"新入会者"（initiata）和"新入教者"（neophyte）处于典型的阈限阶段，男子既非男孩又非成年男子的人，处于"模棱两可"的状态。师父与受戒弟子之间是绝对的权威和绝对服从，而家人也需要配合师父进行仪式，此时师父是神圣与世俗的沟通者，具有至上的权力。入会仪式是一个准许成年人比儿童得到更多的自由和特权的机制。① 正是度戒仪式让男子成了蓝靛瑶男人，可以从事蓝靛瑶社会中社会事务和宗教事务，而之前他们却没有这样的权力。

度戒仪式是蓝靛瑶男子从事宗教活动的基础。田平蓝靛瑶只有经过了度戒仪式，才有资格向师父学习各种宗教仪式和宗教知识，才能在师父带领下从事宗教仪式活动。蓝靛瑶男子通过度戒仪式后，跟随师父学习蓝靛瑶最基础的宗教知识，抄写蓝靛瑶宗教文本，跟随师父参与宗教仪式，由简单的仪式开始，到最为复杂的度戒仪式。没有通过度戒仪式的蓝靛瑶男子，不能从事任何的宗教仪式，不能学习和举行最为简单的日常供神仪式。度戒仪式是蓝靛瑶从事宗教活动的最基本的关卡。

度戒仪式是蓝靛瑶群认同的标识。田平蓝靛瑶社会中没有经过度戒仪式的男子是一个"残缺的"蓝靛瑶人，必须经过度戒仪式，通过五台山，拥有法名，才算是一个"完整的"蓝靛瑶人。田平村对于上门的汉人女婿，无论年纪有多大，都需给他们举行度戒仪式，否则的话，汉人女婿是游离在蓝靛瑶社会之外"无法归类"的"他者"，没有举行度戒仪式，没有学习和从事蓝靛瑶各种宗教活动的权利，得不到先人和神祇的庇佑，蓝靛瑶不认为他们是"金门"。

笔者在田平的一个故事更能生动地说明度戒仪式是蓝靛瑶群认同的媒介。有一次需要去城里办一件事情，笔者专门去报道人的家，让他帮我举行一个日常供神仪式，庇佑一路平安。笔者找到报道人，给他说明意图，他特别严肃地说：

> 小刘，你没有举行度戒仪式，没有法名，不是我们蓝靛瑶人呀！并且，你爷爷、爸爸和先人都没有举行度戒仪式，说实话，即使为你举行一场日常的供神仪式，一是通知不到你的先人，二是神祇和先人们也不知道是为谁举行的仪式，不知道要庇佑哪一位。如你要想在日

---

① David Levinson, Melvin Ember, *Encyclopedia of Cultural Anthropology* (Volume 2), New York: Henry Holt and Company Press, 1996, p. 653.

常中举行供神仪式，你得先买些猪，找些师父帮你过法，这样的话，你有了法名，有了师父，在日常的供神仪式中，神祇就会知道为谁庇佑。

一旁的人怂恿地说："我们帮你举行度戒仪式，你买几头大猪就行了。"说罢，大家捧腹大笑。

度戒仪式是蓝靛瑶社会最基础的、最核心的宗教仪式之一。度戒仪式是田平蓝靛瑶最复杂的仪式之一，内容繁杂，耗时最长，花费的费用最多，包括了大量仪式。度戒仪式包含的不同宗教仪式，也构成了蓝靛瑶日常的仪式。田平的蓝靛瑶把度戒仪式中的不同的宗教仪式进行组合，形成了针对不同的情况所需的仪式。如日常中的供神仪式、治疗病患、节日仪式等，都是从度戒仪式所包括的仪式组合而成的仪式。田平蓝靛瑶认为学会了度戒仪式，就学会了日常生活中所有的仪式，就连蓝靛瑶认为最难掌握的"打卦"仪式的基础也是度戒仪式，没有举行度戒仪式，是没有资格和能力学习打卦仪式的。

从度戒仪式来看，蓝靛瑶的宗教是道教、佛教和蓝靛瑶本民族传统信仰的多神宗教信仰，对其冠以"瑶族道教"不妥。度戒仪式中神祇分为道边和师边的神祇，师边较为简单清晰，道边神祇数目较多并不成体系，在日常的仪式和生活中以师边的神祇体系为主，道边的神祇很少被运用。盘古、家先等神祇更具有蓝靛瑶文化的特点。神祇体系具有道教元素和佛教元素。我们进一步分析可看出：蓝靛瑶的宗教信仰与道教的信仰不同，蓝靛瑶的仪式与道教的科仪不同，道教从业人士与蓝靛瑶的师人也有不同，蓝靛瑶的宗教与道教有形式、内容和本质上的不同。

度戒仪式是蓝靛瑶社会文化的规范产物，创造和维系着蓝靛瑶社会文化。师父来执行和传承度戒仪式，仪式所需的手抄本也是度戒仪式得以完整地执行和传承的主要媒介。蓝靛瑶社会通过师父代代习得度戒仪式，让弟子成为一位合格的师父，度戒仪式是首要的条件；另外，科书、秘书这些文本把度戒仪式的内容基本上完整地保存起来，在师父的教导下，弟子自己不断地努力学习这些文本，其中一些内容要烂记于心头，在学习和抄写这些文本的过程中，还需付出一些"学费"，在传承度戒仪式的过程之中，蓝靛瑶也有自己严格的传承规矩。如自己偷偷抄写和使用，仪式不但没有效力，而且还会有严重的后果。成为一位合格的师人，还需在师父的带领下，不断参与和学习度戒仪式以及其他仪式。

度戒仪式是学习传承蓝靛瑶文化的殿堂。在度戒仪式过程中，不但受戒弟子可以学习到蓝靛瑶社会文化的精髓，而且作为从士的弟子也可以学习到度戒仪式的全部内容。度戒仪式中，师父带领弟子系统学习、训练仪式过程的方方面面，在实际的操作过程中，师父在一旁观看指点，弟子进行实际操控，一旦有问题，师父可以立刻对其指点，这样的话，弟子就很容易掌握度戒仪式。另外，弟子还能在度戒仪式中学习制作各种祭坛和祭品，如坛院、楼和各种令旗等。在日常生活中，蓝靛瑶忙于生产生活，没有太多机会和空闲来学习度戒仪式的科书和秘书，而度戒仪式恰恰提供了机会和时间，在恰当的地点和时间内学习度戒仪式，不但有师父的实践操作，还有日常很难听懂的诵读经书的语言和对唱山歌的语言。另外，还可以学习到成为一个合格的师父所具备的其他条件和素质，为以后成为师父打下坚实的基础。

度戒仪式是神圣与世俗的综合体。度戒仪式开始时，世俗的世界转换成神圣的世界，而在仪式结束时，神圣的世界又转换成世俗的世界。利奇认为在过渡仪式中："在仪式开始时，把正常时间转换成非正常时间，而在仪式结束时，又把非正常时间转换成正常时间。"[①] 在这世俗的世界与神圣的世界转变中，在正常时间与非正常时间转换中，度戒仪式改变蓝靛瑶男子的社会地位，让男子的社会地位发生了质的改变，把少年转变为男人，成为一个合格的蓝靛瑶人。而在这神圣与世俗的转换中，虔诚地诵念科书，默念秘语，祭献供品，师父们成为之间的桥梁，神衹的世界与人间的世界融合在一起。

度戒仪式把社会规则宗教化，进而使蓝靛瑶社会的有序生活成为可能。埃文斯－普理查德认为，"社会生活存在一种模式，因为人们是理性的生物，必须生活在社会关系既有序又清晰的世界中"[②]。蓝靛瑶用复杂的度戒仪式来让新员深刻地记忆仪式的重要、戒律的重要、师父们的教诲以

---

① ［英］埃德蒙·利奇：《文化与交流》，郭凡、邹和译，上海人民出版社2000年版，第85页。
② ［英］罗伯特·莱顿：《人类学理论导论：他者的眼光》，罗攀、苏敏译，华夏出版社2008年版，第104页。

及社会规则。度戒仪式让新员感受到社会运行的行为准则，同时也给其他的蓝靛瑶留下了深刻的印象。度戒仪式把社会文化神圣化。如违反这些规则和戒律就如同违反了神灵的旨意，就会受到神祇的惩罚。神圣的规则和戒律成了控制蓝靛瑶社会的力量，提供了行为准则和道德准则，使社会成为有序的、清晰的和团结的蓝靛瑶世界。度戒仪式作为制度活动在蓝靛瑶群认同的制度下成功完成，一代一代相传下去，把不同的个体用同样的标准纳入有序的蓝靛瑶世界中去，进而蓝靛瑶社会文化变得有意义和有目的。度戒仪式的宗教信仰作用远远超过成年礼的作用，但大家只看到了度戒仪式现在面貌，而忘却了度戒仪式原初的面貌。

度戒仪式是一场精彩的社会舞台剧，受戒弟子和师父是这场舞台剧的主要演员，展现蓝靛瑶宗教、社会和文化是舞台剧的主要目的。通过受戒弟子和师父们的表演，舞台剧在"弟子登五台山"到达了高潮。度戒仪式展现了蓝靛瑶社会最基本的神祇体系，表达着蓝靛瑶的宇宙观和价值观。度戒仪式表达了蓝靛瑶的象征体系，通过象征符号，展演蓝靛瑶社会文化，把世俗的力量转换为神圣的力量，让人们在权威的力量下进行社会生活，让社会规则成为惯习，成为蓝靛瑶社会生活的一部分，可以说度戒仪式戏剧化了蓝靛瑶社会文化。

通过度戒仪式，把蓝靛瑶社会、宗教和仪式三方面打造成了三位一体的立体图示，这三个方面紧紧联系在一起，缺一不可，形成了独特的蓝靛瑶社会文化。度戒仪式把蓝靛瑶少年转换成"社会人"，并拥有了从事蓝靛瑶宗教最基本资格，在不断地学习宗教知识后，在继承和发扬蓝靛瑶文化的同时，规范的蓝靛瑶文化使蓝靛瑶社会成为有序的社会。在有序的蓝靛瑶社会中，宗教占据了个人的整个日常生活，而度戒仪式在个人的生活中只是短暂的过客，从而造成了现今人们认识度戒仪式的错觉，淡化了度戒仪式的成年礼的重要性，而加重了度戒仪式的宗教性和社会性。

在中国乃至世界大背景下，蓝靛瑶社会文化也受到了影响。如道路的修建，新农村的规划，砖房的修建，土房的舍弃，为了保持传统生活，一些田平蓝靛瑶在厨房旁边搭建一个小型的房子，并修建一个火塘，在火塘上熏烤辣椒、草果、腊肉等食物，把火塘文化保留下来。

现代技术对于蓝靛瑶社会文化也产生了影响。摩托车的大量购买，改变了蓝靛瑶的出行方式，使村民能够较为便利出入乡村，方便购买生活、生产物资，也方便外出进行娱乐活动。电视、手机和网络，对传播流行文化起到很大作用，但也致使田平人对于传统的蓝靛瑶山歌、仪式和仪式文本的兴趣减弱。在没有这些流行文化传播的媒介之前，田平蓝靛瑶业余活动就是对山歌，举行仪式，抄传仪式文本。

生活的压力，使蓝靛瑶更多关注于经济的需求。人们开始外出打工，种植多种经济作物：草果、香蕉和杉树。在山上种植杉树的时候，田平蓝靛瑶出现地界的争执问题，出现偷盗现象，如偷草果、香蕉和杉树，甚至偷盗别人家中的财物。此外，还有大额的经济纠纷出现，此时的度戒仪式中的戒律出现了失效的现象，而蓝靛瑶社会出现了失范的情况。

在这些背景下，田平蓝靛瑶的度戒仪式也有些变迁。如仪式时间缩短、仪式程序缩短，一些科书内容省略不念，而以"神灵自知"为由，对唱山歌省略，大型仪式消失，如田平已经不再举行金楼斋仪式。会唱流行歌曲的人越来越多，会对唱山歌的蓝靛瑶人越来越少。

对于蓝靛瑶文本的修改，通常是对其中一些错别字的修改，把不同手抄本中一些常用的内容集中在一起装订成册。现代复印技术对于蓝靛瑶仪式手抄本的传承也有一定影响。有些人拿了蓝靛瑶仪式手抄本直接去县城的复印店复印，省去了很多抄写的时间，但是也减少了加深理解记忆仪式文本的机会。

现代娱乐方式的增加，使田平蓝靛瑶在火塘习传蓝靛瑶文化的机会减少，大家喜欢看电视剧等电视节目，喜欢听摩托车上和手机上的音乐，喜欢在手机上通过 QQ 或微信交友聊天，智能手机也成了大家沟通的主要工具。这些都占据着蓝靛瑶年轻人休闲时间，在蓝靛瑶传统的社会中，这些时间是用来学习度戒仪式或抄写度戒仪式的文本，而现在都成了娱乐时间，学习度戒仪式的时间在减少。

田平蓝靛瑶在学校学习到了现代文化知识，对于学习掌握度戒仪式有一定的帮助作用，但是现在年轻人喜欢外出打工，不愿意去学习度戒仪式。笔者的一位报道人，每每在笔者问他度戒仪式的问题时，他都会念叨："我有四个儿子，一个儿子都不愿意跟我学习度戒仪式，他们像你一样就好了！"这样的情况下去，能完全掌握度戒仪式的蓝靛瑶越来越少。

学习度戒仪式，首先需要有兴趣，现在年轻人喜欢流行文化，在社会压力下，对于度戒仪式没有太大的兴趣。其次，掌握度戒仪式需要时间的保障，弟子是需要在师父的带领下，通过长时间地学习提高，才能掌握度戒仪式中的各种技艺，没有时间的保证则无法完全掌握度戒仪式中的山歌、语言、内容、形式，还有击打法器的技艺。特别是山歌，现在的田平人特别缺少对唱山歌的人才，村中还有一些老人能够对唱山歌，年龄在五十岁上下，而四十岁以下会对唱山歌的人则很少。这些给度戒仪式的传承造成了很大的影响。

相比于蓝靛瑶传统的社会，度戒仪式对于现代社会的影响在减弱。现实中人们更追求经济利益，大家相互争执地界，与个别偷盗现象，还有大额经济纠纷现象。度戒仪式中的戒律对于社会控制在减弱，但是田平蓝靛瑶仍不断强调度戒仪式中的戒律的重要性。

田平蓝靛瑶对于师人和师父的态度非常尊敬，但度戒仪式中师父们的地位也有所下降。蓝靛瑶对于个人的社会地位不再以单一的标准（师人的仪式能力是否高超）作为评判的标准。现在加入了经济能力这一标准，蓝靛瑶经常会说："现代人都去抓经济了，不学度戒仪式了。没有经济（现金），只有仪式能力，没有人看得起；谈对象时，小姑娘也看你有没有经济能力。"

在田平蓝靛瑶传统社会，师人在日常的作用是举行仪式为人消灾祈福，治病延生，但随着现代生活水平和医疗条件的提高，师人举行日常仪式的机会减少，大家对于师人的依赖减少很多。在田平蓝靛瑶社会，因地处偏僻的山上，交通不便，生活条件和医疗条件较差，人们通过师人举行仪式来沟通神圣的世界与现实世界，达到预期的目的。现代生活条件的提高，使田平蓝靛瑶的生活水平和身体状况都有较大的改善，师人的作用较传统社会要小一些。

参考文献

一 方志、田野资料

邓昌麒：民国《新编麻栗坡特对汛区地志初稿》，麻栗坡县档案局复印件，
　　1942 年。

麻栗坡县地方志编纂委员会办公室编：《麻栗坡年鉴（2011 年）》，云南民
　　族出版社 2011 年版。

麻栗坡县民族事务委员会：《麻栗坡县民族志》，云南民族出版社 2001
　　年版。

麻栗坡县委工作队：《麻栗坡猛硐乡铜塔村委会田平村温饱示范村项目规
　　划及实施方案》，内部资料 2008 年。

文山州地方志办公室编：《文山州年鉴（2011 年）》，德宏民族出版社 2011
　　年版。

张自明、王富臣：《马关县志》卷二（"中华民国"二十一年影印本），成
　　文出版社 1967 年版。

中共麻栗坡县委党史征集研究室：《麻栗坡文史资料（一辑）》，内部发行
　　1998 年版。

中共麻栗坡县委党史征集研究室：《中共麻栗坡县历史资料（一辑）》，内
　　部发行 1998 年。

中国人民政治协商会议云南省麻栗坡县委员会文史资料研究委员会编：
　　《麻栗坡文史资料（二辑）》，内部发行 1988 年。

二 手抄本

安龙告斗秘

安龙科

260

安坛科

步虚科

初真度戒秘

初真科

初真受戒科

初真受戒秘

厨房科

川光科

大道科

大献科

度戒科

飞章科

告斗科

洪恩秘

集量书

建坛科

净坛科

救患科

救患科神目

开山科

南灵科

喃鬼科

盘氏本命书

盘氏家谱

三元受戒秘

师教科

授道书意

授戒书意

宿启科

贴简科

晚朝科

午朝科

修斋歌

延生延时科

阴阳牒

杂川光科

早朝科

招兵科

诸品经

三　中文著作

包亚明：《文化资本与社会炼金术：布尔迪尔访谈录》，上海人民出版社
　　1997 年版。

陈国强主编：《简明文化人类学词典》，浙江人民出版社 1990 年版。

郭大烈、黄贵权、李清毅：《瑶文化研究》，云南人民出版社 1994 年版。

郭志超、林瑶棋主编：《闽南宗族社会》，福建人民出版社 2008 年版。

何翠萍：《比较象征学大师：特纳》，载黄贵权《见证与诠释：当代人类学
　　家》，正中书局 1992 年版。

胡起望：《论瑶传道教》，《云南社会科学》1994 年第 1 期。

黄贵权：《本土民族学视野中的靛村瑶族——那洪村蓝靛瑶文化的调查与
　　研究》，云南民族出版社 2005 年版。

黄贵权：《蓝靛瑶的"花"、"斗"人观——那洪村蓝靛瑶诞生、翁花、要
　　斗和度师礼仪的调查与研究》，《文山师范专科学校学报》2003 年第 3
　　期、第 4 期。

黄贵权：《蓝靛瑶度戒面具漫谈》，《广西民族研究》1998 年第 3 期。

黄贵权：《谁是森林的破坏者———广南县那洪村蓝靛瑶山地农林生态系
　　统研究》，载许建初等编《中国西南生物资源管理的社会文化研究》，云
　　南科技出版社 2001 年版。

黄贵权：《瑶族志：香碗——云南瑶族文化与民族认同》，云南大学出版社
　　2009 年版。

黄贵权：《云南蓝靛瑶婚姻制度的演变》，载张有隽《瑶学研究》第 4 辑，
　　广西民族出版社 1997 年版。

黄贵权、李清毅：《瑶族度戒是瑶族男性成年礼说异议》，《新亚学术集刊》1994 年第 12 期。

黄宽重、刘增贵主编：《家族与社会》，中国大百科全书出版社 2005 年版。

黄淑聘、龚佩华：《文化人类学理论方法研究》，广东高等教育出版社 1996 年版。

江应樑：《广东瑶人之宗教信仰及其经咒》，《民俗》复刊号第一卷第三期《广东北江瑶人调查报告专号》。

金少萍：《富宁团堡蓝靛瑶宗教调查》，云南人民出版社 1989 年版。

李卿：《秦汉魏晋南北朝时期家族、宗族关系研究》，上海人民出版社 2005 年版。

梁钊韬：《粤北乳源瑶民的宗教信仰》，《民俗》第二卷第一、二期合刊。

麻国庆：《家与中国社会结构》，文物出版社 1999 年版。

纳日碧力戈：《从结构主义看蓝靛瑶亲属称谓的特点》，《民族语文》2000 年第 5 期。

纳日碧力戈：《各烟屯蓝靛瑶的信仰仪式、社会记忆和学者反思》，《思想战线》2000 年第 2 期。

盘金贵：《度戒仪式过程及功能——文化人类学视野下的猛硐蓝靛瑶度戒仪式》，《红河学院学报》2009 年第 3 期。

盘金贵：《文化变迁视野下的仪式过程及功能——以云南边境老山地区蓝靛瑶跳挂仪式为例》，《文山高等师范专科学校学报》2009 年第 3 期。

盘金贵：《瑶族度戒宗教文化阐释——以麻栗坡县猛硐瑶族度戒仪式为例》，《文山高等师范专科学校学报》2009 年第 2 期。

汪桂平：《道教知识读本》，宗教文化出版社 2000 年版。

王荔、黄贵权：《论瑶族文化的"汉化"特质与教育特征——以云南省广南县那洪村的蓝靛瑶为例》，《文山师范高等专科学校学报》2001 年第 2 期。

王崧兴：《龟山岛——汉人渔村社会之研究》，"中央研究院民族学研究所专刊"之十三 1967 年。

吴开婉：《云南文山瑶族度戒舞刍议》，《民族艺术研究》1993 年第 1 期。

徐祖祥：《瑶族的宗教与社会：瑶族道教及其与云南瑶族关系研究》，云南人民出版社 2006 年版。

晏红兴：《金平蓝靛瑶的丧葬习俗》，《云南民族学院学报》1990 年第
　　2 期。

杨成志等：《瑶族调查报告文集》，民族出版社 2007 年版。

杨鹤书、李安民、陈淑濂：《八排文化：八排瑶的文化人类学考察》，中山
　　大学出版社 1990 年版。

余光弘：《A. Van Gennep 生命仪礼理论的重新评价》，《"中央研究院"民
　　族学研究所集刊》1985 年第 60 期。

曾召南、石衍丰：《道教基础知识》，四川大学出版社 1988 年版。

张靖琳、杨永福：《蓝靛瑶的"度戒"及其社会意义》，《文山师范高等专
　　科学校学报》2005 年第 4 期。

张泽洪：《道教斋醮科仪研究》，巴蜀书社出版社 1999 年版。

赵家旺：《瑶族宗教与道教"三清"崇拜》，《广东民族学院学报》1990 年
　　第 1 期。

赵廷光：《论瑶族传统文化》，云南民族出版社 1990 年版。

赵廷光：《瑶族祖先崇拜与瑶族文化》，中央民族大学出版社 2002 年版。

郑杭生：《社会学概论新编》，中国人民大学出版社 1989 年版。

庄英章：《林圮埔：一个台湾市镇的社会经济发展史》，上海人民出版社
　　2000 年版。

四　中文译著

［日］白鸟芳郎：《东南亚山地民族志》，黄来钧译，云南省历史研究所东
　　南亚研究室 1980 年版。

［奥地利］西格蒙·弗洛伊德：《摩西与一神教》，李展开译，生活·读
　　书·新知三联书店 1989 年版。

［奥地利］西格蒙·弗洛伊德：《图腾与禁忌》，车文博主编，邵迎生译，
　　郭本禹校，长春出版社 2004 年版。

［奥地利］西格蒙·弗洛伊德：《一种幻想的未来》，严志军、张沫译，上
　　海世纪出版集团 2005 年版。

［法］库朗热：《古代城邦——古希腊罗马祭祀、权利和政制研究》，谭立
　　铸等译，华东师范大学出版社 2006 年版。

［法］克·勒穆瓦纳：《瑶族的宗教：道教》，覃光广、冯利译，《民族译

丛》1987 年第 2 期。

［法］列维－斯特劳斯：《嫉妒的制陶女》，刘汉全译，中国人民大学出版
社 2006 年版。

［法］列维－斯特劳斯：《结构人类学》（1—2），张祖建译，中国人民大
学出版社 2006 年版。

［法］列维－斯特劳斯：《神话学：餐桌礼仪的起源》，周昌忠译，中国人
民大学出版社 2007 年版。

［法］列维－斯特劳斯：《神话学：从蜜蜂到烟灰》，周昌忠译，中国人民
大学出版社 2007 年版。

［法］列维－斯特劳斯：《神话学：裸人》，周昌忠译，中国人民大学出版
社 2007 年版。

［法］列维－斯特劳斯：《神话学：生食和熟食》，周昌忠译，中国人民大
学出版社 2007 年版。

［法］列维－斯特劳斯：《图腾制度》，渠东译，上海人民出版社 2002
年版。

［法］马塞尔·莫斯：《巫术的一般理论》，杨渝东等译，广西师范大学出
版社 2007 年版。

［法］皮埃尔·布尔迪厄：《帕斯卡尔的沉思》，刘晖译，生活·读书·新
知三联书店 2009 年版。

［法］皮埃尔·布尔迪厄：《实践感》，蒋梓骅译，译林出版社、凤凰出版
传媒集团 2009 年版。

［法］皮埃尔·布尔迪厄：《言语意味着什么：语言交换的经济》，褚思
真、刘晖译，商务印书馆 2005 年版。

［法］皮埃尔·布尔迪厄、华康德：《实践与反思：反思社会学导引》，李
猛、李康译，邓正来校，中央编译出版社 2004 年版。

［法］索安：《西方道教研究编年史》，吕朋志、陈平等译，中华书局 2002
年版。

［美］爱德华·泰勒：《原始文化》，连树声译，谢继胜等校，广西师范大
学出版社 2005 年版。

［美］戴维·斯沃茨：《文化与权力：布尔迪尔的社会学》，陶东风译，上
海世纪出版集团 2012 年版。

［美］杰里·D. 穆尔：《人类学家的文化见解》，欧阳敏等译，李岩校，商务出版社 2009 年版。

［美］克利福德·格尔茨：《文化的解释》，纳日碧力戈、郭于华、李彬、罗红光、田青等译，王铭铭校，上海人民出版社 1998 年版。

［美］克利福德·格尔茨：《追寻事实：两个国家、四个十年、一位人类学家》，林经纬译，北京大学出版社 2011 年版。

［美］马歇尔·萨林斯：《历史的隐喻与神话的现实》，刘永华译，赵丙祥校，上海人民出版社 2003 年版。

［美］马歇尔·萨林斯：《历史之岛》，蓝达居、张宏明、黄向春译，刘永华校，上海人民出版社 2003 年版。

［美］许烺光：《宗族、种姓、俱乐部》，薛刚译，尚会鹏校，华夏出版社 1990 年版。

［日］竹村卓二：《瑶族的历史和文化》，朱桂昌、金少萍译，广西民族学院民族研究所 1986 年版。

［英］埃德蒙·利奇：《列维－斯特劳斯》，王庆仁译，生活·读书·新知三联书店 1985 年版。

［英］埃德蒙·利奇：《文化与交流》，郭凡、邹和译，上海人民出版社 2000 年版。

［英］埃里克·J. 夏普：《比较宗教史》，吕大吉、何光沪、徐大建译，上海人民出版社 1988 年版。

［英］艾伦·巴纳德：《人类学历史与理论》，王建民、刘源、许丹译，华夏出版社 2008 年版。

［英］爱德华·埃文斯－普理查德：《阿赞德人的巫术、神谕和魔法》，覃俐俐译，商务印书馆 2006 年版。

［英］爱德华·埃文斯－普理查德：《论社会人类学》，冷凤彩译，梁永佳校，世界图书出版公司、北京公司 2010 年版。

［英］布赖恩·莫里斯：《宗教人类学》，周国黎译，姜建国校，今日中国出版社 1992 年版。

［英］丹·斯皮尔伯：《克劳德·列维－斯特劳斯》，载约翰·斯特罗克主编：《结构主义以来：从列维－斯特劳斯到德里达》，渠东、李康、李猛译，辽宁教育出版社 1998 年版。

［英］弗雷泽：《金枝》，徐育新等译，大众文艺出版社 1998 年版。

［英］拉德克利夫－布朗：《禁忌》，载史宗主编：《20 世纪西方宗教人类学文选》，金泽译，上海三联出版社 1995 年版。

［英］拉德克利夫－布朗：《社会人类学方法》，夏建中译，华夏出版社 2001 年版。

［英］罗伯特·莱顿：《人类学理论导论：他者的眼光》，罗攀、苏敏译，华夏出版社 2008 年版。

［英］马林诺夫斯基：《科学的文化论》，黄剑波译，张海洋校，中央民族大学出版社 1999 年版。

［英］马林诺夫斯基：《文化论》，费孝通译，华夏出版社 2002 年版。

［英］马林诺夫斯基：《巫术、科学、宗教与神话》，李安宅译，中国民间文艺出版社 1986 年版。

［英］玛丽·道格拉斯：《原始心灵的知音：伊凡普理查》，蒋斌译，允晨文化宝业股份有限公司 1982 年版。

［英］麦克斯·缪勒：《比较神话学》，金泽译，上海文艺出版社 1989 年版。

［英］麦克斯·缪勒：《宗教的起源与发展》，金泽译，陈观胜校，上海人民出版社 2010 年版。

［英］莫里斯·弗里德曼：《中国东南的宗教组织》，刘晓春译，王铭铭校，上海人民出版社 2000 年版。

［英］维克多·特纳：《庆典》，方永德等译，潘国庆校，上海文艺出版社 1993 年版。

［英］维克多·特纳：《戏剧、场景及隐喻：人类社会的象征性行为》，刘珩、石毅译，民族出版社 2007 年版。

五　外文论著

Adam Kuper, *Anthropology and Anthropologists*：*The Modern British School*, London：Rouledge and Kegan Paul, 1983.

Arnold van Gennep, *The Rites of Passage*, trans. by Monika B. Vizedom and Gabrielle L. Caffee, Chicago：The University of Chicago Press, 1960.

Bronislaw Malinowski, *Argonauts of the Western Pacific*, London：George Routledge & Sons, 1922.

Bronislaw Malinowski, *The Sexual Life of Savages in North-Western Melanesia*, London: Routledge & Kegan Paul Ltd. , 1929.

Carol R. Ember, Melvin Ember, *Cultural Anthropology* (Thirteenth edition), Boston: Prentice Hall, 2011.

Catherine Bell, *Ritual Perspectives and Dimensions*, Oxford: Oxford University Press, 1997.

Catherine Bell, *Ritual Theory*, *Ritual Practice*, Oxford: Oxford University Press, 1992.

Claude Levi-Strauss, *The Elementary Structures of Kinship*, trans. by James Harle Bell and John Richard von Sturmer, Boston: Beacon Press, 1969.

Clifford Geertz, *The Interpretation of Culture*, New York: Basic Books, 1973.

DavidLevinson and Melvin Ember ed. , *Encyclopedia of Cultural Anthropology* (Volume 2), New York: Henry Holt and Company Press, 1996.

Edith and Frederick Turer, Victor Turner ed. , *Anthropolgica*, n. s. 27 (1 – 2), 1985.

Edmund R. Leach, *Culture and Communication: The Logic by Which Symbols Are Connected*, Cambridge University Press, 1976.

Edmund R. Leach, A Poetics of Power, *The New Republic*, 184 (April 4), 1981.

Edmund R. Leach, "Ritual", in David L. Sills ed. , *International Encyclopedia of the Social Sciences*, 1968.

Emile Durkheim and Mauss Marcel, *Primitive Classification*, trans. by Rodney Needham. Chicago: University of Chicago, 1963.

Emile Durkheim, *Suicide: A Study in Sociology*, trans. by John A. Spaulding and George Simpson, Glencoe: The Free Press, 1951.

Emile Durkheim, *The Elementary Forms of the Religious Life*, trans. by Joseph Ward Swain, New York: The Free Press, 1961.

Evans-Pritchard, E. E. , *Nuer Religion*, New York: Oxford University Press, 1974.

Evans-Pritchard, E. E. , *The Nuer: a Description of the Modes of Livelihood and*

Political Institutions of a Nilotic People, New York: Oxford University Press, 1969.

Evans-Pritchard, E. E, *Theories of Primitive Religion*, Oxford: Clarendon Press, 1965.

George Peter Murdock: *Social Structure*, New York: The Free Press, 1965.

Gilbert Lewis, *Day of Shining Red: An Essay on Understanding Ritual*, Cambridge: Cambridge University Press, 1982.

Henri Hubert and Marcel Mauss, *Sacrifice: Its Nature and Functions*, trans. by W. D. Hall, Chicago: University of Chicago, 1964.

Henry G. Barnard, Victor Witter Turner: A Bibliography (1952 – 1975), *Anthropolgica*, n. s. 27 (1 – 2), 1985.

Marcel Mauss, *The Gift: the Form and Reason for Exchange in Archaic Societies*, trans. by W. D. Hall, London; New York: W. W. Norton, 1990.

Marvin Harris, *Cannibals and Kings: The Origins of Cultures*, New York: Random House, 1977.

Marvin Harris, *Cultural Materialism: The Struggle for a Science of Culture*, New York: Vintage Books, A Division of Random House, 1980.

Marvin Harris, *Good to Eat: Riddles of Food and Culture*, New York: Simon & Schuster, 1985.

Marvin Harris: *Cows, Pigs, Wars, and Witches: The Riddles of Culture*, New York: Random House, 1974.

Mary Douglas, *Purity and Danger: an Analysis of the Concepts of Pollution and Taboo*, London; New York: Routledge, 1979.

Max Gluckman, *Essays on the Ritual of Social Relations*, Manchester: Manchester University Press, 1964.

Peacock, J. L. , "Third Stream: Weber, Parsons, Geertz", *Journal of the Anthropological Society of Oxford*, Vol. 12, No. 2, 1981.

Pierre Bourdieu, *Outline of a Theory of Practice*, trans. by Richard Nice, Cambridge: Cambridge University Press, 1977.

Radcliffe-Brown, *Structure and Function in Primitive Society*, Glencoe: The Free Press, 1951.

Radcliffe-Brown, *The Andaman Islanders: a Study in Social Anthropology*, Cambridge: Cambridge University Press, 1922.

Roy Rappaport, *Ritual and Religion in the Making of Humanity*, Cambridge: Cambridge University Press, 1999.

Roy Rappaport, *Pigs for the Ancestors: Ritual in the Ecology of a New Guinea People*, New Haven and London: Yale University Press, 1984.

Roy Rappaport, "Ritual Regulation of Environmental Relations among a New Guinea People", *Ethnology*, 1967.

Victor Turner, *Dramas, Fields and Mataphors: Symbolic Action in Human Society*, Ithaca, New York: Cornell University Press, 1974.

Victor Turner, *Schism and Continuity in an African Society: A Study of Ndembu Village Life*, Manchester, England: Manchester University Press, 1957.

Victor Turner, *The Anthropology of Performance*, New York: PAJ, 1986.

Victor Turner, *The Forest of Symbols: Aspects of Ndembu Ritual*, Ithaca, New York: Cornell University Press, 1967.

Victor Turner, *The Ritual Process: Structure and Anti-Structure*, Ithaca, New York: Cornell University Press, 1969.

后　记

书稿终于完成，抚摸着打印出来的初稿，飘来阵阵油墨味道，心中五味杂陈，其中甘苦自知。

首先感谢我的蓝靛瑶朋友们，感谢你们的关心、支持和包容。感谢在田野工作地区的朋友们！田野中的感动历历在目，田野生活犹如在昨日。感谢云南省政府的盘艳阳大姐和盘金贵兄，正是他们，我才有机会来到田野点，特别是金贵兄一家把我当作家人，不断给我支持和帮助。感谢田平村的父老乡亲！感谢盘云军大哥一家，帮我解决一年的食宿问题和其他各种问题！感谢盘金发、盘金银和盘金相大伯，你们是我蓝靛瑶文化的导师！太多人需要感谢了，没有田平的父老乡亲，就没有本书，在此，本书也特别献给亲爱的田平蓝靛瑶同胞们。

感谢我的博士生导师曾少聪教授。导师对学术的严谨和认真精神深深影响着我的学术道路。一路上，我都得到了导师的悉心指导，导师指明了前方的道路，让我从迷途中找到正确的方向。正是在导师帮助下，我才能够完成本书。导师治学严谨和止于至善的精神，宽容、耐心和谆谆教诲，都是我人生中珍贵的财富。在此，我特别感谢恩师曾少聪教授！

感谢我的硕士导师李筱文教授和郭正涛教授，是他们指引我走上了瑶族研究的学术道路。从 2008 年硕士开始，二位老师不断给我鼓励和支持。李筱文教授是著名的瑶族学者，她把我带到瑶族地区，带我参加瑶学学者的各种会议，我才慢慢进入瑶学研究的领域。郭正涛教授在学术上不断给我鼓励，不断鼓励我要超越自己，在生活上也让我感受到家的温暖。

感谢厦门大学郭志超教授！郭志超教授不顾学生愚钝，在学生求学之路上不断给予帮助，醍醐灌顶，让我发热的头脑清醒。石奕龙教授温文尔雅，博学多识，让我学习到很多。余光弘教授善良正直、无私奉献的精神

蓝靛瑶度戒仪式的人类学研究

不断影响着我。人类学系的老师们也不断关心我的学术研究，让我不断前行。

感谢我的家人！年迈的父母在家一直关心我的学习和工作，儿行千里父母担忧，这份无私的爱，是我不断前进的动力。感谢岳父岳母的理解和支持，以及无微不至的照顾！感谢妻子付荣女士，正是你的包容和理解，我的生活和学习才如此快乐，有你相伴，人生无悔！

本书是国家社科基金项目（蓝靛瑶度戒仪式的人类学研究，批准号：15CSH058）的最终成果。同时也受浙江省社科规划之江青年学术研究与交流课题（人工智能时代的社会科学研究，批准号：22ZJQN06YB）、浙江省属高校基本科研业务费专项资金资助项目（少数民族传统仪式的社会学研究，批准号：GK199900299012—207）和杭州电子科技大学"优秀骨干教师支持计划"项目的资助。这些科研项目鼓励我在研究之路上不断探索，不断前行。

刘　涛

二〇二〇年三月十七日谨识于杭州钱塘江畔